《民法典·婚姻家庭编》
立法研究

王歌雅◎著

黑龙江人民出版社

图书在版编目（CIP）数据

《民法典·婚姻家庭编》立法研究 / 王歌雅著.
哈尔滨 ： 黑龙江人民出版社，2024. 11. —— ISBN 978-7-
207-13444-8

Ⅰ. D923.901

中国国家版本馆CIP数据核字第2024D4H980号

责任编辑：肖嘉慧

封面设计：欣鲲鹏

《民法典·婚姻家庭编》立法研究

《MINFADIAN·HUNYIN JIATING BIAN》LIFA YANJIU

王歌雅　著

出版发行　黑龙江人民出版社

地　　址　哈尔滨市南岗区宜庆小区 1 号楼

印　　刷　黑龙江艺德印刷有限责任公司

开　　本　787×1092　1/16

印　　张　16.75

字　　数　250 千字

版　　次　2024 年 11 月第 1 版

印　　次　2024 年 11 月第 1 次印刷

书　　号　ISBN 978 - 7 - 207 - 13444 - 8

定　　价　51.00 元

目　　录

引　言

一、研究现状及研究意义

（一）研究现状

党的十八届四中全会指出，编纂《民法典》①，建设法治中国。中国法学会重申，编纂《民法典》是法学工作者的主业，必须认真完成《民法典》的编纂工作。

围绕《民法典·婚姻家庭编》的编纂，法学界、司法界、民众层均表达了关注与期待，初步形成如下研究现状：一是侧重于《民法典·婚姻家庭编》编纂背景的阐释，着重探讨中外婚姻家庭法律文化的差异；二是侧重于国外民法典亲属编的制度评述与规范解释，逐步形成了有关《民法典·婚姻家庭编》编纂的系统化、制度化、规范化、功能化、适用化的研究态势。

（二）研究意义

《民法典·婚姻家庭编》的编纂，应体现传统与改革兼顾、创新与超越并存的气度与情怀。只有构建严谨、完善的婚姻家庭法律制度体系，才能确保《民法典·婚姻家庭编》的科学与适用，进而维护民众

---

① 《民法典》全称为《中华人民共和国民法典》，为行文方便，全书以下简称《民法典》。

的婚姻家庭权益。

1. 编纂《民法典·婚姻家庭编》的历史使命

新中国成立 70 余年，我国颁行了若干民事单行法，为《民法典》编纂奠定了基础。《民法典·婚姻家庭编》立法研究，有助于为我国《民法典·婚姻家庭编》的编纂提供婚姻家庭编的立法蓝本。

2. 编纂《民法典·婚姻家庭编》的体系设计

《民法典》的体系设计，采取分编制，即总则编、物权编、合同编、人格权编、婚姻家庭编、继承编、侵权责任编。基于《民法典》体系设计的系统化、全面化的要求，急需完成婚姻家庭编的立法研究工作。故《民法典·婚姻家庭编》立法研究，将为《民法典·婚姻家庭编》的编纂提供婚姻家庭编的立法体例与制度体系。

3. 编纂《民法典·婚姻家庭编》的制度架构

《民法典》诸分编均由各项制度组成。婚姻家庭编是为《民法典》编纂提供规范化、功能化、适用化的婚姻家庭法律制度体系。例如，一般规定、结婚制度、家庭关系、离婚制度、收养制度。《民法典·婚姻家庭编》立法研究，将为《民法典·婚姻家庭编》的编纂提供制度架构与规范分析。

4. 编纂《民法典·婚姻家庭编》的价值追求

《民法典》编纂是民法现代化的体现，也是维护民众民事权益的需要。《民法典·婚姻家庭编》立法研究，将为民众维护婚姻家庭权益、应对婚姻家庭危机、创建幸福美好的婚姻家庭关系、提升婚姻家庭治理能力提供法律保障、伦理指引与行为规范。

二、研究的主要内容、基本思路、研究方法

（一）主要内容

《民法典·婚姻家庭编》立法研究，将通过科学、严谨的体系设

计，实现制度改革与理论创新——彰显婚姻家庭立法宗旨、界定亲属范围、完善结婚制度、充实亲子关系、规范家庭关系、展现离婚制度功能、实现收养制度回归；彰显《民法典·婚姻家庭编》的价值观照——个人利益与他人利益、公共利益的兼顾，伦理关怀与性别平等、资源配置的衡平。

（二）基本思路

《民法典·婚姻家庭编》立法研究，可为《民法典·婚姻家庭编》的学理阐释提供解读思考——体系设计、制度完善、价值追求，即通过对立法价值的阐释，理顺《民法典·婚姻家庭编》各具体制度之间与具体规范之间的关系，并在拓宽《民法典·婚姻家庭编》调整范围的同时，维护婚姻家庭关系主体和利害关系人的合法权益。

（三）研究方法

《民法典·婚姻家庭编》立法研究，采纳了社会调查法、归纳法、统计法等具体研究方法。如针对亲属范围的界定、结婚制度的完善等研究，采取了社会调查的方法；针对充实亲子关系、规范家庭关系、实现离婚制度功能等研究，采取了归纳法、统计法等研究方法。

三、研究的重点难点、主要观点、创新之处

（一）重点难点

《民法典·婚姻家庭编》立法研究，重点在于研究婚姻家庭制度改革，即突破《婚姻法》宗旨单一、亲属制度欠缺、结婚制度薄弱、家庭关系掣肘、离婚制度弱化、收养立法虚位等不足，构建科学严谨的《民法典·婚姻家庭编》的制度体系与制度范式，维护公民的婚姻家庭权益。

《民法典·婚姻家庭编》立法研究，难点在于研究婚姻家庭立法的体系架构，即突破《婚姻法》体系单一、制度不足的局限，重构《民法典·婚姻家庭编》的科学体系——一般规定、结婚、家庭关系（夫妻关系、父母子女关系和其他近亲属关系）、离婚、收养（收养关系的成立、收养的效力、收养关系的解除），为创建幸福美好的婚姻家庭关系提供制度基础。

（二）主要观点

《民法典·婚姻家庭编》立法研究，重在关注立法策略、体系架构、制度完善、价值实现。

1. 阐释《民法典·婚姻家庭编》立法的策略定位

《民法典·婚姻家庭编》的立法策略定位在四个方面：一是充分协调原则，即《民法典·婚姻家庭编》的编纂，应实现《民法典·婚姻家庭编》与《民法典》其他分编的有机协调；实现《民法典·婚姻家庭编》中各项制度、各项规范之间的有机协调。二是本土关怀原则，即注重《民法典·婚姻家庭编》立法的本土情结的展现与挖掘，正确处理婚姻家庭法律制度的借鉴与移植的关系。三是回馈现实原则，即疏导《民法典·婚姻家庭编》立法的现实需求与制度完善的关系，通过婚姻家庭制度的完善，满足民众婚姻家庭的现实需求与维权需要。四是现代意识原则，即呈现《民法典·婚姻家庭编》立法的现代意识与国际视野，建构具有中国特色且具有国际前瞻视野的婚姻家庭立法。

2. 凝练《民法典·婚姻家庭编》立法的体系架构

《民法典·婚姻家庭编》立法研究，注重阐释《民法典·婚姻家庭编》的立法体系，以实现《民法典·婚姻家庭编》编纂的科学性、系统性与规范性，即凝练《民法典·婚姻家庭编》的立法体系，科学梳理并论证立法体系架构，将立法体系建构在一般规定、结婚、家庭关系、离婚、收养的制度框架之内。

3. 完善《民法典·婚姻家庭编》立法的制度建设

《民法典·婚姻家庭编》立法研究,注重完善婚姻家庭制度建设:一是填补制度空白。鉴于《婚姻法》中相关制度的欠缺,应增补亲属制度、亲子关系的确认与否认制度、夫妻特别财产制度、夫妻权益救济制度等,以回应婚姻家庭现实需要。二是弥补制度不足。鉴于《婚姻法》中相关制度的立法疏漏与低效适用,应侧重完善夫妻财产制度、无效婚姻与可撤销制度、离婚救济制度、收养制度等,以应对司法实践需要,即通过《民法典·婚姻家庭编》立法的制度建设,建构科学、严谨、系统、适用的婚姻家庭立法体系,实现《民法典·婚姻家庭编》的科学化。

4. 实现《民法典·婚姻家庭编》立法的价值功能

《民法典·婚姻家庭编》立法研究,注重实现婚姻家庭立法的价值功能:一是促进婚姻家庭的美好幸福建设。当代婚姻家庭的建设理想,是幸福与美好、尊重与关爱、和谐与独立、自由与平等。注重婚姻家庭的美好幸福建设,是《民法典·婚姻家庭编》立法研究的主旨。二是实现婚姻家庭制度的价值牵引。《民法典·婚姻家庭编》的制度设计,内涵价值追求与伦理追求。而实现婚姻家庭关系主体的人格独立、性别平等、资源共享、权益保障,是《民法典·婚姻家庭编》立法研究的重要议题。三是更新婚姻家庭立法的理念意识。《民法典·婚姻家庭编》的制度设计,内蕴观念更新与习俗超越。通过制度设计与司法实践,实现婚姻家庭领域的性别正义与社会生活领域的社会性别主流化,是《民法典·婚姻家庭编》立法研究的价值追求。

(三) 创新之处

1. 立法策略的系统性

《民法典·婚姻家庭编》立法研究,侧重于观念昭示、效力把握、体例借鉴、制度衔接等策略考虑，注重实现个人利益与公共利益的兼顾、伦理关怀与资源配置的衡平。

2. 立法建议的可行性

《民法典·婚姻家庭编》立法研究，将《民法典·婚姻家庭编》的立法解读建构在一般规定、结婚、家庭关系、离婚、收养的制度体系框架之内，彰显婚姻家庭权益保护理念。

3. 立法设计的完善性

《民法典·婚姻家庭编》立法研究，在于弥补婚姻家庭制度的欠缺，完善现行婚姻家庭制度，提出系统、完备的立法设计方案，理顺制度之间的逻辑关系与制衡机制，以体现对民众维权的现实回应与人文关照。

4. 立法研究的学术性

《民法典·婚姻家庭编》立法研究，将丰富《民法典·婚姻家庭编》的立法资源与学术观点，并将为《民法典·婚姻家庭编》的编纂、适用、优化提供理论支撑与规范文本。

第一章 《民法典·婚姻家庭编》立法宗旨

　　《中华人民共和国民法典》（以下简称《民法典》）在民众期待、法学论争、立法研讨的背景下，经第十三届全国人民代表大会第三次会议审议通过。《民法典》既是"社会生活的百科全书"，也是社会综合治理的压舱石；既是我国法治建设的里程碑，也是民众维护民事权益的助力器。婚姻家庭编为《民法典》中的第五编，传承了《中华人民共和国婚姻法》（以下简称《婚姻法》）的立法传统，展现了社会主义核心价值观；实现了《婚姻法》的法典化回归，完善了我国的婚姻家庭制度。关注《民法典·婚姻家庭编》的价值阐释与制度修为，将为《民法典·婚姻家庭编》的立法解读与司法适用奠定理念基础，并将为民众维护婚姻家庭权益、提升婚姻家庭建设能力提供法律指引。古人云："法之所加，智者弗能辞，勇者弗敢争。"①

第一节 立法基点

　　中华人民共和国成立后，我国颁布的第一部法律是《婚姻法》。基于特定的历史背景、立法传承、制度借鉴、社会需要等考虑，《婚姻法》采取了专门立法模式。伴随着我国的社会发展、观念改革、婚姻家庭关系演变、婚姻家庭伦理文化变迁，《婚姻法》经历了由 1950 年

---

　　① 《韩非子·有度》。

《婚姻法》向 1980 年《婚姻法》、2001 年《婚姻法》修正案的前行、修改与修正。《婚姻法》的前行、修改与修正，顺应了我国婚姻家庭关系发展变化的需要，维护了婚姻家庭秩序的稳定，完成了特定历史时期婚姻家庭立法的重任。在新的历史时期，《婚姻法》依然要担负建设平等、和睦、文明的婚姻家庭关系的神圣使命，并将逐步完成向《民法典·婚姻家庭编》回归的历史转型，这是历史的抉择、时代的机遇、社会的需要与民众的期待。

一、《民法典·婚姻家庭编》的编纂理念

《民法典·婚姻家庭编》的编纂，既体现了《婚姻法》立法模式的改变，也显现了《民法典·婚姻家庭编》的立法理念与制度走向。关注其立法理念与制度走向的定位与实践，是提升《民法典·婚姻家庭编》编纂水平与编纂质量的重大课题，也是确保《民法典·婚姻家庭编》内蕴的伦理性与人文性的重要实践。编纂《民法典·婚姻家庭编》，应实现四个结合：国际视野与国内关注相结合，制度完善与司法实践相结合，权益保障与文化引领相结合，家风建设与法治建设相结合。

二、《民法典·婚姻家庭编》的编纂智慧

《民法典·婚姻家庭编》的编纂，与《民法典》其他分编的编纂具有不同的思考路径与编纂机理，这是由《民法典·婚姻家庭编》的伦理属性与人文意蕴决定的。编纂《民法典·婚姻家庭编》，应丰富编纂智慧，实现立法传承与立法创新、立法完善与立法昭示的有机统一，尤要解决婚姻家庭立法进程中的理论问题、制度问题、观念问题与实践问题，即在完善我国《婚姻法》既存制度体系、规范体系架构的同时，补益婚姻家庭制度的立法空白，实现婚姻家庭立法的科学化、本土化、国际化与适用化。

三、《民法典·婚姻家庭编》的编纂期待

《民法典·婚姻家庭编》的编纂，既是国家立法的重大课题，也是涉及民众切身利益的重大关切。遏制违法婚姻、突破离婚救济适用的瓶颈、填补亲子关系立法空白、解决离婚财产分割与债务清偿等系列问题，既是《民法典·婚姻家庭编》的编纂重心，也是回应民众合理期待、维护婚姻家庭权益的重要环节。编纂《民法典·婚姻家庭编》，应关注一般规定、结婚、家庭关系、离婚、收养等立法难点及问题解决，以实现下述立法目标：一是完成《民法典·婚姻家庭编》各章之间的制度定位、立法衔接与实践应对，优化《民法典》编纂质量；二是实现《民法典·婚姻家庭编》对民众婚姻家庭生活的回应、指导、约束与规范，提升民众建设婚姻家庭的能力与智慧；三是完成《民法典·婚姻家庭编》对民众婚姻家庭文化的修正与建构，推进我国婚姻家庭文化建设、家风建设的进程。

《民法典·婚姻家庭编》应以伦理性、人文性、包容性、前瞻性、适用性为立法基点。正如哲人所述："每种技艺与研究……都以某种善为目的。所以有人就说，所有事物都以善为目的。"[1] "如果医术的目的是健康，造船术的目的是船舶，战术的目的是取胜，理财术的目的是财富。"[2] 那么，立法的目的就是法律的严谨、科学、完善与前瞻。

第二节　编纂策略

基于社会实践的切实感悟与口耳相传的生活经验，人类生命得以延

---

[1] ［古希腊］亚里士多德：《尼各马可伦理学》，廖申白译注，商务印书馆2011版，第1 - 2页。

[2] ［古希腊］亚里士多德：《尼各马可伦理学》，廖申白译注，商务印书馆2011版，第4页。

展，生存质量有所改观，思想智慧逐步提升。如果立法目的就是实现法律的严谨、科学、完善与前瞻，那么，《民法典·婚姻家庭编》的编纂目的，就是制定出具有法律理性、伦理关怀、德性引导、习俗超越的调整婚姻家庭关系的法律规范。

一、注重体系协调

编纂《民法典·婚姻家庭编》，并非立法者、专家、学者的自说自话，而是社会综合治理措施之一，更是法治中国建设路径之一。而要圆满完成《民法典·婚姻家庭编》编纂的历史使命，则需注重婚姻家庭编体系内和体系外的充分协调与有机统一。

1. 体系内的协调

《民法典·婚姻家庭编》体系内的协调，即婚姻家庭编各章之间在制度、理念、原则、规范层面的高度衔接与有机统一。依据中国法学会《民法典·婚姻家庭编》编纂项目课题组专家建议稿（简称《民法典·婚姻家庭编》专家建议稿）的拟定，婚姻家庭编初步设计为七章：通则、结婚、夫妻关系、离婚、父母子女及其他近亲属关系、收养、监护，共计155条。在上述章节的立法设计中，体系内的协调已经成为《民法典·婚姻家庭编》编纂的前提与关键，即以通则确立的立法目的、基本原则、价值取向、概念界定、适用范围为统领，辐射其他各章的制度设计、规范界定与理念展开。另据全国人大常委会法工委《民法典·婚姻家庭编（草案）》的拟定，婚姻家庭编初步设计为五章：一般规定、结婚、家庭关系、离婚、收养，共计80条。上述两个立法设计除共性规定外，在规范数量、家庭关系展开、监护环节尚存差异。关注《民法典·婚姻家庭编》体系内的协调，既可为婚姻家庭制度"内在功力的提升、道德社会功效的发挥、道德的实现提供理性的梳理和可借鉴的探究思路,而且可为构建社会主义和谐社会提供道德支撑,同时,从实践的层面为我国道德建设的实效性提供方法论的指导,以减少主观随意性"①。

2. 体系外的协调

《民法典·婚姻家庭编》体系外的协调,即其与《民法典》其他各分编之间在制度、理念、原则、规范等层面的高度衔接与有机协调。而《民法典》各分编之间的自觉衔接与自发协调,将成为《民法典》编纂的应有理性、自觉情怀、智慧来源与质量保障。因为《民法典》各分编之间的"内在要素的协调一致和运行机制的功能优化",既是各项民事法律制度完善、科学、严谨、适用的必然要求与应然选择,也是婚姻家庭制度自身"完善发展的条件和基础"②。故编纂《民法典·婚姻家庭编》,应高度关注并实现体系内的协调,并自觉自为地实现体系外的协调,确保《民法典》编纂的体系化、科学化、统一化与严谨化。而要实现《民法典·婚姻家庭编》体系外的协调,应关注《民法典》总则、物权、合同、人格、继承、侵权责任各编的制度设计、理念更新与目的追求,并在兼顾婚姻家庭编自身特质的立法基点上,科学解决一般规定、结婚、家庭关系、离婚、收养、监护各章的制度安排与理念贯通,实现婚姻家庭制度与其他民事法律制度及其他社会制度之间的有机统一。

《民法典·婚姻家庭编》体系内、外的协调,既是《民法典》体系融贯的保障,也是《民法典·婚姻家庭编》体系自洽的要求。只有体系协调,才能创设科学、严谨、完备、适用的《民法典·婚姻家庭编》,才能发挥其应有的规范功能与昭示价值。

---

① 马永庆:《道德内在和谐论要》,载《齐鲁学刊》2010 年第 6 期,第 81 页。
② 马永庆:《道德内在和谐论要》,载《齐鲁学刊》2010 年第 6 期,第 81 页。

二、尊重主体需要

《民法典·婚姻家庭编》的编纂，并非单纯拟定法律规范或行为规范，而是融合满足主体需要即人的需要的逻辑自洽的制度体系。尽管围绕人的需要，学界提出了若干警惕性的建议，如"需要就是偏好""需要是危险的""需要是漫无边际的""需要具有群体特征"等，但学界也作出了客观评价，即"需要是历史形成的""需要是社会造就的"。① 基于人的需要的必然性，编纂《民法典·婚姻家庭编》，应关注、尊重主体的多元需要，即法律进步与社会进步紧密相随，"社会进步"的"合理性依赖于一种信念，即一些社会组织模式比其他模式更适合于满足人的需要"②。

1. 维护婚姻家庭的和谐与稳定

维护婚姻家庭的和谐与稳定，是民众的切实利益与情感期待，也是法治社会应该提供的价值指引与规范保障，即"法治社会是一个规范的共同体，尽管每一个人都拥有选择的自由，但又都能够基于理性的考量而作出合乎道德的举动，同时也可以预期其他社会成员同样也作出相同性质的举动作为自己善行的回报，而违规者则逃脱不了制裁措施的惩处"。③ 尽管如此，在现实生活中，婚姻家庭的和谐与稳定依然是民众的生存需要与发展需要。

纠正违法行为，是维护婚姻家庭和谐与稳定的前提。如果说人的违法行为源于人的偏好，那么，纠正违法行为就是纠正人的偏好。因为

---

① ［英］莱恩·多亚尔、伊恩·高夫：《人的需要理论》，汪淳波、张宝莹译，李秉勤、董明珠校，商务印书馆 2008 年版，第 13 – 29 页。

② ［英］莱恩·多亚尔、伊恩·高夫：《人的需要理论》，汪淳波、张宝莹译，李秉勤、董明珠校，商务印书馆 2008 年版，第 30 页。

③ 甘绍平：《非常态下的道德抉择》，载《哲学研究》2016 年第 10 期，第 111 页。

"'基于无知的想要在认识上是非理性的'，而且关于未来事件和远期偏好的实用理性也存在进一步的局限"①。诚然，人的认知是有限的，即由于个体认知的局限，致其理性评断自身需要的正确性、合理性、合法性将受到限制。但为确保主体的婚姻家庭行为具有理性、道德且符合法律规范，必须为其提供评断善恶、美丑、合法与否的标准。为此，编纂《民法典·婚姻家庭编》，应内化道德与理性，为民众的婚姻家庭行为提供行为规范与观念指引，即婚姻家庭关系主体应在法治框架下明晰合理需要与非法欲求之间的界限，依法对自己的行为作出规范与限制，纠正违法行为与非法欲求。为实现这一目的，《民法典·婚姻家庭编》的编纂，应明确宣示"婚姻、家庭受国家的保护"这一理念②；继续贯彻《婚姻法》的基本原则③；弘扬《婚姻法》的倡导性规范④；积极践履善良风俗原则⑤；遏制违法婚姻家庭行为⑥；保障民众的婚姻家庭权益，维护平等、和睦、文明的婚姻家庭关系。尽管基于人口增长速度调整的考虑，《民法典》第 1041 条删除了《婚姻法》所贯彻的"实行计划生育"原则，但人口生产中的质量因素——优生优育不可忽略。因为提升人口质量既是幸福婚姻家庭建设的基本保障，也是幸福中国建设的人力资源保障，即生育质量革命具有积极价值、博爱情愫和科学基础。

---

① ［英］莱恩·多亚尔、伊恩·高夫：《人的需要理论》，汪淳波、张宝莹译，李秉勤、董明珠校，商务印书馆 2008 年版，第 31 页。

② 《民法典·婚姻家庭编》专家建议稿第 2 条。

③ 《民法典·婚姻家庭编》专家建议稿第 2 条规定：实行婚姻自由、一夫一妻、男女平等的婚姻制度。保护妇女、未成年人和老人的合法权益。实行计划生育。

④ 《民法典·婚姻家庭编》专家建议稿第 5 条规定：夫妻应当互相忠实，互相尊重。家庭成员之间应当敬老爱幼，互相帮助，维护平等、和睦、文明的婚姻家庭关系。

⑤ 《民法典·婚姻家庭编》专家建议稿第 6 条规定：家庭成员以及其他近亲属行使本编规定的权利时，应当遵守法律规定、公序良俗，不得损害他人的合法权益。

⑥ 《民法典·婚姻家庭编》专家建议稿第 4 条规定：禁止包办、买卖婚姻和其他干涉婚姻自由的行为。禁止借婚姻索取财物。禁止重婚。禁止有配偶者与他人同居。禁止家庭暴力。禁止家庭成员间的虐待和遗弃。

2. 注重亲属关系的协调与保障

理性界定亲属范围，是引导、塑造亲属关系和谐与关爱的保障。在人类社会的发展进程中，无论是群婚、对偶婚制，还是一夫一妻制，均具有对亲情的渴望及对亲属关系的依赖。这种渴望与依赖，既源于人的自然属性和社会属性，也源于人的自然需要与社会需要。中外亲属立法之所以明确规范亲属关系，目的在于满足人的需要、婚姻家庭的需要及社会的需要。人作为历史产物、社会产物，其对亲属关系的需要与规制也是历史形成、社会造就的。人，需要身份识别、关系确认、地位认知、伦理规范。倘若这些基本需要得不到满足，无论是个人、婚姻、家庭，还是家族、团体、社会，均会招致关系混乱的影响，进而危害婚姻家庭的稳定与和谐，甚至影响社会的长治久安。依马克思主义的观点，"在塑造人的身份方面，社会环境的经济因素是迄今最为重要的"①。故针对亲属权利义务关系的界定与规范，既是亲属关系的身份要求、伦理要求，也是亲属关系的经济要求、情感要求。为此，编纂《民法典·婚姻家庭编》，必须立足于我国民众对亲属关系的现实需要，明确规定亲属制度，从而填补历次颁行的《婚姻法》均未规定亲属制度的欠缺，完善《民法典》第1045条仅为亲属种类、近亲属和家庭成员的界定②，为亲属关系的法律调整制定基本规范。尽管人的需要与社会相关，但为了避免"处在某种文化和社会形式中的人试图把自己的基本需要观念强加给其他人"③，即须客观界定亲属的范围与种类④；明确亲属的含

---

① [英]莱恩·多亚尔、伊恩·高夫：《人的需要理论》，汪淳波、张宝莹译，李秉勤、董明珠校，商务印书馆2008年版，第17页。

② 《民法典·婚姻家庭编（草案）》第822条规定：亲属包括配偶、血亲和姻亲。配偶、父母、子女、兄弟姐妹、祖父母、外祖父母、孙子女、外孙子女为近亲属。共同生活的公婆、岳父母、儿媳、女婿，视为近亲属。配偶、父母、子女和其他共同生活的近亲属为家庭成员。

③ [英]莱恩·多亚尔、伊恩·高夫：《人的需要理论》，汪淳波、张宝莹译，李秉勤、董明珠校，商务印书馆2008年版，第19页。

④ 《民法典·婚姻家庭编》专家建议稿第7条规定：亲属分为配偶、血亲和姻亲。

义；界定亲等计算法①；规范近亲属的范围②；为亲属关系的和谐与关爱提供法律保障。

三、维护性别平等

维护性别平等，既是人权标准，也是国家理念。早在 1995 年第四届世界妇女大会召开之时，中国政府就曾庄严宣告：推进社会性别主流化，实现性别平等。2016 年，中国的性别平等虽然在社会生活的诸领域取得了令人瞩目的成就，但与世界其他国家相比依然存在差距。③ 贯彻男女平等基本国策，是我国政府的努力方向与根本信念。《民法典·婚姻家庭编》的编纂，应该有所作为。

1. 抱持基本信念

信念，"是人类特有的一种精神现象……无论是良善的社会秩序还是个体心灵秩序的建立，都需要以某种精神信念为支撑和根据"④。信念，也"是对以正确认识事物发展规律为基础的理论学说、思想观念等的坚定服膺，将正确的理论学说、思想观念对自身行为的约束性转化

---

① 《民法典·婚姻家庭编》专家建议稿第 11 条规定：亲等是亲属关系的计算单位。亲系包括直系血亲和旁系血亲。直系血亲的亲等计算为从自己数至长辈直系血亲或者晚辈直系血亲，自己除外，一世代为一亲等。旁系血亲的亲等计算为从自己数至同源的长辈直系血亲，再从该长辈直系血亲数至要计算的旁系血亲，自己除外，世代数之和为亲等数。拟制血亲关系的亲系和亲等适用自然血亲关系亲系和亲等的规定。姻亲的亲等计算依照自己与血亲的亲等或者依照配偶与其血亲的亲等。

② 《民法典·婚姻家庭编》专家建议稿第 12 条规定：配偶、四亲等以内的直系血亲和旁系血亲是近亲属。

四亲等以内的直系血亲包括父母、子女，祖父母、外祖父母、孙子女、外孙子女，曾祖父母、外曾祖父母、曾孙子女、外曾孙子女，高祖父母、外高祖父母、玄孙子女、外玄孙子女。四亲等以内的旁系血亲包括兄弟姊妹，伯、叔、姑、舅、姨，堂兄弟姐妹、表兄弟姐妹、侄子女、甥子女。共同生活的直系姻亲，视为近亲属。共同生活的近亲属是家庭成员。

③ 世界经济论坛《2016 年全球性别差距报告》：我国性别平等度在报告收录的 144 个国家与地区中位列第 99 位，连续 8 年下滑。该报告考察男女两性在社会生活方方面面的平等情况。

④ 吴俊、周嘉婧：《信念伦理及其在当代中国社会的建构》，载《社会主义核心价值观研究》2016 年第 4 期，第 41 页。

为一种自觉和自律是信念伦理的真正意涵"①。欲将性别平等的基本信念融合于《民法典·婚姻家庭编》的编纂，则应继续坚持男女平等基本原则，保障妇女的合法权益。

诚然，坚守男女平等基本原则，是中华人民共和国成立以来历次颁行的《婚姻法》的核心精神与时代使命。法律原则要彻底转化为民众的法律观念、法律思维、法律义务、法律认同、法律行为，尚需法律引导与法律规范。故在《民法典·婚姻家庭编》中继续贯彻男女平等基本原则，并将之作为立法基点与编纂策略，是建构具有性别平等视角的《民法典》的使命与担当。

第一，实现男女平等原则的统摄功能。将男女平等原则作为编纂《民法典·婚姻家庭编》的伦理信念与立法信念，才能用该原则指导、规范立法行为、司法行为和婚姻家庭行为。毕竟"任何行为的实施都是在信念的引导下完成的。作为精神生活的内核，信念统摄着一个人的认知、情感和行为，主宰着人的整个精神世界，它对于人的认知、情感和行为的支配性成为信念伦理发挥统摄性作用的重要基础"②。同时，也是立法的信念保障。

第二，实现男女平等原则的自律功能。编纂《民法典·婚姻家庭编》，应同时关注婚姻家庭领域内、外的性别平等。婚姻家庭领域内、外的性别歧视相互作用、共同夹击着婚姻家庭关系主体的性别平等权益和婚姻家庭权益。故在性别歧视依然存在的当下，只有充分发挥男女平等原则的自律功能，方能阻遏性别歧视，确保男女两性平等地享有生存权、发展权与人格尊严权，进而维护男女两性的配偶权、亲权、监护权与亲属权。要实现男女平等原则的自律功能，则需将男女平等原则内化

---

① 吴俊、周嘉婧：《信念伦理及其在当代中国社会的建构》，载《社会主义核心价值观研究》2016 年第 4 期，第 42 页。

② 吴俊、周嘉婧：《信念伦理及其在当代中国社会的建构》，载《社会主义核心价值观研究》2016 年第 4 期，第 43 页。

为民众的内心信念，即"一个人的信念一旦形成，它对个人所产生的伦理约束力便是不可估量的，并且这种约束力呈现出自律的特征"①。

2. 融贯制度体系

"信念是所有价值观中最重要、最根本的观念，在各种价值观中处于支配地位，反映了信念者深层次的价值观念。"② 编纂《民法典·婚姻家庭编》，应将维护性别平等、贯彻男女平等原则作为融贯制度体系的精神内涵。即将其精神内涵贯穿于《民法典·婚姻家庭编》的一般规定、结婚、家庭关系、离婚、收养各章的制度体系设计中。

第一，为贯彻男女平等原则，男女结婚年龄应作统一规定，如"结婚年龄，男女双方均不得早于二十周岁"③。当然，囿于我国传统社会惯行的早婚习俗危害，加之当下民众初婚年龄的提升及培植民众婚姻家庭建设能力等综合考虑，结婚年龄也可界定为 22 周岁，即"结婚年龄，男女双方均不得早于二十二周岁"④。

第二，为践履性别平等精神，夫妻关系规范应内涵平等追求。如继续贯彻"夫妻在家庭中地位平等"的立法精神。⑤ 同时，增加夫妻忠实协助义务的规定，即"夫妻应当互相忠实，共同生活，互相协助"⑥。具体表现为夫妻的人身关系、财产关系平等，如夫妻应享有独立的姓名权、平等的生育权、平等的住所决定权等。

第三，为实施差别平等理念，离婚规范应恪守实质平等追求。如继

---

① 吴俊、周嘉婧：《信念伦理及其在当代中国社会的建构》，载《社会主义核心价值观研究》2016 年第 4 期，第 43 页。
② 吴俊、周嘉婧：《信念伦理及其在当代中国社会的建构》，载《社会主义核心价值观研究》2016 年第 4 期，第 45 页。
③ 《民法典·婚姻家庭编》专家建议稿第 15 条。
④ 有观点认为，现行《婚姻法》第 6 条关于法定婚龄的规定，体现了男女两性的自然生理差异。基于实施效果及民众习惯的考虑，应予以保留。该观点为《民法典·婚姻家庭编（草案）》第 824 条所吸纳：结婚年龄，男不得早于二十二周岁，女不得早于二十周岁。
⑤ 《民法典·婚姻家庭编》专家建议稿第 26 条。
⑥ 《民法典·婚姻家庭编》专家建议稿第 27 条。

续适用诉权限制规定①；继续适用离婚经济帮助制度。如"离婚时，如一方确有生活困难的，有负担能力的另一方应当以财物、住房、提供劳务等方式给予适当帮助。帮助的具体办法由双方协议；协议不成时，当事人可以请求人民法院裁决。违反婚姻义务的一方请求经济帮助的，不予支持"②。

最后，围绕家庭关系、收养关系的法律规范拟定，依然要贯彻男女平等原则，并将其内化为《民法典·婚姻家庭编》的编纂信念之一，为创建平等、和睦、文明的婚姻家庭关系而努力。因为，"任何一种信念都包含着某种价值取向、价值目标或进行权衡取舍的价值标准"③。

四、矫正社会排挤

编纂《民法典·婚姻家庭编》，须关注、回应社会排挤。社会排挤，即部分社会群体被边缘化或隔离的系统性过程……这个过程具有多维度特点，同时涉及经济的、社会的、政治的、文化的诸方面。④ 为保障民众婚姻家庭权益免遭社会排挤，应通过《民法典·婚姻家庭编》的编纂，建构完善的婚姻家庭制度，实现对婚姻家庭关系的规范与救济。因为，社会排挤是社会分化研究的延伸，整合不足就是社会排挤的表征。在一个社会中，解决社会排挤，是为了社会整合。⑤

---

① 《民法典·婚姻家庭编》专家建议稿第 54 条规定：女方在怀孕期间、分娩后一年内或终止妊娠后六个月内，男方不得提出离婚。女方提出离婚的，或者人民法院认为确有必要受理男方离婚请求的，不在此限。

② 《民法典·婚姻家庭编》专家建议稿第 62 条。

③ 吴俊、周嘉婧：《信念伦理及其在当代中国社会的建构》，载《社会主义核心价值观研究》2016 年第 4 期，第 45 页。

④ 石彤：《中国社会转型时期的社会排挤——以国企下岗失业女工为视角》，北京大学出版社 2004 版，第 33 页。

⑤ 石彤：《中国社会转型时期的社会排挤——以国企下岗失业女工为视角》，北京大学出版社 2004 版，第 36 页。

1. 应对传统婚嫁习俗引发的资源排挤

文化传播具有代际传承性，可伴随时空位移而世代相传。在传统婚嫁习俗中，婚约具有准婚姻关系效力。"签订婚书、收受聘财，是婚约成立的形式要件。但婚书与聘财相较，聘财则更具伦理内涵和法律效力。"① 《礼记·曲礼》载："非受币，不交不亲。"而以法令的形式对聘财予以明确的规定，一方面使订婚索聘成为合乎婚约伦理的行为，另一方面也使订婚索聘附着了尊卑等级色彩。至于女性则如财货，成为聘币的等价物。② 身份与性别的双重排挤，导致传统社会家族之间婚姻资源的排挤，女性则成为婚姻资源的排挤与争夺的牺牲品，即订婚女性，要遵循"三纲"和"三从四德"，顺从包办买卖强迫婚姻，履行如期成婚、不许悔约、妄冒及恪守贞节的义务。

中华人民共和国成立以来，移风易俗一直是婚姻家庭领域的道德追求与法律追求。为倡导婚姻自由、一夫一妻、男女平等的婚姻家庭制度，历次颁行的《婚姻法》均未对婚约予以明确规定，但婚约惯习依然存在；因婚约引发的人身关系、财产关系等纠纷依然存在。为妥善解决婚约纠纷，我国的相关政策和司法解释曾表明了对待婚约的态度：（1）订婚不是结婚的必要程序和条件。婚约不具有法律约束力，解除婚约不需任何法定程序。（2）军人的婚约要有条件地保护。（3）解除婚约或恋爱终止时，应妥善处理财物纠纷。③ 然而，由于"男娶女嫁、男主女从"婚嫁习俗的影响，加之族权、父权、夫权等宗法观念、男权思想的作祟，女性依然没有摆脱待价而沽的"商品"、男女两家讨价

---

① 王歌雅：《中国婚姻伦理嬗变研究》，中国社会科学出版社 2008 年版，第 84 页。

② 王歌雅：《中国婚姻伦理嬗变研究》，中国社会科学出版社 2008 年版，第 84 – 85 页。

③ 《最高人民法院关于适用〈中华人民共和国婚姻法〉若干问题的解释（二）》（以下简称《适用〈婚姻法〉若干问题解释（二）》）第 10 条规定，当事人请求返还按照习俗给付的彩礼的，如果查明属于以下情形，人民法院应当予以支持：（一）双方未办理结婚登记手续的；（二）双方办理结婚登记手续但确未共同生活的；（三）婚前给付并导致给付人生活困难的。适用前款（二）（三）项的规定，应当以双方离婚为条件。

还价的"婚姻资源"的命运。即便在贯彻婚姻自由原则的当下,婚嫁中的彩礼给付、数额多寡、争多竞少等,依然是制约婚姻家庭关系能否建立及能否稳定的重要因素。根据"全国彩礼地图"的描绘,在中国版图上几乎找不到不收受彩礼的地域与空间,"天价彩礼"成为婚嫁进程中不可逾越的鸿沟及不可或缺的砝码。① 围绕彩礼,无论结婚与否、离婚与否,都已经成为婚姻家庭纠纷的关键与导火索,甚至成为婚姻家庭领域性别排挤、资源排挤的主要表征。为解决婚约及彩礼返还纠纷,《民法典·婚姻家庭编》应明确规定婚约及其解除的后果,即"男女双方可以自愿订立婚约,婚约不具有法律效力。解除婚约的,给付彩礼或者嫁妆的一方有权请求返还"②。如此规定,既秉持了《婚姻法》一贯倡导并坚守的自愿订婚且婚约不具法律效力的立法精神,也赋予了民众基于彩礼或嫁妆的给付而享有的返还请求权。同时,可为司法实践提供解决相关纠纷的法律规范,满足民众诉求。值得关注的是,彩礼与嫁妆的给付,是男女两家相向的民事行为。平等且公正地协调彩礼或嫁妆纠纷,既是男女两性人格平等、家庭地位平等的昭示,也是遏制性别排挤、维护男女两性平等享有婚姻资源、伦理资源与法律资源的有效保障,进而推进社会性别主流化,使性别平等、男女平等成为社会生活、婚姻家庭生活的基本信念、价值观念、行为模式与思维意识。

2. 修正传统性别分工导致的权益排挤

"男主外、女主内"是传统社会性别分工的基本模式,塑造了民众的思维意识与行为惯式。该模式与男耕女织、自给自足的农业文明相适应。在社会进入工业文明乃至后工业文明后,传统的性别分工遭遇了生

---

① 根据天价彩礼调查结果显示:新疆的彩礼是 20 万元 + 房 + 首饰;黑龙江的农村彩礼是 100—200 亩(1 亩 = 0.0667 公顷)地、城市是 10 万元;海南的彩礼是 2 万—6 万元;广东的彩礼是 1 万—2 万元;福建的彩礼 3 万—20 万元;浙江的彩礼是 10 万元;上海的彩礼是 10 万 + 房;台湾是 10 万—30 万台币……

② 《民法典·婚姻家庭编》专家建议稿第 24 条。

产方式与生活方式的挑战，即"男继续主外，而女则主内外"。女主内外，既加重了女性的身心压力，也使她们遭遇了来自家庭内外的双重排挤，即职场领域与婚姻家庭领域中的资源排挤。具体包括自我支配时间、精力分配、个人意志自由、人力成本维护、劳动付出回报、家务贡献评价等方面的排挤。上述排挤源于"观念的传承以及性别分工的定型，不仅遮蔽了家务劳动的贡献与价值，而且使家务劳动被看作无偿的劳动"[①]。即"男性在公共领域中的劳动价值被社会承认且被赋予报酬；而女性在私人领域中的家务劳动价值则不被社会承认且不被赋予报酬"[②]。不仅如此，传统性别分工也导致了对女性价值与贡献的误读：女性是家庭的主体，而非公共领域的主体；女性只能在家庭与事业之间作选择，而不能家庭与事业两者兼顾；女性的精力、时间、情感、智慧等人力成本要素主要投射于家庭，而仅将有限的人力成本要素投射于职场；女性在职场中提升得慢，而男性则在职场中提升得快；女性收入少是自然的，而男性收入高则是必然的……上述误读，加重了传统性别分工对社会成员的价值误导与资源排挤，也使家庭内外对女性社会资源的排挤达到了极致，即"社会中人忽视了家务劳动对家庭和社会的贡献，导致家务劳动贡献的低评价且具有无私奉献的特质"[③]。

　　为促进性别平等，确保民众最大化地享有社会发展与经济改革的成果，《民法典·婚姻家庭编》的编纂，应承担相应的社会责任与历史使命，即矫正《婚姻法》中家事贡献补偿制度的缺陷，修正传统性别分工导致的权益排挤，维护女性及男女两性的合法权益。针对现行家事贡献补偿制度仅适用于夫妻分别财产制的局限，且具有性别排挤、资源排

[①]　王歌雅：《家务贡献补偿：适用冲突与制度反思》，载《求是学刊》2011 年第 5 期，第 82 页。

[②]　王歌雅：《家务贡献补偿：适用冲突与制度反思》，载《求是学刊》2011 年第 5 期，第 82 页。

[③]　王歌雅：《家务贡献补偿：适用冲突与制度反思》，载《求是学刊》2011 年第 5 期，第 83 页。

挤、制度排挤、权益排挤等弊端，《民法典·婚姻家庭编》在设计家事贡献补偿制度时，应侧重应对社会排挤，实现社会资源在家庭内、外平等且有效的配置，维护家庭成员的家事贡献补偿权益。即在继续实施《婚姻法》第 40 条原有规定的同时，应增加两款规定，以协调夫妻共同财产制之下的家事贡献补偿及明确界定家事贡献补偿的程序与方法，即"夫妻未书面约定婚姻关系存续期间所得财产归各自所有，一方因抚育子女、照顾老人、协助另一方工作等付出较多义务，离婚时通过分割夫妻共同财产不能得到适当补偿的，有权请求另一方以个人财产给予补偿。补偿的具体办法由双方协议；协议不成时，当事人可以请求人民法院裁决"①。该规定的价值在于：一是将家事贡献补偿有条件地延展适用于夫妻共同财产制，以阻遏资源的排挤，实现权利与义务的统一。二是家事贡献补偿适用法定与约定相结合的原则，有助于公允界定补偿的标准与贡献的价值。当然，具体确定家事贡献补偿价值时，"应参考相关因素：婚姻关系存续期间的长短，家务劳动的时间、强度与技能，从事家务劳动一方的逸失利益，补偿方的经济收入、预期经济效益和人力成本的增值等因素"②。三是发展、丰富了家事贡献补偿立法的制度设计与策略应对，为大陆法系国家的家事贡献补偿立法增添了具有国别特色、适用可能的立法例。四是全面、充分地"赋予了家务劳动以价值，也赋予了家务劳动以平等认知与公平考量"③。即在应对传统性别分工导致的资源排挤的同时，肯认了家事的贡献、价值与地位。当然，《民法典·婚姻家庭编》对家事贡献补偿制度的完善与改革，较为简洁

---

① 《民法典·婚姻家庭编》专家建议稿第 61 条第 2、3 款。
② 王歌雅：《家务贡献补偿：适用冲突与制度反思》，载《求是学刊》2011 年第 5 期，第 85 页。
③ 王歌雅：《家务贡献补偿：适用冲突与制度反思》，载《求是学刊》2011 年第 5 期，第 85 – 86 页。

与彻底。① 即在《婚姻法》第 40 条规范的基础上，取消有关夫妻书面约定分别财产制的适用前提，以缓解家事贡献补偿制度适用难、救济难的缺憾，应对当下夫妻共同财产制为主体及家务劳动性别分工的现实。在提高家事贡献补偿制度适用效力的同时，调动男女两性建设婚姻、贡献家庭的积极性，促进社会性别的和谐与正义。②

五、维护公平正义

公平正义，作为社会主义核心价值观的主要内涵之一，既是国家和社会的发展方向与价值目标，也是《民法典·婚姻家庭编》编纂的努力方向。因为"公正是社会主义制度的首要价值，它以人的自由平等权利的获得为前提；而法治则是维护人的自由平等权利、实现社会公平正义的制度保证"③。

1. 疏解离婚率增高的焦虑

婚姻关系，经历了由禁止离婚向允许离婚，再向自由离婚过渡的发展进程，体现了人类社会的进步、婚姻文化的更新、离婚观念的改革及人格独立精神的体现。然而，我国当下稳定攀升的离婚率，似乎引发了民众的焦虑与恐慌。对此，《民法典·婚姻家庭编》的编纂，应高度关注并通过离婚立法的制度设计加以规范与疏解。

诚然，我国当下离婚率攀升的原因较复杂，既有积极因素，又有消

---

① 《民法典·婚姻家庭编（草案）》第 866 条规定：一方因抚育子女、照料老人、协助另一方工作等付出较多义务的，离婚时有权向另一方请求补偿，另一方应当予以补偿。具体办法由双方协议；协议不成时，由人民法院判决。

② 《民法典·婚姻家庭编（草案）》第 866 条规定，需要协调其与夫妻共同财产制、离婚夫妻共同财产分割制的关系。因为，家事贡献补偿的性质、方法因夫妻财产制类型的不同而有所差异。参见王歌雅：《家务贡献补偿：适用冲突与制度反思》，载《求是学刊》2011 年第 5 期，第 84 － 85 页。

③ 吴俊、周嘉婧：《信念伦理及其在当代中国社会的建构》，载《社会主义核心价值观研究》2016 年第 4 期，第 46 页。

极因素；既有社会原因，又有个体原因。就积极因素而言，离婚率攀升，既表现为生活格局、婚姻观念的变迁，也表现为婚姻主体对人格独立、权益维护的追求。就消极因素而言，离婚率攀升，是社会排挤、社会分层、社会性别歧视、社会政策制定等综合因素导致的婚姻关系主体基于社会资源配置与婚姻资源维持的矛盾与冲突的体现。就个体原因而言，离婚率攀升，彰显了婚姻主体的价值追求：维护人格尊严、追求性别平等、崇尚意思自治、维护婚姻权益。就社会原因而言，离婚率攀升，是社会政策、社会矛盾综合交织的结果。即离婚原因是多层次、多侧面的，是多重原因综合作用的交织。

依据相关调查显示，当下离婚率稳定攀升的主要原因有三：一是夫妻感情确已破裂；二是草率离婚、冲动离婚；三是规避政策的离婚。面对离婚率攀升引发的焦虑，《民法典·婚姻家庭编》的编纂，应作好制度设计与完善法律规范。首先，设置登记离婚的审查期，应对草率离婚，缓解冲动离婚，即"婚姻登记机关应当在审查期间内查明双方是否符合登记离婚条件，符合登记离婚条件的，审查期届满后予以登记并发给离婚证。审查期间为一个月"[1]。其次，明确规定登记离婚的瑕疵救济程序，应对欺骗离婚，疏解规避政策的离婚所导致的后果，即"当事人一方弄虚作假，骗取离婚登记，侵害另一方权益的，婚姻登记机关查明属实后，应当确认离婚无效，撤销离婚登记。"[2] 再次，设置诉讼离婚的苛刻条款，维护子女和善意当事人的权益，即"如判决离婚对未成年子女有明显不利，或者对不同意离婚一方造成严重伤害的，即使婚姻关系确已破裂，人民法院也可以判决不准离婚"[3]。上述立法

---

[1] 《民法典·婚姻家庭编》专家建议稿第45条第2款。该立法建议为《民法典·婚姻家庭编（草案）》第854条所吸纳：自婚姻登记机关收到离婚登记申请之日起一个月内，任何一方不愿意离婚的，可以向婚姻登记机关撤回离婚申请。前款规定期间届满一个月内，双方应当亲自到婚姻登记机关申请发给离婚证；未申请的，视为撤回离婚登记申请。

[2] 《民法典·婚姻家庭编》专家建议稿第48条。

[3] 《民法典·婚姻家庭编》专家建议稿第51条。

设计的主要目的，在于"制度性公正是实现社会正义的前提，由公正观念来调节的社会才是人人称颂和向往的社会，在公正观念调节下的社会生活也才是人人追求和憧憬的美好生活"①。

当然，为避免基于规避政策而引发的离婚，还应关注各领域社会政策的制定、实施给婚姻家庭造成的影响。同时，还要考察各项社会政策的形成、推进、实施及效果究竟是个人主义的、人格独立的，还是以家庭为单位的、团体人格寄居的，以避免基于政策制定的局限而导致的婚姻家庭的失衡或动荡。

2. 缓解离婚债务清偿的恐慌

当下社会生活中的离婚焦虑，集中表现为离婚当事人对债务清偿的恐慌。在社会诚信缺失的背景下，离婚当事人一方隐藏、转移、变卖、毁损、挥霍夫妻共同财产，或者伪造债务企图侵占另一方财产的行为屡见不鲜。2017 年 2 月 28 日，最高人民法院公布了适用《婚姻法》若干问题解释（二）第 24 条补充规定②；为细化、规范夫妻债务纠纷案件裁判尺度，还下发了配套的《最高人民法院关于依法妥善审理涉及夫妻债务案件有关问题的通知》，试图解决离婚当事人"被债务化"的问题。尽管补充规定和配套措施可适当缓解离婚债务清偿的恐慌，却不能从源头解决根本问题。故《民法典·婚姻家庭编》应增加并完善如下制度：

一是完善夫妻共同债务清偿的原则与方法，弥补《婚姻法》第 41 条关于夫妻离婚时共同债务清偿的制度局限，即"夫妻共同债务应以夫妻共同财产清偿。夫妻共同财产不足以清偿共同债务的，由夫妻双方

---

① 吴俊、周嘉婧：《信念伦理及其在当代中国社会的建构》，载《社会主义核心价值观研究》2016 年第 4 期，第 46 页。

② 适用《婚姻法》若干问题解释（二）第 24 条补充规定：夫妻一方与第三人串通，虚构债务，第三人主张权利的，人民法院不予支持。夫妻一方在从事赌博、吸毒等违法犯罪活动中所负的债务，第三人主张权利的，人民法院不予支持。

协议清偿;协议不成时,当事人可以请求人民法院裁决。夫妻对共同债务负有连带清偿责任。夫妻一方清偿共同债务超出协议约定或法院判决其应当承担的份额部分,有权向另一方追偿"①。夫妻共同债务共同清偿,是当下各国婚姻立法的通例。采纳立法通例,既为"夫妻共同债务的清偿设定了清偿原则,也明确了清偿债务的财产性质"②。

二是增加夫妻个人债务清偿的原则与方法,填充《婚姻法》尚无关于此项规定的立法欠缺,即"夫妻个人债务应以夫妻个人财产清偿,夫妻双方另有约定的除外"③。围绕夫妻个人债务的清偿,采取法定与约定相结合的原则,有助于在明确债务清偿的财产来源及其性质的基础上,通过意思自治协商解决个人债务的清偿方法,拓展个人债务清偿的渠道。

三是增加夫妻的共同债务与个人债务的清偿与追偿的原则与方法,弥补《婚姻法》的立法空白,即"婚姻关系存续期间以夫妻共同财产清偿个人债务,或者以个人财产清偿夫妻共同债务的,离婚时可以追偿,夫妻双方另有约定的除外"④。协调夫妻的共同债务与个人债务的清偿与追偿之间的矛盾,是《民法典·婚姻家庭编》的编纂目的之一。而协调债务的清偿顺序与追偿原则,利于保护离婚当事人和债权人的双重利益。⑤ 同时,也利于解决离婚时的债务清偿纠纷。上述规定,既是对各国婚姻家庭立法例的借鉴,也是我国婚姻家庭立法意欲衡平离婚当

---

① 《民法典·婚姻家庭编》专家建议稿第 60 条第 1、2 款。比较而言,《民法典·婚姻家庭编(草案)》第 867 条仅规定:"离婚时,夫妻共同债务,应当共同偿还。共同财产不足清偿或者财产归各自所有的,由双方协议清偿;协议不成时,由人民法院判决。"尚未规定夫妻共同债务的清偿责任及追偿原则。

② 王歌雅:《离婚财产清算的制度选择与价值追求》,载《法学论坛》2014 年第 4 期,第 29 页。

③ 《民法典·婚姻家庭编》专家建议稿第 60 条第 3 款。《民法典·婚姻家庭编(草案)》未规定夫妻个人债务清偿的原则与方法,依然保留了《婚姻法》的立法格局。

④ 《民法典·婚姻家庭编》专家建议稿第 60 条第 4 款。

⑤ 王歌雅:《离婚财产清算的制度选择与价值追求》,载《法学论坛》2014 年第 4 期,第 30 页。

事人之间的利益及维护债权人利益的切实考虑。对此，《民法典·婚姻家庭编》应予以回应与规制。

四是增加夫妻共同债务与夫妻个人债务的认定标准，弥补《婚姻法》的制度缺陷。无论是夫妻共同债务，还是夫妻个人债务，其清偿前提均是对债务性质的准确界定。依据婚姻家庭法理，同时结合相关司法解释及司法实践经验，《民法典·婚姻家庭编》应明确规定——"下列债务属于夫妻共同债务：（一）夫妻共同约定所负的债务；（二）夫妻因共同生活所负的债务；（三）夫妻因共同财产的维护所负的债务；（四）夫妻因共同侵权所负的债务；（五）夫妻因被监护人侵权所负的债务。"① 关于夫妻个人债务，应采取例示性的立法例，以充分涵盖其范围，即"下列债务属于夫妻一方的债务：（一）夫妻一方婚前所负的债务；（二）夫妻一方在婚姻关系存续期间以自己名义负担的合同之债，但法律另有规定的除外；（三）夫妻一方在婚姻关系存续期间引起的侵权之债；（四）其他应当由个人承担的债务。"②

五是增加规定离婚财产公允分割救济措施，维护善意当事人的财产权益，即针对司法实践中存在的离婚时，一方隐藏、转移、变卖、毁损、挥霍夫妻共同财产，或者伪造债务企图侵占另一方财产的行为，在分割夫妻共同财产时，应继续坚持对隐藏、转移、变卖、毁损、挥霍夫妻共同财产或者伪造债务的一方，可以少分或者不分的原则。同时，增加规定："离婚后，另一方发现对方实施上述行为的，自发现或应当发现之日起二年内，可以向人民法院请求重新分割夫妻共同财产。"③ 该规定既可传承既存的立法成果与司法经验，也可弥补《婚姻法》第47

---

① 《民法典·婚姻家庭编》专家建议稿第40条。

② 《民法典·婚姻家庭编》专家建议稿第41条。关于夫妻债务的认定标准，《民法典·婚姻家庭编（草案）》依然未予规定。

③ 《民法典·婚姻家庭编》专家建议稿第68条。比较而言，《民法典·婚姻家庭编（草案）》第870条保留了现行《婚姻法》第47条规定，但未规定权利行使的期间。

条的立法不足,进而将离婚当事人请求重新分割夫妻共同财产的请求权界定在一定的时效期间之内,推进离婚财产分割纠纷的及时解决。

上述一系列缓解离婚债务清偿恐慌的制度设计,可弥补我国《婚姻法》关于离婚财产清算制度的立法不足;建构了《民法典·婚姻家庭编》有关离婚债务清偿制度的框架,有助于维护个人财产安全,"具有道德上的合理性与法律上的公正性"①。即个人的财产安全是消除离婚债务清偿恐慌的保障,也只有"个人安全有保障才能使人们产生信任感。信任水平是社会和谐程度的重要指征"②。而"任何一个社会的民众对该社会都抱有公正期待,都会根据自身体验和经历对其作出公正与否的评价。"③

第三节　价值阐释

《民法典·婚姻家庭编》经过立法征询、论证推敲后,形成五章制的立法格局——一般规定、结婚、家庭关系、离婚、收养,共计79条,体现了规范婚姻家庭关系的逻辑理路与立法价值。探究其立法价值,有助于追溯婚姻家庭立法传统,梳理婚姻家庭制度完善进路。

一、回归制度本源

中华人民共和国成立后,曾颁布两部《婚姻法》,也称1950年《婚姻法》和1980年《婚姻法》。2001年,曾对1980年《婚姻法》进行修正,即2001《婚姻法》修正案或称《婚姻法》。中华人民共和国成

---

① 王歌雅:《离婚财产清算的制度选择与价值追求》,载《法学论坛》2014年第4期,第31页。

② 吴俊、周嘉婧:《信念伦理及其在当代中国社会的建构》,载《社会主义核心价值观研究》2016年第4期,第46页。

③ 吴俊、周嘉婧:《信念伦理及其在当代中国社会的建构》,载《社会主义核心价值观研究》2016年第4期,第46页。

立 70 余年来，《婚姻法》虽以单行法的形式颁行，但其立法理念得以传承与践履，发挥了稳定婚姻家庭关系的规范功能，实现了婚姻家庭观念的破旧立新。在社会主义法治建设的新时期，《婚姻法》面临诸多挑战。

1. 立法模式选择

《婚姻法》究竟以单行法的形式存在，还是回归《民法典》？学界多有议论，也有质疑《婚姻法》回归《民法典》的声音。但在《民法典》编纂的特定背景与时代机遇面前，《婚姻法》实现了法典化回归。其法典化回归，结束了中华人民共和国成立后《婚姻法》所保持的单行法模式，但其伦理属性、人文意蕴、身份特质、财产特性等并未弱化，相反，却以《民法典·婚姻家庭编》的立法模式得以展现与强化，实现了婚姻家庭编的人身性与财产性的有机统一，助力了《民法典》的人文关怀与财产维护的制度融合。因为"制定婚姻家庭编既是编纂民法典的需要，也是回应社会发展所面临的婚姻家庭新问题以及完善婚姻家庭法律制度的需要"①。

2. 立法名称选择

《婚姻法》虽为形式意义的婚姻法，却是实质意义的婚姻家庭法，其既调整婚姻关系，也调整家庭关系。围绕法典化的婚姻家庭法究竟以怎样的名称定位，社会各界均有所建议，如以《民法典·亲属编》《民法典·婚姻编》《民法典·家庭编》等加以定位。名称定位之议各具特色且均具有立法例佐证，但《民法典·婚姻家庭编》因传承了《婚姻法》的立法传统、展现了婚姻家庭法的立法体系、实现了婚姻家庭法的名实相符、顺应了民众使用婚姻家庭法名称的习惯等而被定位。正如《民法典》第 1040 条规定："本编调整因婚姻家庭产生的民事关系。"

---

① 夏吟兰：《民法分则婚姻家庭编立法研究》，载《中国法学》2017 年第 3 期，第 72 页。

3. 立法体系选择

关于《民法典·婚姻家庭编》的体系建构，法学界、立法界等曾有多种立法蓝本，可简称为七章制、六章制、五章制等。如中国法学会《民法典·婚姻家庭编》编纂项目课题组专家建议稿，即《民法典·婚姻家庭编》专家建议稿就将其建构为七章制，即通则、结婚、夫妻关系、离婚、父母子女及其他近亲属关系、收养、监护，共计155条。[①]在此基础上，也有应去除监护一章的立法建议，因为《民法典·总则编》已规定监护，不需要重复规定；即便《民法典·总则编》关于监护的规定并非尽善尽美，但可通过制度完善或司法解释加以补充或补救。然而，如何实现监护在《民法典》诸分编间的制度架构与规范融通，尚需充分的立法论证与深层的立法衔接。《民法典·婚姻家庭编》立法体系的争论观点纷呈，但其终以五章制的立法体系结束了立法逻辑与制度架构的争论。因为《民法典·婚姻家庭编》应回归《婚姻法》所建构的婚姻家庭制度的立法本源，即一般规定、结婚、家庭关系、离婚。同时，实现《中华人民共和国收养法》（简称《收养法》）的制度回归，建构以《婚姻法》《收养法》为核心的婚姻家庭制度体系与立法体系。

二、传承立法理念

《民法典·婚姻家庭编》的立法理念，既体现在其"一般规定"中，也体现在其他诸章和具体规范中。《民法典·婚姻家庭编》对婚姻家庭立法理念的传承，将"实现自然人在这个领域内的人权和家庭和谐"[②]。

---

① 王歌雅：《〈民法典·婚姻家庭编〉的编纂策略与制度走向》，载《法律科学》2019年第6期，第84页。

② 龙翼飞：《编纂民法典婚姻家庭编的法理思考与立法建议》，载《法制与社会发展》2020年第2期，第41页。

1. 实现了立法理念的延续性

传承立法理念，是《婚姻法》的立法传统，也是《民法典·婚姻家庭编》秉持的原则。立法理念集中体现在《民法典·婚姻家庭编》的基本原则中，即"实行婚姻自由、一夫一妻、男女平等的婚姻制度。保护妇女、未成年人、老年人、残疾人的合法权益"①。其源于 1950 年《婚姻法》的理念确立与 1980 年《婚姻法》的理念发展。就前者而言，体现为"废除包办强迫、男尊女卑、漠视子女利益的封建主义婚姻制度。实行男女婚姻自由、一夫一妻、男女权利平等、保护妇女和子女合法利益的新民主主义婚姻制度"②。就后者而言，体现为"实行婚姻自由、一夫一妻、男女平等的婚姻制度。保护妇女、儿童和老人的合法权益。实行计划生育"③。《民法典·婚姻家庭编》在秉持婚姻家庭立法理念延续性的同时，实现了立法理念传承与法律文化引领的结合。

2. 秉持了立法理念的发展性

为确保婚姻家庭立法理念的传承与发展，《民法典》第 1042 条延续了《婚姻法》的禁止性规范，以应对治理婚姻家庭关系的现实需要，即"禁止包办、买卖婚姻和其他干涉婚姻自由的行为。禁止借婚姻索取财物。禁止重婚。禁止有配偶者与他人同居。禁止家庭暴力。禁止家庭成员间的虐待和遗弃"。该禁止性规范，最初源于 1950 年《婚姻法》第 2 条规定，即"禁止重婚、纳妾。禁止童养媳。禁止干涉寡妇婚姻自由。禁止任何人借婚姻关系问题索取财物"。后经过了 1980 年《婚姻法》的发展④，以及 2001 年《婚姻法》的修正。从"禁止纳妾、童养

① 《民法典》第 1041 条。
② 1950 年《婚姻法》第 1 条。
③ 1980 年《婚姻法》第 2 条。
④ 1980 年《婚姻法》第 3 条规定："禁止包办、买卖婚姻和其他干涉婚姻自由的行为。禁止借婚姻索取财物。禁止重婚。禁止家庭成员间的虐待和遗弃。"

媳、干涉寡妇婚姻自由",到"禁止有配偶者与他人同居、家庭暴力",顺应了婚姻家庭关系建设的需要,彰显了婚姻家庭立法理念的发展性,实现了婚姻家庭权益保障与婚姻家庭立法完善的结合。

3. 体现了立法理念的时代性

婚姻家庭立法理念与时代发展相同步。为适应婚姻家庭法治建设的时代要求,顺应我国人口政策的变化,《民法典》第 1041 条未沿袭"实行计划生育"的原则。当然,计划生育既包括"量"的计划,也包括"质"的计划。为配合《收养法》的制度回归与法典化,确立与时代发展相同步的收养理念,规范收养关系,维护当事人的收养权益,《民法典》第 1044 条规定:"收养应当遵循最有利于被收养人的原则,保障被收养人和收养人的合法权益。禁止借收养名义买卖未成年人。"其第 1105 条第 5 款规定:"县级以上人民政府民政部门应当依法进行收养评估。"该条在体现婚姻家庭立法理念时代性的同时,实现了婚姻家庭立法理念的时代要求与法治建设的结合。

三、展现核心价值

家庭是社会的细胞,家庭文明是社会文明的缩影。家庭文明建设,是社会主义物质文明与精神文明建设的重要组成部分。为贯彻社会主义核心价值观,《民法典》第 1043 条第 1 款规定:"家庭应当树立优良家风,弘扬家庭美德,重视家庭文明建设。"重视家庭文明建设,才能践履注重"家庭、家教、家风"的理念。

1. 树立优良家风

家风,也称门风或家庭的风气或风范,是指家庭建设所形成的立身之本、处事之道、生活作风、伦理观念、道德风尚等的总称。树立优良

家风，在于"高度重视社会主义核心价值的融会贯通"①。第一，优良家风是中华民族传统优秀文化的重要内涵。中华文化源远流长，家风文化积淀深厚。"天下之本在国，国之本在家。"优良家风，培养了仁人志士"救亡图存、济世安邦"的爱国风骨，陶冶了中华儿女"自强不息、厚德载物"的精神气节。第二，优良家风是中华民族传统家教的重要内涵。身教胜于言教，家教利于社稷。优良家风，培植了中华儿女"铁肩担道义、妙手著文章"的人生理想，积淀了父辈子孙"笃学慎行、勤勉成才"的家教风范。第三，优良家风是我国家庭文明建设的重要内涵。优良家风，具有耳濡目染、潜移默化的精神力量，教化家庭成员遵纪守法、爱国爱家，引导家庭成员修身养德、廉洁齐家，昭示家庭成员守正创新、立德树人，倡导家庭成员相互尊重、相互关爱。树立优良家风，有助于建立平等、和睦、文明的婚姻家庭关系。

2. 弘扬家庭美德

家庭美德，也称家庭道德，是规范家庭生活、调节家庭关系、鼓励或约束家庭成员行为的道德准则。弘扬家庭美德，是推动家庭文明建设和社会文明发展的重要力量。第一，家庭美德是中华民族传统优秀道德的重要内涵。传统家庭美德，包括勤俭、节约、贵和的持家美德，谨慎、宽厚、知报的教子美德，修身、重行、改过的修身美德，慎独、自省、自强的处事美德。② 弘扬家庭美德，有助于家庭成员明大德、守公德、严私德，树立正确的人生观、价值观和婚姻家庭观，有助于家庭成员励志成才、报效国家、服务社会、建设家庭。第二，家庭美德是我国社会主义道德建设的重要内涵。家庭美德即家庭成员应该遵守、传承的

---

① 龙翼飞：《编纂民法典婚姻家庭编的法理思考与立法建议》，载《法制与社会发展》2020年第2期，第40页。

② 张锡勤：《中国传统道德举要》，黑龙江教育出版社1996年版，第2－3页。

美好道德风范，包括尊老爱幼、男女平等、夫妻和睦、勤俭持家和邻里团结。① 家庭美德，是保障婚姻家庭和谐幸福的基础，也是推进社会道德文明前行的力量。弘扬家庭美德，有助于维护家庭成员的人身权益和财产权益，有助于促进家庭的精神文明与社会的和谐稳定。第三，家庭美德是我国家庭民主建设的重要内涵。家庭成员既是社会主义道德建设的参与者和受益者，也是家庭文明的建设者和受益者。弘扬家庭美德，就是要德法兼备，有效解决代际冲突、家庭纠纷、家庭失序、家风败坏、家德缺失等问题，切实维护家庭成员的合法权益，倡导家庭成员间的敬老爱幼、互相帮助。弘扬家庭美德，就是要不断提升家庭成员的思想道德素质，引导家庭成员学习真知、虚心向上、开悟智慧、追求真理，鼓励家庭成员相互关爱、民主持家、相互尊重、共建家园。

3. 建设家庭文明

重视家庭文明建设，在于巩固社会主义的婚姻家庭制度，促进婚姻家庭秩序的和谐与稳定。家庭文明建设，既包括家庭的物质文明、精神文明、法治文明的建设，也包括家庭成员的人身关系文明与财产关系文明的建设。重视家庭文明建设，尤要建设两个文明：一是夫妻关系文明建设。夫妻关系文明建设的核心，即"夫妻应当互相忠实，互相尊重，互相关爱"；依法处理夫妻关系。如共同抚养、教育、保护未成年子女，共同赡养、扶养、扶助老人及其他家庭成员；共同承担家庭费用和家务劳动，共同维护婚姻关系、提升婚姻质量。二是家庭关系文明建设。家庭关系文明建设的基点，即"家庭成员应当敬老爱幼，互相帮助"；依法处理亲子关系及其他家庭成员关系。如尊重家庭成员的人格平等、人格独立、人格自由与人格尊严，维护家庭成员的人身权益和财产权益，共同建设自由、舒适、温馨的家庭乐园。

---

① 《公民道德建设实施纲要》，载《人民日报》2001 年 10 月 25 日。

四、追求和谐稳定

《民法典·婚姻家庭编》的颁行，关乎 14 亿民众的切身利益，关乎婚姻家庭的建设方向与法治价值。为应对婚姻家庭领域多元的权益诉求、价值碰撞、观念更迭，《民法典·婚姻家庭编》"高度重视婚姻家庭关系的人伦本质和人文关怀"①，坚守了遵循亲属伦理、延续制度优势、促进性别和谐的价值理念，以维护婚姻家庭秩序的稳定。

1. 遵循亲属伦理

亲属伦理，包括夫妻伦理、亲子伦理、祖孙伦理、兄弟姐妹伦理及其他亲属关系伦理。② 亲属伦理既体现在《民法典·婚姻家庭编》的一般规定与各项制度中，也体现在具体规范中。为维护亲属伦理，协调亲属间的权利义务关系，《民法典·婚姻家庭编》在"一般规定"中，界定了亲属的种类、近亲属的范围、家庭成员的构成，完成了亲属制度的基本架构，弥补了《婚姻法》欠缺亲属制度的立法空白，实现了界定亲属含义、护佑亲属权益、促进家庭和谐的立法目的。基于亲属法理与民俗习惯，亲属包括配偶、血亲和姻亲。③ 基于民事立法传统和权利义务关系，"配偶、父母、子女、兄弟姐妹、祖父母、外祖父母、孙子女、外孙子女为近亲属"④。基于亲属关系的亲疏远近与共同生活的亲属范围，"配偶、父母、子女和其他共同生活的近亲属为家庭成员"⑤。亲属内涵的界定与亲属制度的建构，有助于明晰亲属间的权利和义务，并将为亲属关系的和谐、亲属伦理的传承奠定法制基础。

---

① 龙翼飞：《编纂民法典婚姻家庭编的法理思考与立法建议》，载《法制与社会发展》2020年第 2 期，第 40 页。

② 王歌雅：《中国婚姻伦理嬗变研究》，中国社会科学出版社 2008 年版，第 366 页。

③ 《民法典》第 1045 条第 1 款。

④ 《民法典》第 1045 条第 2 款。

⑤ 《民法典》第 1045 条第 3 款。

2. 延续制度优势

维护主体尤其是特定主体的婚姻家庭权益，是《民法典·婚姻家庭编》的价值定位。为发扬《婚姻法》《收养法》的制度优势，《民法典·婚姻家庭编》对切实可行、实践良好的相关制度予以延续，以实现婚姻家庭立法的连续性、稳定性与适用性。第一，延续军婚保护制度，即"现役军人的配偶要求离婚，应当征得军人同意，但是军人一方有重大过错的除外"[①]。保护军婚，是我国婚姻家庭立法的优良传统[②]，也是国家长治久安、人民安居乐业的重要保障。在和平年代保护军婚，既要维护军人及其配偶的婚姻自由，也要规制军人重大的婚姻过错行为，更要震慑、警示侵犯军婚的违法行为。第二，延续女性生育利益保护制度，即"女方在怀孕期间、分娩后一年内或者终止妊娠后六个月内，男方不得提出离婚；但是，女方提出离婚或者人民法院认为确有必要受理男方离婚请求的除外"[③]。在特定期间限制男方的离婚诉权，是维护女性生育利益的措施，也是保障胎儿、婴儿健康成长的手段。同时，兼顾了女方和男方的离婚权益。第三，延续未成年人权益保护制度。未成年人是国家的未来、社会主义建设事业的生力军，维护其人身权益和财产权益，既是亲子伦理、家庭伦理的必然要求，也是收养伦理、代际伦理的重要内涵。《民法典·婚姻家庭编》既延续了亲子、祖孙、兄弟姐妹间的抚养（扶养）、教育、保护等制度，也延续了收养权益保护规范，以维护未成年人的被收养权益[④]，实现未成年人利益的最佳化。

---

① 《民法典》第 1081 条。

② 王歌雅：《中国现代婚姻家庭立法研究》，黑龙江人民出版社 2004 年版，第 186 页。

③ 《民法典》第 1082 条。

④ 《民法典》第 1114 条规定："收养人在被收养人成年以前，不得解除收养关系，但是收养人、送养人双方协议解除的除外。养子女八周岁以上的，应当征得本人同意。收养人不履行抚养义务，有虐待、遗弃等侵害未成年养子女合法权益行为的，送养人有权要求解除养父母与养子女间的收养关系。送养人、收养人不能达成解除收养关系协议的，可以向人民法院提起诉讼。"

3. 促进性别和谐

贯彻男女平等原则，是《民法典·婚姻家庭编》的价值取向。为践履性别平等的婚姻伦理和家庭伦理，《民法典·婚姻家庭编》沿袭婚姻家庭立法优势，为性别的正义与和谐进行赋权。第一，延续性别平等的制度优势，即在婚姻关系、家庭关系中继续贯彻男女平等的立法理念，维护夫妻、亲子、祖孙、兄弟姐妹在婚姻家庭关系中的性别平等、权益平等，实现性别的形式正义。第二，发扬保护女性权益的规范优势，即在结婚、家庭关系、离婚等制度建构与规范配置中，侧重维护女性的婚姻家庭权益，实现性别的实质正义。如《民法典》第 1087 条规定："离婚时，夫妻的共同财产由双方协议处理；协议不成的，由人民法院根据财产的具体情况，按照照顾子女、女方和无过错方权益的原则判决。对夫或者妻在家庭土地承包经营中享有的权益等，应当依法予以保护。"其他有关人身权益、财产权益的保护规范，均内蕴性别平等理念，有助于促进性别的平等与和谐。

第二章 《民法典·婚姻家庭编》制度建设

《民法典·婚姻家庭编》的制度建设，体现在五个方面：结婚制度完善、家庭关系充实、离婚制度突破、收养制度修正、司法实践关注。关注《民法典·婚姻家庭编》的制度建设，对于深度把握《民法典·婚姻家庭编》的编纂意义与制度价值，具有理论意义与实践意义。

第一节 结婚制度完善

婚姻自由包括结婚自由和离婚自由，其与主体的意志自由密切相关。意志自由，意味着理性、判断力、自我决定能力及承担责任能力，即"自由是人们认识善、理解善、追求善的能力，是一种出于正当理由去作正确事情的能力"[①]。为确保婚姻主体的意志自由，《民法典·婚姻家庭编》应对婚姻自由权利的行使作出界定，以明确婚姻主体的意志自由及意志实现的边界。

一、结婚立法的展现

《民法典·婚姻家庭编》完善结婚制度的目的，在于贯彻婚姻自由原则，维护主体的结婚权益，规范违法婚姻，救济善意当事人。

[①] 姚大志：《我们为什么对自己的行为负有道德责任？——相容论的解释及其问题》，载《江苏社会科学》2016 年第 6 期，第 20 页。

（一）拓展了结婚自由边界

结婚自由，是婚姻自由的内涵，是有限制的自由。为规范结婚行为和整肃结婚秩序，各国婚姻家庭法均规定结婚的条件和程序。时代、婚俗、国情、婚姻家庭立法积淀等不同，结婚的条件和程序也不同。

根据婚姻家庭法理，结婚须具备必备条件且须排除禁止条件。《婚姻法》第7条关于结婚的禁止条件规定了两项：一是禁止结婚的亲属；二是禁止结婚的疾病。《民法典》第1048条延续了"直系血亲或者三代以内的旁系血亲禁止结婚"的规定，删除了"患有医学上认为不应当结婚的疾病"的规定。这一修改，缩减了结婚的禁止条件，拓宽了结婚自由的边界，也将患有重大疾病是否结婚及是否与之结婚的选择权完全交由当事人自由行使，提升了结婚主体的意思自治。同时，避免了对"患有医学上认为不应当结婚的疾病"的种类、范围、理由、医学研究结论、法律明确规定等的查询与质疑。因为《婚姻法》《婚姻登记条例》并未规定禁止结婚的疾病，且医学上认为不应当结婚的疾病的种类、范围等并不统一。《民法典·婚姻家庭编》将是否承受因重大疾病可能引发健康风险的结婚选择权交由当事人自主行使，是为尊重民众结婚自由的权利，即"通过法律对婚姻风险带来的损害予以救济，而非禁止患有疾病的人结婚"[①]。

（二）提升了结婚诚信要求

为确保结婚的意思自治，禁止欺诈，《民法典》第1053条规定："一方患有重大疾病的，应当在结婚登记前如实告知另一方；不如实告知的，另一方可以向人民法院请求撤销婚姻。请求撤销婚姻的，应当自

---

① 马忆南：《民法典视野下婚姻的无效和撤销——兼论结婚要件》，载《妇女研究论丛》2018年第3期，第30页。

知道或者应当知道撤销事由之日起一年内提出。"其立法意义有三：一是保障了"患有重大疾病"者的结婚自由权，回应了特定群体的结婚诉求，贯彻了结婚自由原则。二是提升了结婚的诚信要求，即"患有重大疾病"者在结婚登记前应向另一方履行告知义务。三是实现了删除结婚的禁止条件——"患有医学上认为不应当结婚的疾病"与增加可撤销婚姻的法定情形的立法衔接与逻辑呼应。

（三）实现了结婚权益保障

《民法典·婚姻家庭编》对结婚制度的完善，既体现为对结婚自由的保障，也表现为对违法婚姻的规制。第一，修改了婚姻无效的法定情形，即重婚、有禁止结婚的亲属关系、未到法定婚龄，婚姻无效。[①] 上述无效婚姻的判断情形，与结婚的必备条件、禁止条件相统一，实现了结婚的法定条件与婚姻效力确认的规范相互衔接。第二，增加了可撤销婚姻的法定情形，完善了可撤销婚姻制度，即一方患有重大疾病未如实告知的，另一方可行使婚姻撤销权。第三，增加了对善意当事人的权益救济，即"婚姻无效或者被撤销的，无过错方有权请求损害赔偿"[②]。有损害即有救济，这是最基本的侵权观念与正义理念，有助于倡导结婚的意思自治、诚信风范，维护结婚当事人的合法权益。

二、结婚立法的反思

"一个人是自由的，这意味着他有'其他选择的可能性'。如果他没有'其他选择的可能性'，那么他就不能是自由的。"[③] 为确保行为主

---

① 《民法典》第 1051 条。
② 《民法典》第 1054 条第 2 款。
③ 姚大志：《我们为什么对自己的行为负有道德责任？——相容论的解释及其问题》，载《江苏社会科学》2016 年第 6 期，第 18 页。

体选择结婚自由的可能性，《民法典·婚姻家庭编》应对结婚制度进行完善，以弥补《婚姻法》和《民法典·婚姻家庭编》的立法不足。

（一）增加禁婚亲规范

《婚姻法》第7条仅规定：直系血亲和三代以内的旁系血亲禁止结婚，却未规定一定范围的拟制血亲、姻亲之间能否结婚。早在2001年《婚姻法》修正之时，学界就曾围绕拟制血亲、直系姻亲能否结婚的问题进行过探讨。关于拟制血亲，学界观点有二：一是拟制直系血亲不得结婚。因为拟制直系血亲发生直系血亲的法律效力，故基于民俗传统、伦理规范，彼此不得结婚。二是拟制旁系血亲如不属于三代以内的旁系血亲，则因其并无实际既存的血缘关系，彼此之间可以结婚。关于直系姻亲，一直存在立法争议。许可论主张，直系姻亲结婚只存在道德伦理上的障碍，并不会引起优生方面的不良后果。禁止论认为，近亲结婚会造成伦理关系混乱，有伤风化。相对许可论坚持，应有条件地允许直系姻亲结婚，即没有孙子女、外孙子女的直系姻亲可以结婚，因为其不会造成亲属辈分的混乱及亲属称谓的变化。[1] 若从世界立法例看，外国法对姻亲通婚多有严格限制。[2] 故基于婚姻关系的伦理性及民俗习惯的传承性，《民法典·婚姻家庭编》应对拟制血亲、姻亲之间应否禁婚予以明确规定，以解决司法实践中以伦理代法或无法适用等问题。即有下列情形之一，禁止结婚：双方为直系血亲、四亲等以内的旁系血亲或者直系姻亲的，但相同辈分的四亲等以内的拟制旁系血亲除外。拟制直系血亲或者直系姻亲关系终止后亦不得结婚。[3] 该规定将为结婚自由及避免结婚的任性提供法律依据。

---

[1] 王歌雅：《中国现代婚姻家庭立法研究》，黑龙江人民出版2004年版，第324页。
[2] 李志敏：《比较家庭法》，北京大学出版社1988年版，第72页。
[3] 《民法典·婚姻家庭编》专家建议稿第16条第2项。

（二）回应同居关切

"什么是一个人的权利？一个人的权利就是一个人的权利空间，这个权利空间就是每个人依最根本的道德法则他应当被允许、被承认的行动空间。"① 基于意志自由，民众有结婚自由，也有不结婚的权利。如何保护同居群体的人身自由与财产自由，成为民众关心的话题。为解决同居关系引发的财产纠纷和子女抚养纠纷，《最高人民法院关于适用〈中华人民共和国婚姻法〉若干问题的解释（二）》第 1 条曾作出解释。② 然而，在相关国家对同居行为予以单独立法的国际背景下，《民法典·婚姻家庭编》应以开放、前瞻的立法情怀，对同居行为的效力进行原则性规定，即"双方未经结婚登记自愿共同生活的，其财产关系有约定的，依照约定；没有约定的，适用按份共有的规定"③。保护同居者的财产权益，就是保护其意志自由与人格独立。

第二节　家庭关系充实

《民法典·婚姻家庭编》对家庭关系的充实，源于对夫妻关系、父母子女关系和其他近亲属关系的规范与修复。家庭关系以夫妻关系为基础，以亲子关系为核心，以其他近亲属关系为辅助。完善家庭关系规范，有助于协调家庭成员的人身关系和财产关系，维护交易秩序。

一、家庭关系立法补益

家庭关系的立法补益，是在《婚姻法》及其相关司法解释的基础

---

① 黄裕生：《论自由与伦理价值》，载《清华大学学报》2016 年第 3 期，第 93 页。
② 当事人起诉请求解除同居关系的，人民法院不予受理……当事人因同居期间财产分割或者子女抚养纠纷提起诉讼的，人民法院应当受理。
③ 《民法典·婚姻家庭编》专家建议稿第 25 条。

上完成的。具体补益内容主要体现在夫妻关系、父母子女关系和其他近亲属关系两方面。完善家庭关系立法，有助于创建平等、和睦、文明的家庭关系，有助于家庭关系的依法建构与和谐发展。

（一）规范了家事代理行为

家事代理是家庭生活中的惯常行为，也称家事代理权，是指因家庭生活需要，配偶一方与第三人为一定法律行为时的当然代理权，被代理的他方对由此产生的债务承担连带责任。[①]《婚姻法》未规定家事代理权，致家事代理纠纷不能顺畅解决、家事代理权益不能有效保障。[②] 为规制家事代理行为，解决家事代理纠纷，维护善意相对人权益，促进交易安全，《民法典》第1060条规定："夫妻一方因家庭日常生活需要而实施的民事法律行为，对夫妻双方发生效力，但是夫妻一方与相对人另有约定的除外。夫妻之间对一方可以实施的民事法律行为范围的限制，不得对抗善意相对人。"其在确立家事代理制度的同时，明确了家事代理权的内涵：一是家事代理的主体是夫妻双方，彼此互享家事代理权；二是家事代理的范围以家庭日常生活需要为限，限定了家事代理的行为空间；三是家事代理的效力约束夫妻双方，即被代理方对代理后果产生连带责任；四是家事代理范围的约定对外不生效力，即不得对抗善意相对人。基于诚信原则，家事代理行为应恪守谨慎注意义务，禁止权利滥用。

（二）明晰了夫妻债务性质

夫妻债务清偿规范的阙如，易于导致夫妻债务性质判断的混乱、夫

---

① 张贤钰：《婚姻家庭继承法》，法律出版社2004年版，第126页。
② 王歌雅：《社会排挤与女性婚姻家庭权益的法律保障》，黑龙江人民出版社2019年版，第147页。

妻债务清偿的失衡，也会引发司法解释适用的泛化及当事人的被债务化。为应对夫妻债务清偿的现实需要，《民法典》第 1064 条对夫妻债务的性质、认定标准进行了界定，即夫妻债务包括夫妻共同债务与夫妻个人债务。夫妻共同债务基本有两类：一是基于夫妻共同意思表示所负的债务，即"夫妻双方共同签名或者夫妻一方事后追认等共同意思表示所负的债务"。二是为家庭日常生活需要所负的债务，即"夫妻一方在婚姻关系存续期间以个人名义为家庭日常生活需要所负的债务"。如果该债务超出家庭日常生活需要，"但是，债权人能够证明该债务用于夫妻共同生活、共同生产经营或者基于夫妻双方共同意思表示的"[1]，依然属于夫妻共同债务。夫妻个人债务，是指夫妻非为家庭日常生活需要所负的债务，即"夫妻一方在婚姻关系存续期间以个人名义超出家庭日常生活需要所负的债务"[2]。基于《民法典》第 1064 条规定，夫妻个人债务还包括夫妻一方婚前所负的债务、夫妻非基于共同意思表示所负的债务及其他应由个人承担的债务。上述有关夫妻债务的性质、认定标准的界定，源于《婚姻法》的立法积淀、司法解释的法律化，既有利于夫妻债务性质的界定，防范夫妻一方被债务化，也有利于维护第三人的债权，促进交易秩序稳定。

（三）界定了婚内析产情形

婚内能否析产或分割夫妻共同财产，一直为立法、司法所关注。《婚姻法》规定的夫妻财产制是婚后所得共同制，故分割夫妻共同财产的情形包括两类：一是婚姻终止；二是夫妻达成分割共同财产的合意。在婚姻关系存续期间，如果夫妻双方不能达成分割共同财产的合意，将使夫妻一方的财产权利行使不能或财产权益受到损害。为维护夫妻双方

---

① 《民法典》第 1064 条第 2 款。
② 《民法典》第 1064 条第 2 款。

的财产权益，发挥家庭赡老育幼的功能，解决夫妻婚内分割共同财产纠纷，提升财产效用，《民法典》第 1066 条增加规定——"婚姻关系存续期间，有下列情形之一的，夫妻一方可以向人民法院请求分割共同财产：（一）一方有隐藏、转移、变卖、毁损、挥霍夫妻共同财产或者伪造夫妻共同债务等严重损害夫妻共同财产利益的行为；（二）一方负有法定扶养义务的人患重大疾病需要医治，另一方不同意支付相关医疗费用。"赋予夫妻婚内析产的权利，可缓解夫妻共同财产制的效力强行，弥补夫妻婚内分割共同财产约定不能的遗憾，实现夫妻财产权益的多元保护。

（四）补充了亲子确认规范

《婚姻法》因欠缺亲子关系的确认与否认制度，一直为社会各界所诟病。而完善的制度与科学的立法，是亲子关系确认或者否认的保障。[1] 为维护亲子权益、解决司法纠纷、弥补立法欠缺，《民法典》第 1073 条增加了亲子关系的确认与否认制度，即"对亲子关系有异议且有正当理由的，父或者母可以向人民法院提起诉讼，请求确认或者否认亲子关系。对亲子关系有异议且有正当理由的，成年子女可以向人民法院提起诉讼，请求确认亲子关系"。其明确了请求确认或者否认亲子关系的主体，强化了亲子关系确认与否认的司法效力；填补了婚姻家庭立法空白，完善了亲子制度。

二、家庭关系立法反思

《民法典·婚姻家庭编》在"家庭关系"一章虽对夫妻关系、父母

---

[1] 王歌雅：《〈民法典·婚姻家庭编〉的编纂策略与制度走向》，载《法律科学》2019 年第 6 期，第 92 页。

子女关系和其他近亲属关系进行了立法完善，体现了家庭关系立法的新观念、新趋向，但尚有提升与补益的空间。只有不断完善家庭关系立法，方能引领家庭关系的发展方向，促进家庭观念的改革，维护民众的家庭权益。

（一）充实夫妻关系的内涵

夫妻关系是婚姻家庭关系的基础与核心。良善的夫妻关系有助于建立良好的家风家教，也有助于形成良好的家庭美德及实现家庭的民主和谐建设。为引导、规范、塑造良善的夫妻关系，《民法典·婚姻家庭编》应在继承《婚姻法》立法传统、立法悠长、立法经验的基础上，对夫妻关系的内涵进行界定与充实，以回应夫妻关系立法的现实期待与权益诉求，创建民主、平等、独立、和谐的夫妻关系。

1. 夫妻人身关系规范的充实

夫妻人身关系是引发夫妻财产关系的基础与前提，也是良善夫妻关系建设的基点与重心。囿于《婚姻法》《民法典·婚姻家庭编》关于夫妻人身关系规范的局限与欠缺，兼顾民众婚姻关系建设的需求，《民法典·婚姻家庭编》应增加如下规范。

（1）界定夫妻平等生育权

夫妻享有平等的生育权，源于夫妻的人格独立、人格平等、人格自由与人格尊严，即生育权是人格权，其行使以自然属性为基础、以社会属性为制约。其中，"社会属性恰恰检视着生育权主体的人格独立、人格自由、人格平等和人格尊严。因为，社会属性是人之归属、人之理性，遵循社会价值判断标准。也正是在社会价值判断标准的链条中，个体的生育利益才须承受合法与否、道德与否、尊严与否、自由与否的评判。无论评判结果如何，生育权主体均将以人权框架下的生存权、发展

权而得到庇护"①。在以个人本位易家族本位的时代，生育已不再是评价个人价值、制约个人生存与发展的决定性因素。故生育权的行使，应遵循男女平等、夫妻平等理念，贯彻计划、协商、利益选择、性别关怀等原则。②《民法典·婚姻家庭编》应在吸纳《婚姻法》第 16 条、《妇女权益保障法》第 32 条、《人口与计划生育法》第 17 条及《最高人民法院关于适用〈中华人民共和国婚姻法〉若干问题的解释（三）》第 9 条等相关规定的基础上，明确规定：夫妻双方平等享有生育权，平等履行计划生育义务。③ 尽管学界关于夫妻双方是否享有平等的生育权，曾多有探讨，但持肯定论者认为：生育权是人格权，"是绝对权、支配权。行使生育权须当事人自愿。生育保有权、生育决定权、生育利益支配权的行使，必须遵循公序良俗"④。

（2）界定婚姻家庭信息知情权

婚姻家庭是亲属团体、经济团体，也是伦理团体、法律团体。婚姻家庭的团体性，决定其成员有共同的生活、经济、意志、行为、选择、尊严、荣辱与责任。婚姻家庭作为人类生活世界重要的组成部分，遵循着人类生活世界的基本行为准则，倘"没有这些基本的行为准则，人类生活将不成其为人类生活，或者说，人类社会将立刻瓦解"⑤。为此，婚姻家庭成员必须培植"共享发展理念"与"权益协调精神"。共享发展理念，意味着共同建设家园、共享婚姻资源、共谋家庭福祉，即各尽所能、各得其所。权益协调精神，意味着化解行为冲突、观念冲突、利益冲突、伦理冲突，即共享权益、共尽义务、共担责任。故"在婚姻关系存续期间，夫妻均有权知悉涉及婚姻、家庭利益以及共同财产的重

① 王歌雅：《生育权的理性探究》，载《求是学刊》2007 年第 6 期，第 113 页。
② 王歌雅：《生育权的理性探究》，载《求是学刊》2007 年第 6 期，第 116 – 117 页。
③ 《民法典·婚姻家庭编》专家建议稿第 32 条。
④ 王歌雅：《生育权的理性探究》，载《求是学刊》2007 年第 6 期，第 113 页。
⑤ 黄裕生：《论自由与伦理价值》，载《清华大学学报》2016 年第 3 期，第 91 页。

要信息。有关部门应当予以配合"①。这是建设利己、利他、利社会的"夫妻共同精神"的应然选择与法律依据,也是创建诚信不欺、公正善良、关爱他人、珍惜家庭的"婚姻家庭文化"的必然选择与道义担当。正如《民法典》第120条规定:"民事权益受到侵害的,被侵权人有权请求侵权人承担侵权责任。"

(3)完善夫妻间的家事代理权

"家事代理权作为亲属法中的一项制度,在经历了时代变迁与价值陶冶后,形成了相关的制度特征,延展了婚姻范畴的财产效力,保护了交易各方的财产权益。"②《婚姻法》有关家事代理权的规范缺位,不仅使婚姻家庭制度的体系性、完整性有所欠缺,也使相关纠纷难以解决。为解决家事代理纠纷,2001年《最高人民法院关于适用〈中华人民共和国婚姻法〉若干问题的解释(一)》第17条对家事代理原则作出解释。该解释曾一度被法学界、司法界认为是有关家事代理权的规定,甚至被认为是对立法欠缺的弥补。尽管该解释(一)第17条对家事代理权作出了原则性解释,且其基本内涵为《民法典》第1060条所吸纳③,但有关家事代理权的立法规范仍须关注以下环节:家事代理权的产生与终止、家事代理的范围及权利的行使限制④。为此,《民法典·婚姻家庭编》应对此进行立法选择,即"夫妻就家庭日常生活事务相互享有代理权。在共同生活期间,夫妻任何一方均可以代表对方处理日常家庭事务。夫妻对家事代理权附加的限制,不得对抗善意第三人"⑤。该规定具有夫妻平权的特征,吻合夫妻双方互为代理人的时代需求,体现了

---

① 《民法典·婚姻家庭编》专家建议稿第33条。

② 王歌雅:《家事代理权的属性与规制》,载《学术交流》2009年第9期,第49页。

③ 《民法典》第1060条规定:"夫妻一方因家庭日常生活需要而实施的民事法律行为,对夫妻双方发生效力,但是夫妻一方与相对人另有约定的除外。夫妻之间对一方可以实施的民事法律行为范围的限制,不得对抗善意相对人。"

④ 王歌雅:《家事代理权的属性与规制》,载《学术交流》2009年第9期,第52页。

⑤ 《民法典·婚姻家庭编》专家建议稿第34条。

兼顾第三人利益的立法意向。《德国民法典》第 1357 条、《瑞士民法典》第 166 条、《韩国民法典》第 827 条、我国台湾地区"民法"第1003 条均有类似规定。

2. 夫妻财产关系规范的充实

夫妻财产关系虽为人身关系引发的后果，但在当下的婚姻家庭关系及民俗生活中，夫妻财产关系已然成为超越夫妻人身关系价值的重要的社会关系之一，甚至是婚姻家庭纠纷的导火索及婚姻家庭关系稳定和谐与否的试金石。故《民法典·婚姻家庭编》应关注并回应民众的财产需求，为协调夫妻财产关系、维护夫妻财产权益而努力。

（1）界定夫妻财产的范围

为弥补《婚姻法》对夫妻的共同财产、个人财产范围界定的局限与欠缺，《民法典》第 1062 条、第 1063 条分别对夫妻的共同财产、个人财产的范围进行了界定，实现了对《婚姻法》的继受与突破，即有关夫妻共同财产范围的界定，在立法表述上与《民法典·总则编》关于民事权利的界定相吻合，具有立法体系的系统性、一致性与自洽性等特征。① 但其依然存在提升空间，即例示制的立法模式与《民法典》有关民事权利的表述存在差异，故夫妻共同财产范围的立法有待完善。② 而有关夫妻个人财产范围的界定，依然有待完善，即在原有立法的基础上应增加对个人财产认定的具体标准，如应将"一方专用的价值不大的生活用品或生产工具"③，视为夫妻的个人财产。该规定在弥补立法

① 《民法典·婚姻家庭编》专家建议稿第 36 条规定：夫妻在婚姻关系存续期间所得的下列财产归夫妻共同所有：（一）物权；（二）债权；（三）股权及其他投资收益；（四）知识产权及其收益；（五）继承或接受赠与取得的财产；（六）其他应当共同所有的财产。

② 《民法典·婚姻家庭编》专家建议稿第 36 条、第 38 条。

③ 《民法典·婚姻家庭编》专家建议稿第 38 条规定：有下列情形之一的，为夫妻一方的个人财产：（一）一方的婚前财产；（二）一方因人身权受到侵害获得的医疗费、残疾人生活补助费、精神损害赔偿金；（三）遗嘱或赠与合同中确定只归夫或妻一方所有的财产；（四）一方专用的价值不大的生活用品或生产工具。

缺陷的同时，可为民众提供夫妻个人财产的判断标准，便于厘清财产性质界定的困惑。当然，外国立法例也有类似规定，如《法国民法典》第 1404 条第 2 款。上述立法精神，在《民法典》第 1062 条、第 1063 条有关夫妻的共同财产、个人财产的界定规范中有所展现。

（2）界定夫妻对共同财产的行使权利

如何处理夫妻共同财产，与婚姻关系的性质认知相交织。围绕婚姻关系，素有"婚姻契约说""婚姻伦理说""身份关系说"的争论，但婚姻关系无疑具有"身份性与伦理性、财产性与契约性"①。基于夫妻伦理共同体的考虑，对夫妻共同财产的处理，须达成一致的意思表示。② 但"夫妻一方对共同财产行使下列权利时，必须征得对方的同意：（一）向第三人赠与；（二）以共有资金购买或者出卖不动产的所有权、用益物权或者价值较大的动产；（三）受让或者转让股权；（四）为第三人设定抵押权、质权或者提供保证担保；（五）处分对家庭生活有较大影响的生活用品；（六）其他应当征得对方同意的情形"③。上述立法思考，应引起《民法典·婚姻家庭编》的重视，以弥补立法欠缺，护佑夫妻的伦理共同体、财产共同体的维系。因为，"同意"，于法律而言，属意思表示的合致；于伦理而言，属正确行为的培养与规范。"同意"，蕴含着一般价值——自由、尊严与责任。自由，即同意主体的意志自由；尊严，即对同意主体的人格尊重；责任，即同意主体的责任承担。④ 同意价值的实现条件，则为合意、知情、无害、公正。⑤

---

① 王歌雅、郝峰：《婚姻关系：价值基础与制度建构——兼评〈中华人民共和国婚姻法〉司法解释（三）》，载《法学杂志》2011 年第 12 期，第 66 - 68 页。

② 《民法典·婚姻家庭编》专家建议稿第 37 条第 1 款规定：夫妻双方对共同所有的财产有平等的占有、使用、收益、处分的权利。双方有约定的，依照约定；没有约定的，由双方共同行使。

③ 《民法典·婚姻家庭编》专家建议稿第 37 条第 2 款。

④ 吕耀怀：《论同意的伦理价值》，载《上海师范大学学报》2016 年第 6 期，第 13 - 15 页。

⑤ 吕耀怀：《论同意的伦理价值》，载《上海师范大学学报》2016 年第 6 期，第 15 - 17 页。

（3）拓展夫妻婚内析产的权利

基于婚后所得共同制或夫妻共同财产制，在婚姻关系存续期间，夫妻一方不得请求分割夫妻共同财产。但当夫妻关系失衡、夫妻一方及其亲属的权益受损、夫妻一方处分共同财产未获得他方同意时，应赋予夫妻另一方请求分割共同财产的权利，即"婚姻关系存续期间，夫妻一方不得请求分割夫妻共同财产，但有下列情形之一的除外：（一）一方有隐藏、转移、变卖、毁损、挥霍夫妻共同财产或者设定夫妻共同债务等严重损害夫妻共同财产利益行为的；（二）一方负有法定扶养义务的人患重大疾病需要医治，另一方不同意支付相关医疗费用的；（三）一方要求用夫妻共同财产从事投资经营活动，另一方不同意的；（四）一方实施家庭暴力，受害方要求分割的。请求分割的财产，可以是夫妻共同财产的一部或者全部。但是，应当保留双方依法履行法定扶养义务的相应费用和承担家庭生活日常开支的费用。请求分割夫妻共同财产的，应当由双方协议；双方达成的协议不得损害债权人的利益。协议不时，当事人可以请求人民法院裁决"①。对此，《民法典》第 1066 条应在已规定（一）（二）两种情形的基础上，增加（三）（四）情形的界定，以救济夫妻的财产权益。该规定的立法价值，依然在于对同意价值的实现条件——合意、知情、无害、公正的满足与落实。否则，就是对夫妻一方权益的侵犯或践踏。赋予夫妻一方在婚姻关系存续期间对夫妻共同财产的分割权，便于婚姻主体的同意价值——自由、尊严与责任的实现，即"一个人在有外涉关系的一切事情上，对于涉及其利害的那些人在法理上都是应当负责的，并且假如必需的话，对于作为他们的保护者的社会也是应当负责的。"②

---

① 《民法典·婚姻家庭编》专家建议稿第39条。
② ［英］约翰·密尔：《论自由》，许宝骙译，商务印书馆2007年版，第13页。

（二）规制亲子关系的认定

亲子关系是家庭关系的重要组成部分。完善的亲子关系立法，有助于梳理、协调、规范、稳定亲子关系。针对我国《婚姻法》仅对亲子关系作出基础性或一般性规定的现状，结合《民法典·婚姻家庭编》尚存亲子关系异议仅为原则性规定的遗憾，《民法典·婚姻家庭编》应着重规范亲子关系的认定、亲子关系的特别适用等规范。

1. 界定亲子关系的确认

伴随社会的多元发展，亲子关系的种类日渐变化。依学理及立法共识，《民法典·婚姻家庭编》中的亲子关系应界定自然血亲的亲子关系——父母与亲生子女及拟制血亲的亲子关系——父母与养子女、继子女。如何界定上述亲子关系，则成为立法争议的焦点。因为，早在2001年《婚姻法》修正时，学界就曾意欲填补亲子关系确认的立法空白，但囿于"宜粗不宜细"的立法修正原则，此问题被搁置。《民法典·婚姻家庭编》的编纂，将为亲子关系的确认提供立法契机，进而完善我国的亲子制度。

（1）填补自然血亲亲子关系确认的立法空白

自然血亲亲子关系的确认，即亲生父母子女关系的确认，主要包括以下制度：一是亲子关系的推定与否认。关于亲子关系的推定与否认的制度设计，需要兼顾民俗传统、生育规律、本国实践及相关立法例。尽管《最高人民法院关于适用〈中华人民共和国婚姻法〉若干问题的解释（三）》的第2条界定了亲子关系推定与否认的司法操作规范，初步"实现了亲子利益的双向度保护，弥补了立法不足，实现了对亲子纠纷的有效规制"①，但完善的制度与科学的立法，依然是亲子关系确认的

---

① 王歌雅、郝峰：《婚姻关系：价值基础与制度建构——兼评〈中华人民共和国婚姻法〉司法解释（三）》，载《法学杂志》2011年第12期，第69页。

基础与保障。为此，《民法典·婚姻家庭编》必须明确规范亲子关系的推定，即"生育子女的妇女，为所生子女的母亲。在婚姻关系存续期间受胎或者出生的子女，以其母亲的丈夫为父亲。非婚同居期间受胎或者出生的子女，以与其母亲同居的男子为父亲。受胎的时间，推定为子女出生之前的第三百天到第一百八十天之间。关于亲子关系的推定，法律另有规定的除外"①。同时，应对推定的否认予以界定，即"有下列情形之一的，父母及成年子女均有权向人民法院提起亲子关系推定的否认之诉：（一）通过科学方法证明子女不可能是被推定的父亲的亲生子女的；（二）有其他事实证明子女不可能是被推定的父亲的亲生子女的。父母提起否认之诉的期限为一年，自知道或者应当知道否认事由之日起计算。成年子女提起否认之诉的期限为一年，自子女成年后知道或者应当知道否认事由之日起计算"②。二是亲生子女的认领。子女认领，包括自愿认领与强制认领。认领应兼顾亲子双方的利益，且须明确认领的主体、同意权的行使及认领的效力。即"在有利于未成年人利益的前提下，生父可以认领未成年的亲生子女。认领成年亲生子女的，须经子女本人同意。认领不得任意撤销"。且"未成年子女的生母或者其他法定代理人、成年子女，有权向人民法院提出强制生父认领之诉"③。三是人工生育子女法律地位的界定，即"采取人工辅助生殖技术出生的子女，是同意采取该方式生育子女的男女双方的亲生子女"④。

（2）弥补非自然血亲的亲子关系确认的立法欠缺

非自然血亲的亲子关系的确认，即拟制血亲亲子关系的确认，包括养父母子女关系与继父母子女关系的确认。《民法典·婚姻家庭编》除在第三章第二节"父母子女关系和其他近亲属关系"中对继父母子女

① 《民法典·婚姻家庭编》专家建议稿第69条。
② 《民法典·婚姻家庭编》专家建议稿第70条。
③ 《民法典·婚姻家庭编》专家建议稿第71条、第72条。
④ 《民法典·婚姻家庭编》专家建议稿第73条。

关系予以一般规定外，还以专章的形式规定了收养制度，规范了养父母子女关系，实现了我国《收养法》向《民法典·婚姻家庭编》的回归。而对继父母子女关系的确认与解除予以系统规范，才能应对现实需要。具体立法内容包括以下几部分：

一是界定拟制血亲的继父母子女关系的产生。关于继父母子女关系的产生，《民法典》第 1072 条第 2 款仅规定："继父或者继母和其受抚养教育的继子女间的权利义务关系，适用本法关于父母子女关系的规定。"但何谓"受其抚养教育"，司法解释的界定不周全。为体现继父母子女之间相互扶养的事实性、连续性和人身性，需要对其扶养期间进行界定。此外，基于继父母子女之间的姻亲关系的特殊性，赋予其依据意思自治来确认彼此之间是否形成拟制血亲关系的选择权，即"共同生活的继父母与继子女互相扶养五年以上的，其权利义务适用本法关于父母子女关系的规定，但继父母或成年继子女明确表示不愿意形成父母子女权利义务关系的除外，但应对相互扶养期间支出的扶养费用予以适当补偿"①。

二是界定继父母子女关系的解除。其中，协议解除继父母子女关系的条件和程序是：继父母与成年继子女可以协议解除相互间的权利义务关系。继父母与未成年继子女的生父母可以协议解除继父母子女之间的权利义务关系。解除继父母子女关系的协议应当采用书面形式。② 诉讼解除继父母子女关系的条件和程序是："有下列情形之一的，一方有权要求人民法院解除继父母子女之间的权利义务关系：（一）继父或者继母有虐待、遗弃或者其他侵害未成年继子女合法权益行为的，生父母有权要求解除；（二）成年继子女有虐待、遗弃或者其他侵害继父母合法权益行为的，继父母有权要求解除；（三）继父母与成年继子女关系恶

---

① 《民法典·婚姻家庭编》专家建议稿第 76 条。
② 《民法典·婚姻家庭编》专家建议稿第 77 条。

化、无法共同生活的。继父母子女之间的权利义务关系因人民法院的生效调解或判决而解除。"①

三是界定解除继父母子女关系的法律后果，即"继父母子女之间的权利义务关系解除后，经继父母抚养成年的继子女，对丧失劳动能力又缺乏生活来源的继父母，应当给付生活费、医疗费等费用。成年继子女有虐待、遗弃或者其他侵害继父母合法权益行为而解除继父母子女权利义务关系的，继父母可以要求成年继子女补偿支出的抚养费用"②。

四是界定继父母子女关系的终止，即"继父母与继子女共同生活持续十年以上的，不因继父母与生父母离婚或者生父母一方死亡而终止相互间的权利义务关系。继父母与继子女共同生活不满十年的，因继父母与生父母离婚或者生父母一方死亡而终止相互间的权利义务关系，但有下列情形之一的除外：（一）未成年继子女的生父母死亡或者无抚养能力的；（二）成年继子女或者继父母无其他法定扶养义务人或者法定扶养义务人无扶养能力的"③。上述规定，有助于弥补继父母子女关系的立法欠缺，维护当事人的合法权益。

2. 界定亲子关系的内涵

亲子关系是内蕴权利义务的人身关系，并引发相应的财产关系。围绕亲子关系的内涵，《民法典·婚姻家庭编》应结合婚姻家庭现状、亲子关系的社会需要加以具体规范，以适时解决亲子关系冲突，融洽亲子关系。毕竟在公民社会与个体家庭之间，存在权力与权利的界限与功能之区分，它们"锻造了现代公民的平等意识、相互尊重意识、对话沟通意识、理解包容意识，以及为共同体所应承担的个体责任与

---

① 《民法典·婚姻家庭编》专家建议稿第78条。
② 《民法典·婚姻家庭编》专家建议稿第79条。
③ 《民法典·婚姻家庭编》专家建议稿第80条。

义务等美德"①。

（1）充实亲子关系的基础规定

为保障亲子关系呈现出伦理性、人文性、平等性、规范性与协调性，《民法典·婚姻家庭编》在父母子女的权利义务一节，应规定如下内容：

一是父母照护的含义与原则，即父母有共同照护未成年子女的义务和权利。父母照护包括对未成年子女的抚养、教育、保护，以及对其财产的管理和必要的处分。父母在决定子女重大事项时，应当征求八周岁以上的子女意见；当父母与八周岁以上的子女意见不一致时，当事人可以请求人民法院裁决。② 父母照护包括对未成年子女的人身照护和财产照护。人身照护，即"未成年子女享有受父母抚养的权利。父母不履行抚养义务的，未成年的或不能独立生活的子女有要求父母给付抚养费的权利。未成年子女享有接受父母教育的权利。父母应当以文明方式教育子女，不得对子女采取体罚等有损子女身心健康的方式。未成年子女享有受父母保护的权利。未成年子女对他人造成损害的，父母有承担民事责任的义务"③。财产照护，即"未成年子女对其合法取得的财产独立享有权利。父母应当妥善管理、保护未成年子女的财产。除为未成年子女利益外，不得处分其财产"④。为确保父母照护义务与权利的依法行使，还须规定照护权利的剥夺与恢复，以保护未成年子女的权益，即父母一方不履行照护义务或者滥用此项权利，使未成年子女的人身、财产遭受重大损害，或者父母一方对未成年子女实施犯罪行为或者教唆其犯罪的，丧失照护权利。剥夺父母照护权利应当经人民法院宣告。被剥

---

① 袁祖社：《现代共享性政治伦理范型：经验、知识及其信念——"文化共同性"的实践叙事与价值逻辑》，载《政治学研究》2016 年第 6 期，第 76 页。

② 《民法典·婚姻家庭编》专家建议稿第 81 条。

③ 《民法典·婚姻家庭编》专家建议稿第 83 条。

④ 《民法典·婚姻家庭编》专家建议稿第 85 条。

夺照护权利的父母可依法向人民法院申请恢复。法院在作出裁决时，应当考虑八周岁以上未成年子女的意见。①

二是子女的义务。依据中华民族传统的亲子习俗及《老年人权益保障法》的相关规定，子女的一般义务及除外规定如下："子女应当孝敬父母。成年子女对父母有赡养扶助的义务。本义务不因父母婚姻关系变化而终止，但父母对子女实施虐待、遗弃、强奸等犯罪行为的除外。子女应当尊重父母的婚姻权利，不得干涉父母再婚以及婚后的生活。"②同时，结合我国当下家风家教建设工作的开展，参照相关立法例，规定了子女承担家务劳动的义务，以塑造子女完善的人格，即"子女在与父母共同生活期间，有义务承担与其年龄、体力和健康状况相适应的家务劳动"③。

（2）充实父母离婚后亲子关系的特别规定

为应对离婚率持续增高引发的子女抚育问题，《民法典·婚姻家庭编》应关注如下问题：一是界定子女抚养的酌定情形，即"确定父母一方与未成年子女的直接抚养关系时，应考虑下列情形：（一）子女的年龄、性别及健康状况；（二）子女的意愿；（三）父母的年龄、品行、健康状况、经济能力及生活状况；（四）父母抚养教育子女的意愿及能力；（五）父母子女间或者未成年子女与其他共同生活者之间的感情状况"④。二是界定子女抚育费给付的方法、数额确定的参酌因素、抚育费变更的相关情形等，以维护子女的生存与发展，即"离婚后，子女与一方共同生活，另一方应负担相应的抚养费。具体给付的数额，由双方协议；协议不成或者协议对子女不利的，当事人可以请求人民法院裁决。人民法院对子女抚养费数额的确定，应当考虑子女的实际需要、父

---

① 《民法典·婚姻家庭编》专家建议稿第86条。
② 《民法典·婚姻家庭编》专家建议稿第87条。
③ 《民法典·婚姻家庭编》专家建议稿第88条。
④ 《民法典·婚姻家庭编》专家建议稿第90条。

母的经济状况和当地的实际生活水准。子女可以在必要时向父母任何一方提出超过协议或者判决原定数额的合理要求。子女抚养费应当定期给付，但人民法院认为确有条件和必要的，可以判决一次性给付"①。离婚后的父母，应是道德与守法的，其行为范式应该以义务的履行、责任的承担、德性的彰显、法律的遵循为旨归。

第三节　离婚制度突破

离婚制度是婚姻家庭制度的重要组成部分。伴随离婚率的增高，离婚权益保障深受民众关注。如何完善离婚立法，成为《民法典·婚姻家庭编》编纂的焦点。如何救济民众的离婚权益，成为《民法典·婚姻家庭编》编纂的难点。

一、离婚立法优化

《民法典·婚姻家庭编》的编纂争议，多集中在"离婚"一章。如离婚率的增高、离婚的原因、离婚的法定事由、离婚财产分割的公允、离婚债务清偿的公平、离婚救济功能的实现等。为实现离婚制度的优化，《民法典·婚姻家庭编》完善了离婚立法。

（一）增设了离婚登记的冷静期

如何解决因离婚而引发的矛盾与纠纷，关涉离婚主体的权益保障与离婚制度的公正抉择。为应对离婚率增高、客观地分析离婚原因、找寻解决对策，早在 2016 年 12 月，全国妇联与国务院妇儿工委就曾联合召开"专题座谈会"，针对我国离婚率持续上升问题，组织民政部门、婚姻法学界、司法界、律师界等进行研讨。研讨会上，各界客观分析了离

---

① 《民法典·婚姻家庭编》专家建议稿第 91 条。

婚率攀升的综合原因，探讨了应对策略、立法完善、司法救济等内容，以维护妇女和儿童的合法权益，促进社会的稳定与性别平等。

在《民法典》编纂进程中，如何完善离婚立法，回应民众的诉求，维护民众的离婚权益，一直是社会各界关注的焦点。《民法典·婚姻家庭编》充分吸纳、汇集了来自社会各界的权益诉求与立法建议，对现行离婚制度进行了完善，如完善了准予诉讼离婚的法定情形，完善了离婚损害赔偿、离婚家务贡献补偿制度等。其中，引发关注的是登记离婚的程序，即登记离婚的"冷静期"。

关于登记离婚的"冷静期"或审查期，并非《民法典·婚姻家庭编》首创。早在1994年2月民政部发布的《婚姻登记管理条例》第16条中就有关于一个月的离婚审查期的规定，即"婚姻登记机关对当事人的离婚申请进行审查，自受理申请之日起一个月内，对符合离婚条件的，应当予以登记，发给离婚证，……"中国法学会《民法典·婚姻家庭编》专家建议稿第45条第2款规定："婚姻登记机关应当在审查期间内查明双方是否符合登记离婚条件，符合登记离婚条件的，审查期届满后予以登记并发给离婚证。审查期间为一个月。"通过上述有关登记离婚的法律规范的表述变化，可以感受到登记离婚立法的观念、目的的变化。

当下离婚率持续增高的原因之一，是草率离婚或冲动离婚。如何增加婚姻的责任感与谨慎度，避免草率离婚或冲动离婚，已成为社会各界关注的焦点。除进行婚姻的诚信教育与责任引领外，尚需离婚登记制度的有效介入。《民法典》第1077条在吸纳专家建议稿有关规定的基础上①，增加规定："自婚姻登记机关收到离婚登记申请之日起三十日内，

---

① 《民法典·婚姻家庭编》专家建议稿第45条第2款规定：婚姻登记机关应当在审查期间内查明双方是否符合登记离婚条件，符合登记离婚条件的，审查期届满后予以登记并发给离婚证。审查期间为一个月。

任何一方不愿意离婚的，可以向婚姻登记机关撤回离婚登记申请。前款规定期限届满后三十日内，双方应当亲自到婚姻登记机关申请发给离婚证；未申请的，视为撤回离婚登记申请。"该规定弥补了《婚姻法》未规定离婚登记冷静期的遗憾，也为修正《婚姻登记条例》的相关规定提供了法律渊源；既有助于当事人在提出离婚申请之日起三十日内，慎重考虑是否离婚及如何离婚，切实维护自身的离婚权益，也有助于避免离婚的草率与冲动，实现当事人的意思自治与离婚自由。

《民法典》第 1077 条有关登记离婚的"冷静期"规定，并非单纯出于对草率离婚、冲动离婚的规范，而是出于对离婚当事人的意思自治及权益维护的综合考量。因为离婚不仅涉及当事人的利益，也会涉及子女利益及他人、社会的利益。为何离婚、如何离婚、怎样离婚更为公允……均需周全、慎重的考虑。无论是登记离婚，还是诉讼离婚，均需充分体现当事人的意思自治，这是婚姻自由原则尤其是离婚自由原则的必然要求。

在准予离婚登记前，任何一方当事人均有撤回离婚登记申请的权利，这是离婚自由的体现。离婚自由可以通过登记离婚或者诉讼离婚的程序来实现。根据《民法典》第 1077 条规定，实施家庭暴力或者虐待、遗弃家庭成员的，是法定离婚理由之一，即调解无效，应准予离婚。同时，实施家庭暴力或者虐待、遗弃家庭成员的行为，构成离婚损害赔偿的法定情形，当事人可请求离婚损害赔偿。面对家庭暴力，我国已于 2016 年 3 月 1 日实施了《中华人民共和国反家庭暴力法》（简称《反家庭暴力法》），该法通过家庭暴力的预防、处置、人身安全保护令、法律责任等规定，遏制家庭暴力，维护民众的权益。

（二）增加了诉讼离婚的法定事由

《婚姻法》第 32 条对诉讼离婚的程序与条件进行了规定，即感情确已破裂、调解无效，应准予离婚。为准确认定夫妻感情确已破裂，

《民法典》第 1079 条第 5 款规定："经人民法院判决不准离婚后，双方又分居满一年，一方再次提起离婚诉讼的，应当准予离婚。"该规定的立法价值有三：一是通过分居期间的规定，考察夫妻感情确已破裂的事实。二是将司法实践经验上升为法律规范，即根据司法解释的实践操作效果，将评估夫妻感情确已破裂的事由予以延展。三是保障民众的离婚自由权，即感情确已破裂，已无和好可能的，应准予离婚，不能久拖不决，以维护民众的离婚权益。

（三）明确了离婚后抚养子女的原则

父母离婚后如何履行抚养子女的义务，是亲子效力之一，也是离婚效力之一。基于"子女本位"思想、"子女最佳利益"原则，《民法典》第 1084 条第 3 款在《婚姻法》第 36 条第 3 款规定的基础上，进一步明确了父母离婚后子女抚养的原则和方法。首先，确立了由母亲直接抚养子女的原则，即"离婚后，不满两周岁的子女，以由母亲直接抚养为原则"。其次，强化了最有利于子女的抚养原则，即"已满两周岁的子女，父母双方对抚养问题协议不成的，由人民法院根据双方的具体情况，按照最有利于未成年子女的原则判决。"其立法意义体现在两方面：一是对《婚姻法》第 36 条第 3 款规定的"哺乳期内"和"哺乳期外"的子女进行了年龄界分，便于及时确定子女的直接抚养人，以有效解决父母离婚后的子女抚养纠纷。二是对司法实践经验予以立法采纳[1]，以维护子女利益的最佳化。

（四）拓展了家务贡献补偿的适用范围

自《婚姻法》增加离婚家务贡献补偿制度开始，社会各界即开始

---

[1] 1993 年 11 月 3 日，最高人民法院《关于人民法院审理离婚案件处理子女抚养问题的若干具体意见》第 1 条规定："两周岁以下的子女，一般随母方生活。"

关注该制度的司法运行、适用效果与功能实现。根据实务调研数据显示，离婚家务贡献补偿制度存在适用难的问题，即请求补偿、给予补偿的比例均较低。究其原因，是家务贡献补偿制度仅适用于分别财产制。而我国法定夫妻财产制即婚后所得共同制的主流存在态势显然制约家务贡献补偿制度的适用，并将使家务贡献较多的离婚当事人尤其是女性难获相应补偿，导致离婚救济不能。① 为提升家务贡献补偿制度的救济功能，实现离婚的公平正义，促进性别平等，《民法典》第1088条对家务贡献补偿制度进行补正：一是拓展了家务贡献补偿的适用情形，即取消了《婚姻法》第40条有关家务贡献补偿制度适用条件的限制——"夫妻书面约定婚姻关系存续期间所得的财产归各自所有"，将其延展适用于夫妻共同财产制。二是确立了法定和约定相结合的补偿原则与方法②，即家务贡献补偿的"具体办法由双方协议；协议不成的，由人民法院判决"，拓展家务贡献补偿制度的适用范围，可公允补偿家务劳动贡献方的逸失利益或人力成本损耗，也可提升家务劳动的贡献价值与社会评价。

（五）增加了离婚损害赔偿的法定情形

为优化离婚损害赔偿制度的适用基础，针对离婚损害赔偿制度的适用局限，《民法典》第1091条对该制度作了适当延展，即增加概括性的法定情形规定——有其他重大过错。该规定的立法价值有两个方面：第一，拓宽了离婚损害赔偿的适用情形，即通过兜底条款，将通奸、姘居、卖淫、嫖娼等有违夫妻忠实义务的行为纳入了离婚损害赔偿的请求

---

① 王歌雅：《离婚救济的实践隐忧与功能建构》，载《法学杂志》2014年第10期，第76-77页。

② 王歌雅：《家务贡献补偿：适用冲突与制度反思》，载《求是学刊》2011年第5期，第85页。

范围。第二，加大了对过错行为的认定力度，即人民法院在审理离婚损害赔偿案件时，可根据具体案情裁决适用离婚损害赔偿制度，维护民众的离婚救济权益。

二、离婚立法增补

作为结婚自由的必要补充，离婚自由权利的行使依然以意志自由为前提。为了相互尊重与维护各自的自由，每个人在自己的行动与生活中，都要遵守一种普遍的准则。[1] 该准则如果以劝令的形式来表达，其表现形式就是劝诫；如果以禁令的形式来表达，其表现形式就是划定行动界限。[2] 故离婚自由权利的行使应以确立行动边界为前提。而该行动边界的确立，应通过对《民法典·婚姻家庭编》相关制度的补益来实现。

（一）界定诉讼离婚的法定事由

感情确已破裂，调解无效，是《婚姻法》第 32 条规定的离婚条件；而在调解无效时，准予离婚的法定情形有五项。基于离婚实证研究，《婚姻法》关于离婚理由的例示制规定不能充分涵盖离婚的相关情形。故《民法典·婚姻家庭编》对法定离婚理由进行了增补与修正，即斟酌诉讼离婚的法定条件。

关于诉讼离婚的法定条件，素有"夫妻感情破裂论"与"婚姻关系破裂论"之争，《婚姻法》采取的是"夫妻感情破裂论"。经过立法选择，《民法典·婚姻家庭编》专家建议稿拟以"婚姻关系破裂"取代"夫妻感情破裂"，即"如婚姻关系确已破裂，调解无效的，应

---

[1] 黄裕生：《论自由与伦理价值》，载《清华大学学报》2016 年第 3 期，第 92 页。
[2] 黄裕生：《论自由与伦理价值》，载《清华大学学报》2016 年第 3 期，第 93 页。

当准予离婚"①。因为婚姻关系是婚姻家庭法的调整对象；婚姻关系内涵爱情、亲情等情感要素。倘婚姻关系破裂，夫妻共同生活将无法维持。

在保留《民法典》第 1079 条关于准予离婚法定事由的基础上，应增加相关认定婚姻关系破裂的情形，如患有严重的精神病经治不愈的。② 增加其他导致婚姻关系破裂的相关情形，既有助于准确判断婚姻关系是否破裂，保障离婚自由，也有助于拓宽婚姻关系破裂的认定标准，保障离婚案件的依法审理。

（二）增补无民事行为能力人的诉讼离婚规定

如果"自由使人的生活成为人的生活，使人的存在是人的存在"③，那么，"我们之间首先需要相互承认与尊重各自的自由存在；否则，我们将异化自己而无法过人的生活"④。为避免无民事行为能力人的配偶不愿离婚且侵犯其权益的行为发生，《民法典·婚姻家庭编》在吸纳《最高人民法院关于适用〈中华人民共和国婚姻法〉若干问题的解释

---

① 《民法典·婚姻家庭编》专家建议稿第 49 条规定：夫妻一方要求离婚的，可由有关部门进行调解或者直接向人民法院提起离婚诉讼。人民法院审理离婚案件，应当进行调解；如婚姻关系已破裂，调解无效的，应当准予离婚。

② 《民法典·婚姻家庭编》专家建议稿第 50 条规定：有下列情形之一，调解无效的，应准予离婚：

（一）重婚的；

（二）与他人同居的或者发生婚外性行为的；

（三）实施家庭暴力或者虐待、遗弃家庭成员的；

（四）有赌博、吸毒等恶习屡教不改的；

（五）因感情不和分居满两年，或者经人民法院判决不准离婚后，分居满一年的；

（六）患有严重的精神病经治不愈的；

（七）其他导致婚姻关系破裂的情形。

一方被宣告失踪，另一方提出离婚诉讼的，应准予离婚。《民法典·婚姻家庭编》第 1079 条则在基本保留现行《婚姻法》第 32 条规范的基础上，增加一款规定：经人民法院判决不准离婚后，又分居满一年，一方再次提起离婚诉讼的，应准予离婚。

③ 黄裕生：《论自由与伦理价值》，载《清华大学学报》2016 年第 3 期，第 92 页。

④ 黄裕生：《论自由与伦理价值》，载《清华大学学报》2016 年第 3 期，第 92 页。

（三）》第8条规定的基础上应明确规定："无民事行为能力人的配偶有虐待、遗弃等严重损害无民事行为能力一方的人身权利或者财产权益行为，其他有监护资格的人可以依照特别程序要求变更监护关系；变更后的监护人代理无民事行为能力一方提起离婚诉讼的，人民法院应予受理。"① 关注并保护无民事行为能力人的诉讼离婚权益，既是关注人的自由意志的延展与合法权益的保障，也是尊重与维护人的生活与存在。

（三）　完善离婚救济制度

离婚救济制度，具有法治、伦理、社会性别建构、人本精神弘扬等功能。完善的离婚救济制度，有助于维护离婚当事人的合法权益，改善离婚当事人的生活境遇，确保婚姻自由原则的贯彻。

第一，完善离婚家务贡献补偿制度。家务贡献补偿，是对家务贡献者的逸失利益的补偿。在实际生活中，夫妻双方对婚姻家庭的贡献和从中获得的利益往往是不平衡的。承担家务较多的一方或作出牺牲的一方，往往其职业发展和其他方面受到了较大的牵制，社会地位与谋生能力相对较弱。② 对其贡献与牺牲予以补偿，不仅必要且属正义要求。只有平衡婚姻家庭生活中的利益冲突，才能有效处理婚姻家庭中的权利和义务关系，合理确定婚姻家庭关系中的利益分配与负担分配，优化婚姻家庭领域中的资源配置与经济安排。《民法典》第1088条虽然优化了离婚家务贡献补偿制度，拓展了该制度的适用空间，但依然存在过于原则、难以量化的遗憾。为此，离婚家务贡献补偿制度有待进一步完善，即"离婚时，因抚育子女、照料老年人、协助另一方工作等负担较多义务的夫妻一方请求另一方给予补偿的，人民法院应当根据婚姻关系存续时间、负担相应义务投入的精力及对双方的影响、对家庭所做贡献程

---

① 《民法典·婚姻家庭编》专家建议稿第52条。
② 夏吟兰：《离婚自由与限制论》，中国政法大学出版社2007年版，第222页。

度、双方离婚时经济状况以及给付方负担能力、当地收入水平等事实，确定补偿数额"①。具体而言，离婚家务贡献补偿数额的确定，应当兼顾如下因素：一是婚姻关系存续时间，二是负担相应义务投入的精力及对双方的影响，三是对家庭所作贡献程度，四是双方离婚时经济状况以及给付方负担能力，五是当地收入水平。综合考虑上述因素，对于客观确定离婚家务贡献补偿数额具有积极意义。

第二，完善离婚经济帮助制度。离婚经济帮助制度是对离婚时经济困难一方的救济制度。当社会生活尚存性别歧视时，女性的社会资源、婚姻家庭资源等将会遭遇排挤，导致女性在社会生活、婚姻家庭生活等领域处于弱势地位。女性的弱势地位，必将导致女性婚姻家庭权益的弱化，进而引发女性离婚权益的弱化和离婚女性的贫困化。为救济离婚女性，我国早在 20 世纪 30 年代即创立了离婚经济帮助制度。1950 年、1980 年《婚姻法》均规定了离婚经济帮助制度，并将该制度平等地适用于离婚时的男女两性，体现了离婚经济帮助制度的性别中立特征。《民法典》第 1090 条规定了离婚经济帮助制度，沿袭了离婚经济帮助制度的立法传统。为进一步提升离婚经济帮助制度的适用效果，应对该制度进行完善，即"离婚时，夫妻一方依靠个人财产和离婚时分得的财产仍无法维持当地基本生活水平，请求有负担能力的另一方给予适当帮助的，人民法院应依法予以支持。一方因经济困难无房居住的，人民法院可以根据当事人请求，判决有负担能力的另一方采用下列方式予以帮助：（一）一定期限的房屋无偿使用权；（二）适当数额的房屋租金；（三）通过判决设立一定期限的居住权；（四）其他符合实际的方式"②。此外，针对离婚经济帮助制度适用的局限，应拓宽该制度的适

---

① 《最高人民法院关于适用〈中华人民共和国民法典〉婚姻家庭编的解释（二）（征求意见稿）》（简称《民典婚姻家庭编解释（二）（征求意见稿）》）第 19 条。

② 《最高人民法院关于适用〈中华人民共和国民法典〉婚姻家庭编的解释（二）（征求意见稿）》（简称《民典婚姻家庭编解释（二）（征求意见稿）》）第 20 条。

用条件。即适用离婚经济帮助的条件，"不仅应包括离婚后不能维持当地基本生活水平的情形，更应包括基于离婚前与离婚后的生活水平落差而引起的生活水平下降的情形。为此，拓宽生活困难的含义，既有助于放宽经济帮助的适用标准，救济离婚当事人；也有助于保障当事人在离婚后生活水平不下降，补偿离婚当事人，贯彻离婚自由原则"①。

第三，完善离婚损害赔偿制度。离婚损害赔偿，是对权益受损者原有权益的补偿。请求离婚损害赔偿与给予离婚损害赔偿，是权利平等的两个方面。因为赔偿者对婚姻权利的滥用以及对婚姻义务的违反，是适用离婚损害赔偿制度的前提。故适用离婚损害赔偿制度，是对无过错方的离婚权益的关注与救济，是对无过错方的人格尊严与人格自由的尊重。2001 年《婚姻法》修正案规定了离婚损害赔偿制度，发挥了惩罚过错方、抚慰无过错方的功能，救济了无过错方的离婚权益。《民法典》第 1091 条规定优化了离婚损害赔偿制度，拓展了该制度的适用空间。为进一步发挥离婚损害赔偿制度的救济功能，应进一步优化该制度，即提高离婚精神损害赔偿金的数额。鉴于司法实践中存在的离婚精神损害赔偿金的给付数额相对较低的问题，应本着惩罚和抚慰相结合的原则，在综合考虑过错方的经济承受能力范围内，适当提高精神损害赔偿金的数额。

离婚立法的增补，既是完善离婚制度的需要，也是保障离婚当事人权益的需要。作为社会制度重要组成部分的离婚制度，担负着实践正义的价值，并将正义价值作为离婚制度功能建构的首要追求，即离婚立法具有彰显人格、提升尊严、肯定价值的功能。

---

① 王歌雅：《离婚救济制度：实践与反思》，载《法学论坛》2011 年第 2 期，第 31 页。

第四节　收养制度修正

收养制度是婚姻家庭制度的组成部分，发挥着补益亲子关系、完善亲子效力的功能。自《收养法》颁行之日起①，《收养法》即以单行法的形式规范着收养关系，形成了《婚姻法》《收养法》共同调整亲子关系、收养关系的制度体系与立法格局。《民法典·婚姻家庭编》的编纂，不仅使《收养法》实现了法典化的回归，也使我国的收养制度得以修正。

一、收养立法完善

《民法典》编纂，实现了《婚姻法》《收养法》的法典化，也使我国的婚姻家庭制度更加体系化、科学化、适用化。其中，收养制度的完善，也是《民法典》编纂的一大亮点。

（一）明确了收养理念

为确保收养秩序的稳定，确立与时代发展相同步的收养理念，规范收养关系，维护当事人的收养权益，《民法典》第 1044 条规定："收养应当遵循最有利于被收养人的原则，保障被收养人和收养人的合法权益。禁止借收养名义买卖未成年人。"

（二）扩大了被收养人的范围

收养关系的建立，面临伦理与法律的双重诘问，也面临收养目的与

---

① 1991 年 12 月 29 日，第七届全国人民代表大会常务委员会第二十三次会议通过了《中华人民共和国收养法》（简称《收养法》），1998 年 11 月 4 日，第九届全国人民代表大会常务委员会第五次会议对《收养法》予以修正。

收养价值的道德检审与法律规制。为推进收养关系的有序建立，《民法典·婚姻家庭编》应通过"收养"一章的立法审思与制度完善，回应收养需求与民众关切。而要实现这一目的，则须对《收养法》规定的收养条件进行修正。

收养条件制约收养效力以及收养关系的和谐与稳定。为拓宽收养渠道，鼓励并促进收养关系的建立，实现被收养人利益的最佳化，《民法典》第1093条放宽了被收养人的年龄，即"下列未成年人，可以被收养"。该规定是对《收养法》第4条将被收养人限制在"不满14周岁"的未成年人的立法修正，弥补了"已满14周岁"的未成年人不能被收养的遗憾，有助于满足收养的多元需求与价值期待。[1] 因为《收养法》第4条将被收养人的条件限制在"不满14周岁的未成年人"，无疑会导致已满14周岁不满18周岁的未成年人不能被收养。为满足多元的收养需求与情感期待，《民法典·婚姻家庭编》在充分考虑收养目的、收养关系和谐等因素的基础上，适当拓展了收养渠道，鼓励并促进了收养关系的建立。

（三）细化了收养人的条件

基于计划生育政策的变化，《民法典》第1098条规定，收养人应当"无子女或者只有一名子女"，即在《收养法》第6条规定的基础上增加"只有一名子女"的规定，吻合当下贯彻的"二孩"或"三孩"人口政策。具体而言，"无子女的收养人可以收养两名子女；有子女的收养人只能收养一名子女"[2]。当然，"收养孤儿、残疾未成年人或者儿童福利机构抚养的查找不到生父母的未成年人，可以不受前款和本法第

---

① 王歌雅：《民法典婚姻家庭编的价值阐释与制度修为》，载《东方法学》2020年第4期，第178页。

② 《民法典》第1100条第1款。

1098 条第一项规定的限制"①。

当然，收养人应"无不利于被收养人健康成长的违法犯罪记录"②。关于收养人应"无不利于被收养人健康成长的违法犯罪记录"，是对收养人条件的要求与限制，也是对收养关系的合法性、合道德性的考查与要求。因为抚养、教育和保护未成年人，是收养人的权利和义务。收养人的良好品行、道德操守、言传身教等，均会对被收养人产生潜移默化的影响。为确保被收养人的身心健康，也为确保被收养人不被非法行为所侵犯，建立和谐、合法、温馨、安全的收养关系，是非常必要的。故凡具有不利于被收养人健康成长的违法犯罪记录者，不得收养子女。细化收养人的条件，可实现被收养人利益的最佳化，也可满足收养人的收养愿望。

（四）修正了无配偶者收养子女的性别差异

为保障收养人和被收养人的合法权益，建构有序的收养关系，遵循收养伦理，《民法典》第 1102 条规定："无配偶者收养异性子女的，收养人与被收养人的年龄应当相差四十周岁以上。"该规定修正了《收养法》第 9 条关于"无配偶的男性收养女性的……"性别差异规定，体现出社会性别平等的收养观念，即在双向保护被收养人和收养人的收养利益的同时，有利于推进收养关系的社会性别平等。

（五）明确了收养合意

收养关系是民事法律关系，收养关系的建立应符合相应的条件和程序，即收养关系的成立，须具有当事人的收养合意。依据《民法典》

---

① 《民法典》第 1100 条第 2 款。
② 《民法典》第 1098 条第 4 款。

第 1104 条规定，成立收养合意，应遵循以下两项规范：第一，收养人收养与送养人送养，应当双方自愿。第二，收养 8 周岁以上未成年人的，应当征得被收养人的同意。关于征得被收养人同意的年龄由 10 周岁修改为 8 周岁，是因为《民法典》在总则编第 19 条，将限制民事行为能力人的年龄标准及能力限制规定为 8 周岁以上，故《民法典》第 1104 条有关征得被收养人同意的年龄限制也作了相应修改。因为 8 周岁以上的未成年人为限制民事行为能力人，可以独立实施与其年龄、智力相适应的民事法律行为，即其可以自主表示自己是否愿意被收养。

（六）规定了收养评估制度

为保障被收养人和收养人的合法权益，《民法典》第 1105 条第 5 款规定："县级以上人民政府民政部门应当依法进行收养评估。"该规定既是《民法典·婚姻家庭编》在"收养"一章中的立法亮点，也有利于进一步强化对被收养人利益的保护。进行收养评估，可实现"未成年人利益的最大化"，有助于为被收养人创造良好的抚养、教育环境，确保其健康成长。关于收养评估，应注重对收养登记申请人实行收养登记前的调查评估和收养登记后的定期回访工作。针对收养登记申请人，调查评估的内容可包括：收养子女的原因、目的；工作经历、学历、爱好及家庭关系的和谐程度；婚姻家庭关系是否和睦，有无家庭责任感；有无婚生子女及是否与其同住；是否患有严重疾病，民事行为能力的状态，是否有抚养子女的能力；是否有经济收入及抚养子女的经济能力；有无犯罪记录，是否有酗酒、吸毒、赌博、家庭暴力、虐待等行为；居住条件及被收养人的居住条件等。通过对上述内容的访谈、实地查看、走访调查等，形成综合评估意见。收养评估，可委托街道、乡镇民间组织服务中心或社会工作者开展对收养登记申请人收养登记条件的调查、评估和回访工作。调查登记员应进行业务培训，持证上岗。

二、收养立法修复

自中华人民共和国成立以来，我国的《收养法》一直以单行法的形式独立于《婚姻法》之外。尽管《收养法》历经修改，但其依然保持单行法的立法模式。① 在收养观念与社会观念变化相同步的历史背景下，如何凭借我国《民法典》编纂的契机进一步完善我国的收养制度，是《民法典·婚姻家庭编》的又一历史使命。

（一）完善收养条件

收养条件，是成立合法收养关系的前提。收养立法的目的不同，收养条件也不同。为避免《收养法》存在的收养目的片面、收养条件过严、收养程序监督不力等欠缺，《民法典·婚姻家庭编》的编纂应关注如下问题：

1. 适当放宽收养人的条件

《收养法》第6条要求收养人"无子女"，而《民法典》第1098条规定：收养人"无子女或者只有一名子女"，该规定既缩小了收养人的群体范围，也制约了有子女者的收养爱心，不利于未成年人通过收养获得良好的家庭抚育。为鼓励民众收养，《民法典·婚姻家庭编》宜删除收养人"无子女"或者"只有一名子女"的条件限制，拓宽收养渠道，实现儿童利益的最佳化。②

2. 修正无配偶者的收养条件

《收养法》第9条规定：无配偶的男性收养女性的，收养人与被收

---

① 1991年12月29日，颁布《中华人民共和国收养法》（简称《收养法》），该法自1992年4月1日起实施。1998年11月4日，全国人大常委会通过了《关于修改〈中华人民共和国收养法〉的决定》，修正后的《收养法》共6章34条，自1999年4月1日起生效。

② 《民法典·婚姻家庭编》专家建议稿第98条规定：收养人应当同时具备下列条件：（一）有抚养能力；（二）未患有医学上认为不应当收养的疾病；（三）年满三十周岁。

养人的年龄应当相差四十周岁以上。该规定在执行过程中，常遭遇质疑与批判，甚至被认为是恶法的典型代表，尽管其内涵对亲子伦理的遵循及对未成年人权益保障的关注。如果以社会性别平等观念加以分析，上述规定既具有性别歧视的意味，也限制了异性之间的收养甚至会扩大养父母子女间的年龄差，不利于养亲子关系的自然建立与和顺发展。尽管《民法典》第1102条吸纳了社会性别平等理念，但依然保留了"相差四十周岁以上"的年龄差。① 为此，《民法典·婚姻家庭编》应将对无配偶者的收养条件进行修正："无配偶者收养子女只能单方收养，收养人与被收养人之间应当相差三十岁以上。"② 这一规定既可拓宽收养渠道，使养亲子关系吻合自然亲子关系的年龄结构与心理结构，又可体现社会性别平等观念，双向度地维护养父母子女关系，保障亲子关系的有序建立，即针对养子女的违法犯罪行为并不会因为年龄的限制而受到遏制。相反，法律的父权主义情怀应通过法律监督等权益保障制度加以匡扶。

（二）完善收养程序

收养程序作为收养关系成立的形式要件，制约收养关系的效力。为此，世界各国的收养立法均把收养规定为要式行为，即成立收养须经司法程序或行政程序认可。否则，收养无效。③ 我国《民法典》第1105条虽然也规定了一元化的立法模式——登记程序，但依然存在若干问题：一是缺少考核收养条件的实际审查环节；二是欠缺收养人和被收养人之间的情感积淀环节。④ 为排除违法收养和盲目收养，《民法典·婚

---

① 《民法典》第1102条规定："无配偶者收养异性子女的，收养人与被收养人的年龄应当相差四十周岁以上。"

② 《民法典·婚姻家庭编》专家建议稿第101条。

③ 王歌雅：《中国现代婚姻家庭立法研究》，黑龙江人民出版社2004年版，第341页。

④ 王歌雅：《中国现代婚姻家庭立法研究》，黑龙江人民出版社2004年版，第341页。

姻家庭编》应完善收养程序。

1. 简化收养程序

取消《民法典》第 1105 条第 3、4 款规定的 "可以签订收养协议" 和 "应当办理收养公证" 的选择性程序，明确规定："收养关系当事人应当亲自向县级以上人民政府民政部门申请办理登记。收养查找不到亲生父母的弃婴和儿童的，民政部门应当在登记前予以公告。"①

2. 增设试收养期

为建立和谐的收养关系，实现收养当事人利益的最佳化，《民法典·婚姻家庭编》应增加 "试收养" 制度，即 "民政部门确认符合收养条件的，可以安排收养人试收养六个月。试收养期间，收养人不得私自更改被收养人姓氏或者将其带离出国（境）。被收养人的父母或者监护人提出撤销收养同意将子女领回的，民政部门须及时书面告知收养人，收养人应自收到书面通知之日起十五日内将未成年人送还其父母或监护人。收养人与被收养人共同生活满六个月，由民政部门指定机构出具评估报告，收养人不适合与被收养人共同生活的，收养人须在十五日内将被收养人送还民政部门；双方适合共同生活的，民政部门予以登记，发给收养登记证。登记即确立收养关系"②。

3. 保障户口登记

保障户口登记即 "收养关系成立后，公安部门应当依照有关规定为被收养人办理户口登记"③。户口登记，是身份确认、权益维护、秩序稳定的要素与保障。上述规定，既有利于实质审查收养条件，解决收

---

① 《民法典·婚姻家庭编》专家建议稿第 111 条。至于《民法典·婚姻家庭编》第 1105 条则不能径直平移《收养法》第 15 条第 3、4 款规定：收养关系当事人愿意订立收养协议的，可以订立收养协议。收养关系当事人各方或者一方要求办理收养公证的，应当办理收养公证。

② 《民法典·婚姻家庭编》专家建议稿第 112 条。

③ 《民法典·婚姻家庭编》专家建议稿第 113 条。该立法设计为《民法典·婚姻家庭编》第 1106 条所采纳："收养关系成立后，公安机关应当按照国家有关规定为被收养人办理户口登记。"

养人和被收养人的情感和谐问题，也有助于解决被收养人的户籍登记问题，便于被收养人顺畅融入收养人家庭，以建立稳定的收养关系。诚然，制度的设计应当是人性的，也只有吻合人性情怀的制度设计与立法方案，才能得到民众的认同、尊重与遵守。为此，《民法典》第1106条关于收养后的户口登记规定应当得到切实贯彻。

（三）完善收养的效力与解除

收养的效力与解除，是维护合法收养关系的前提，也是收养责任承担与否的体现。收养责任的重要意义远远超出了强制的范围，而且它所具有的最为重要的意义很可能在于引导人们进行自由决策时所发挥的作用。[①] 为避免无效收养及保障解除收养关系渠道的顺畅，《民法典·婚姻家庭编》应增加如下规定。

1. 增补收养效力制度

违法收养、事实收养，一直是我国收养领域的现实。如何引导并规范收养关系的合法确立，维护收养当事人的合法权益，是我国收养制度改革与立法前行的应有内涵与价值追求。为弥补收养制度欠缺无效收养、事实收养的立法缺憾，《民法典·婚姻家庭编》须对收养效力进行如下完善。

（1）增设无效收养制度

完善无效收养制度，是《民法典·婚姻家庭编》的必然选择，即"具有下列情形之一的，收养行为无效，但认定该收养无效会严重损害被收养人利益的除外：（一）具有本法总则规定的无效民事行为情形的；（二）违反本章收养人、被收养人条件的；（三）借收养名义买卖未成年人的。收养无效必须由当事人向人民法院提出申请，由人民法院

---

① ［英］弗里德利希·冯·哈耶克：《自由秩序原理》，邓正来译，生活·读书·新知三联书店1997年版，第89页。

予以宣告。当事人依据本条向人民法院申请宣告收养无效时，收养行为无效的情形已经消失的，人民法院不予支持。收养行为被人民法院宣告无效的，自始无效"①。《民法典·婚姻家庭编》虽也规定了收养无效的基本规范，却不能涵盖收养无效的全部情形与效力认定。②

（2）赋予事实收养以补正效力

为鼓励合法收养，稳定收养关系，《民法典·婚姻家庭编》应赋予事实收养以补正效力，即"收养行为未依法办理收养登记的，如符合收养条件，应当补办登记。补办登记的，收养关系的效力从符合收养条件时起算"③。赋予事实收养以补正的效力，有利于维护既存的收养关系，确保未成年养子女的利益最大化。

2. 增补收养解除制度

收养关系内涵养父母子女间的权利与义务，即成立收养关系，应承担相应的责任。责任，既是法律概念，也是道德概念，其构成了认知收养主体的法律义务与道德义务的基础。如果收养主体之间不能依法履行收养的义务与责任甚至实施虐待与遗弃行为，那么，收养关系就难以维持甚至应依法解除。为维护和谐、稳定的收养关系，《民法典·婚姻家庭编》应着重完善收养解除制度，确保收养主体的行为自由与意志自由。具体完善措施如下：

（1）尊重当事人解除收养关系的意愿，即取消《民法典》第1114条第1款限制解除收养关系的强制性规定④，以利收养关系的建立与

---

① 《民法典·婚姻家庭编》专家建议稿第121条。

② 《民法典》第1113条规定："有本法第一编关于民事法律行为无效规定情形或者违反本编规定的收养行为无效。无效的收养行为自始没有法律约束力。"

③ 《民法典·婚姻家庭编》专家建议稿第122条。

④ 《收养法》第26条第1款规定：收养人在被收养人成年以前，不得解除收养关系，但收养人、送养人双方协议解除的除外，养子女年满10周岁以上的应当征得本人的同意。《民法典》第1114条沿袭《收养法》第26条第1款规定，仅将养子女的年龄修改为8周岁以上。

解除。

（2）规定养父母单方解除收养关系的条件与效力。由于收养立法欠缺养父母单方解除收养关系的有关规定，故《民法典·婚姻家庭编》应规定："夫妻共同收养子女的，须夫妻双方合意解除收养，但有下列情形之一的，夫妻一方可以单方解除其本人与养子女的收养关系：（一）夫妻另一方无民事行为能力或者被宣告失踪的；（二）夫妻另一方在收养后死亡的；（三）夫妻已经离婚的。夫妻一方依前项规定单方解除收养关系的，其效力不及于他方。"① 该规定可救济特殊情形下的养父母一方解除收养关系的权益。

（3）明确收养关系无效与解除的责任承担，即"因送养人、收养人的过错导致收养无效的，有过错的一方应当赔偿由此给对方造成的损失。故意泄露收养秘密，给当事人造成损失的，应当承担相应的赔偿责任"②。上述规定表明，处于收养关系中的人"总是要承担责任的，其履行责任的行为总是出于责任的行为"③。

第五节　司法实践关注

《民法典·婚姻家庭编》的颁布，标志着我国婚姻家庭法治建设进入了新时期。如果《民法典》是保障民事权利的宣言书，那么，婚姻家庭编则是婚姻家庭关系的基本坐标。关注《民法典·婚姻家庭编》的有序适用，将提升婚姻家庭的综合治理能力，增进民众的婚姻家庭福祉。

---

① 《民法典·婚姻家庭编》专家建议稿第125条。
② 《民法典·婚姻家庭编》专家建议稿第128条第3、4款。
③ 彭定光：《论责任、道德责任与政府道德责任》，载《湖南师范大学社会科学学报》2016年第6期，第59页。

一、法律规范的有机衔接

《民法典·婚姻家庭编》是婚姻家庭法律规范的定盘星、调准器，发挥着统领形式意义的婚姻家庭法与实质意义的婚姻家庭法的功能。为保障《民法典·婚姻家庭编》的有序适用，必须实现形式意义与实质意义的婚姻家庭法律规范的有机衔接，达至共同规范婚姻家庭关系、维护婚姻家庭权益的目的。

（一）司法解释的援引辅助

《民法典·婚姻家庭编》的颁行，虽实现了《婚姻法》《收养法》的法典化建设，完善了婚姻家庭制度，但"宜粗不宜细"的立法理念依然存在，尚未达成共识的婚姻家庭立法建议处于搁置状态，尚存的婚姻家庭立法空白依然悬而未决。当《民法典·婚姻家庭编》的编纂与颁行不能解决所有婚姻家庭立法问题与司法问题时，就需在充分发挥其制度优势与规范引领功能的同时，通过援引相关司法解释来辅助其完成保障婚姻家庭权益、稳定婚姻家庭秩序的使命与责任，即为解决司法实践中既存的婚姻家庭纠纷，选择适用最高人民法院的相关司法解释，如《最高人民法院关于适用〈中华人民共和国民法典〉婚姻家庭编的解释（一）》[①] 等，以发挥其司法适用的功能，切实维护民众的婚姻家庭权益，促进社会的公平正义。

（二）社会法规范的补充跟进

对民事主体婚姻家庭权益的保护，除适用《民法典·婚姻家庭编》的基本规范外，根据主体及其权益保护的路径、程序、方法和措施等不

---

① 《最高人民法院关于适用〈中华人民共和国民法典〉婚姻家庭编的解释（一）》，简称《民法典婚姻家庭编解释（一）》。

同，尚需适用相关社会法规范，以维护特定群体的婚姻家庭权益，保障其基本社会权利。如关于未成年人权益的保护，需要适用《未成年人保护法》的有关规范，以实现对未成人的家庭保护、学校保护、社会保护、司法保护。① 关于老年人权益的保护，需要适用《老年人权益保障法》，以实现对老年人的家庭赡养与扶养、社会保障，确保其参与社会发展。② 关于妇女权益的保护，需要适用《妇女权益保障法》，以实现对妇女的政治权利、文化教育权利、劳动权益、财产权益、人身权益、婚姻家庭权益的保障。③ 关于残疾人权益的保护，需要适用《残疾人保障法》，以实现对残疾人在康复、教育、劳动就业、文化生活、社会保障、无障碍环境等环节的权益保障。④ 关于生育权益的保护，需要适用《人口与计划生育法》，以实现对人口的生育调节、奖励与保障、计划生育技术服务等。⑤ 社会法规范的适用及其与婚姻家庭法规范的配合，有助于实现对民众婚姻家庭权益的多维保护——直接保护与间接保护，推进婚姻家庭权益保障的社会化进程。因为私法公法化、公法私法化、私法和公法的融合化发展趋势，必将为婚姻家庭领域和社会生活领域中的特定群体提供特殊、多元化的保障措施与救济手段，以维护其基本权益与人格尊严。

（三）行政法规范的协调适用

《民法典·婚姻家庭编》的颁行，必将引发相关行政法规范的修改与完善。而与《民法典·婚姻家庭编》紧密配合适用的行政法规范，主要包括两类：一是有关婚姻登记的法律规范，如《婚姻登记条例》

---

① 《中华人民共和国未成年人保护法》，简称《未成年人保护法》。
② 《中华人民共和国老年人权益保障法》，简称《老年人权益保障法》。
③ 《中华人民共和国妇女权益保障法》，简称《妇女权益保障法》。
④ 《中华人民共和国残疾人保障法》，简称《残疾人保障法》。
⑤ 《中华人民共和国人口与计划生育法》，简称《人口与计划生育法》。

《婚姻登记工作暂行规范》等。前者规定了结婚登记、离婚登记、婚姻登记档案和婚姻登记证、罚则等①；后者规定了婚姻登记机关、婚姻登记员、结婚登记、撤销婚姻、离婚登记、补领婚姻登记证、监督与管理等②。《民法典·婚姻家庭编》修改了结婚登记和离婚登记的条件和程序、增加了撤销婚姻的情形，故《婚姻登记条例》《婚姻登记工作暂行规范》等亦应适时修改与完善，以发挥规范婚姻登记行为的功能，维护婚姻登记秩序，保障民众的婚姻登记权益。2020 年 12 月 2 日，民政部发布《关于贯彻落实〈中华人民共和国民法典〉中有关婚姻登记规定的通知》，对婚姻登记有关程序等作出了调整。二是有关收养登记的法律规范。如《中国公民收养子女登记办法》《外国人在中华人民共和国收养子女登记办法》等。前者规定了中国公民在中国境内收养子女或者协议解除收养关系办理登记的机关、程序、提交的证件、证明材料以及违法登记的处罚等。③ 后者规定了办理涉外收养的机关、程序、提交的文件、证明材料、收养活动监督等。④ 为配合《民法典·婚姻家庭编》有关收养规范的适用，《中国公民收养子女登记办法》《外国人在中华人民共和国收养子女登记办法》也应予以修改与完善，以推进我国收养制度的理念变革与规范完善，维护当事人的收养权益。

二、民事权益的融合保障

婚姻家庭关系内含人身关系和财产关系。基于婚姻家庭关系特有的

---

① 《婚姻登记条例》经 2003 年 7 月 30 日国务院第 16 次常务会议通过、公布，自 2003 年 10 月 1 日起施行。

② 《婚姻登记工作暂行规范》由民政部于 2003 年 9 月 25 日颁布，自 2003 年 10 月 1 日实施。

③ 《中国公民收养子女登记办法》经 1999 年 5 月 25 日民政部令第 14 号发布施行；依据 2019 年 3 月 2 日《国务院关于修改部分行政法规的决定》（国务院令第 709 号）修订，自 1999 年 5 月 25 日实施。

④ 《外国人在中华人民共和国收养子女登记办法》1999 年 5 月 12 日经国务院批准，1999 年 5 月 25 日民政部第 15 号令发布，自发布之日起实施。

伦理性、人文性及财产性等特点，人身关系成为婚姻家庭关系中的主要和基础关系，财产关系则是人身关系引发的法律后果。对其人身关系和财产关系的保护，即是对婚姻家庭关系主体的人身权益、财产权益的保护。为充分保障婚姻家庭关系主体的民事权益，需要实现《民法典·婚姻家庭编》与其他分编的规范配置与融合保护，以发挥《民法典》制度化、规范化、系统化、适用化的功能。

（一）身份权益的基础保护

《民法典·婚姻家庭编》对主体身份权益的保障，主要体现于夫妻、亲子、祖孙、兄弟姐妹及其他近亲属关系中，其对应的民事权利分别为配偶权、亲权或监护权、其他亲属权。保护上述权利，成为《民法典·婚姻家庭编》的价值追求与立法基点。首先，应厘清身份权益保护的路径，即针对配偶权、亲权或监护权、其他亲属权的保护，应优先适用《民法典·婚姻家庭编》的有关规范，以发挥其规范统领的作用。其次，应注重相关民事法律规范的有效配置，即围绕亲权或监护权的行使与保护，除应适用《民法典·婚姻家庭编》的有关规范外，尚需适用《民法典·总则编》关于监护的有关规定，以实现婚姻家庭内、外监护规范的有效衔接，共同维护被监护人的合法权益，实现监护的人性化、伦理化与社会化。婚姻家庭内的监护，是指由婚姻家庭成员即近亲属担任监护人的监护；婚姻家庭外的监护，则是指由婚姻家庭成员以外的个人、组织担任监护人的监护。尽管婚姻家庭内、外的监护人的选任顺序、程序要求等有所不同，但监护职责是相同的。婚姻家庭内、外的监护虽然监护人有别，但其监护人的选任却可通过法定监护、指定监护、意定监护、遗嘱监护的形式予以实现，进而实现被监护人利益的最佳保护。

（二）人格权益的平等保护

对婚姻家庭关系主体而言，身份权益保护虽属应然，但人格权益保护则为必然。摒弃传统婚姻家庭观念中既存的漠视人格权益的积习——"身份优位、人格从属"，将为我国婚姻家庭制度的改革奠定观念基础——身份平等、人格平等，并将为婚姻家庭文明建设扫除障碍。平等保护婚姻家庭关系主体的人格权益，应注重两个环节：一是对一般人格权的保护。一般人格权即基于人格平等、人格独立、人格自由及人格尊严等根本人格利益而享有的人格权。[①] 婚姻家庭成员不因配偶、亲子、祖孙、兄弟姐妹等亲属身份遮蔽其人格的平等、独立、自由及尊严，对婚姻家庭成员一般人格权益的保障应遵循《民法典·人格权编》的有关规定。婚姻家庭关系只有建构在尊重、保障其主体一般人格权的基础上，才能实现平等、和睦与文明。二是对具体人格权的保护。在婚姻家庭范畴，实现对婚姻家庭成员具体人格利益——生命、健康、身体、姓名、名誉、肖像、隐私等的保护，才能有效贯彻《民法典·婚姻家庭编》的基本原则，依法制裁婚姻家庭关系中的侵权行为，树立优良家风，弘扬家庭美德。只有实现《民法典》婚姻家庭编和人格权编的法律规范的适用衔接，才能融合保护婚姻家庭关系主体的人身权益。

（三）财产权益的综合保护

在人身关系与财产关系兼容的婚姻家庭关系中，如果说保护人身权益即是对主体的人格匡扶与身份救济，那么，保障财产权益则是对主体的物质给予与财产救济。因为，人类的优雅生存不仅需要自由、平等、公正、和谐地生存，也需要殷实、悠闲地生存。[②] 为实现优雅的生存目

---

① 魏振瀛：《民法》，北京大学出版社、高等教育出版社 2017 年版，第 656 页。
② 江畅：《走向优雅生存》，中国社会科学出版社 2004 年版，第 120－139 页。

标、建构优雅的生存环境、维系优雅的生存状态，《民法典·婚姻家庭编》着力担负起保障婚姻家庭关系主体财产权益的根本职能，即通过夫妻财产制和家庭财产制、家庭成员间的扶养制度、离婚财产清算制度、离婚救济制度等实现对婚姻家庭成员财产权益的保障。同时，还要适用《民法典》其他分编的有关规定，维护民事主体在婚姻家庭内、外的财产权益。第一，适用《民法典·物权编》的有关规范，保护婚姻家庭成员的土地承包经营权、宅基地使用权、居住权、共有权等权益，实现性别平等与权益保障。① 第二，适用《民法典·合同编》的有关规范，保护婚姻家庭成员的合同权益及其他债权。第三，适用《民法典·继承编》的有关规范，保护婚姻家庭成员的继承权、遗产酌分请求权、受遗赠权等权益。婚姻家庭内、外财产权益的保障，"必须超越以性别身份为分析范畴和立法基点的局限与障碍"②，以实现对财产权益保障的形式平等与实质平等的统一。

三、司法实践的难点应对

如何发挥《民法典·婚姻家庭编》的制度优势与规范功能，是评价、判断《民法典·婚姻家庭编》立法成效、司法成效的基础和前提。在《民法典·婚姻家庭编》实施进程中，尚需妥善应对司法难点，甄别法律关系性质，准确适用婚姻家庭法律规范，维护民众的婚姻家庭权益。

（一）违法婚姻的否定

《民法典·婚姻家庭编》关于违法婚姻的否定，体现在婚姻的无效

---

① 王歌雅：《民法典编纂：性别意识与规范表达》，载《中华女子学院学报》2019年第2期，第15页。
② 王歌雅：《疏离与回归：女性继承权的制度建构》，载《政法论丛》2015年第2期，第75页。

和撤销的制度建构中，并"以保障婚姻合法成立、防治违法婚姻为其立法宗旨"。根据《民法典》第 1054 条规定，违法婚姻否定制度沿袭了"二元结构"立法模式，即兼采无效婚姻与可撤销婚姻并存的制度。其中，无效婚姻的法定情形侧重于对公共利益和善良风俗的考察，可撤销婚姻的法定情形侧重于对个人权益的保护。① 尽管两者均构成对结婚条件的违反，但其社会危害性不同。无效婚姻的否定效力具有绝对性，故其自始无效，且须经司法程序予以确认；可撤销婚姻的否定效力具有相对性，故其在被撤销后自始无效，可经司法程序予以确认。根据婚姻法理和相关司法解释②，当婚姻的无效和撤销的法定情形消失后，则不得再确认该婚姻无效或撤销，这是由确立婚姻的无效和撤销的立法宗旨决定的。③ 当婚姻被确认无效或被撤销时，应注重保护当事人在同居期间的财产权益，侧重保护妇女、未成年人的权益，维护善意当事人的利益。

（二）离婚救济的适用

《民法典·婚姻家庭编》关于离婚救济制度的规定，呈现出完善化、适用化、功能化的立法特征，即通过完善《婚姻法》的相关规定，使离婚救济制度更具适用价值和救济价值。具体表现有三：一是完善了离婚经济帮助制度，即明确了离婚经济帮助的条件，即一方生活困难，另一方有负担能力；具体帮助的方法尊重当事人的意思自治，无须强调帮助的财产来源和种类。因为，离婚经济帮助的财产只能是帮助者的个

---

① 马忆南：《民法典视野下婚姻的无效和撤销——兼论结婚要件》，载《妇女研究论丛》2018 年第 3 期，第 28 页。

② 《最高人民法院关于适用〈中华人民共和国婚姻法〉若干问题的解释（一）》第 8 条规定：当事人根据《婚姻法》第 10 条规定向人民法院申请宣告婚姻无效的，申请时，法定的无效婚姻情形已经消失的，人民法院不予支持。

③ 马忆南：《民法典视野下婚姻的无效和撤销——兼论结婚要件》，载《妇女研究论丛》2018 年第 3 期，第 28 – 29 页。

人财产。① 二是完善了离婚损害赔偿制度，即在离婚损害赔偿的法定情形中，增加了概括性规定——"有其他重大过错"②，完成了离婚损害赔偿立法由"列举式"向"例示制"的转变，拓宽了离婚损害赔偿的法定情形③，有助于救济无过错方的离婚权益。三是完善了离婚家务贡献补偿制度，即该制度可适用于夫妻的分别财产制和共同财产制，拓展了家务贡献补偿的适用情形，有助于补偿家务贡献者的家务付出和人力损耗。在离婚救济制度得以完善的同时，对其具体适用尚需保持高度警醒，即离婚救济制度在种类、性质、适用条件、救济目的、价值取向等均有所不同，故彼此不可互相替代，更不可以夫妻共同财产的分割代替离婚救济制度的适用，以发挥离婚救济的功能，救济离婚当事人，促进形式平等与实质正义。

（三）收养无效的判断

《民法典·婚姻家庭编》的编纂，曾引发收养效力的立法思考，即增补无效收养制度，规范违法收养行为，维护收养当事人的合法权益。④《民法典·婚姻家庭编》专家建议稿为弥补《收养法》欠缺无效收养制度的立法缺憾，曾对无效收养制度予以制度建构。⑤ 为避免收养无效，增加收养行为的合法性，稳定收养秩序，《民法典》第 1113 条对无效收养予以规范：一是无效收养的情形包括两类："有本法第一编

---

① 《民法典》第 1090 条。
② 《民法典》第 1091 条第 5 款。
③ 王歌雅：《离婚救济的实践隐忧与功能建构》，载《法学杂志》2014 年第 10 期，第 83 页。
④ 王歌雅：《〈民法典·婚姻家庭编〉的编纂策略与制度走向》，载《法律科学》2019 年第 6 期，第 95 页。
⑤ 《民法典·婚姻家庭编》专家建议稿第 121 条规定：具有下列情形之一的，收养行为无效，但认定该收养无效会严重损害被收养人利益的除外：（一）具有本法总则规定的无效民事行为情形的；（二）违反本章收养人、被收养人条件的；（三）借收养名义买卖未成年人的。收养无效必须由当事人向人民法院提出申请，由人民法院予以宣告。当事人依据本条向人民法院申请宣告收养无效时，收养行为无效的情形已经消失的，人民法院不予支持。收养行为被人民法院宣告无效的，自始无效。

关于民事法律行为无效规定情形或者违反本编规定的收养行为无效。"即建立合法有效的收养关系，应符合《民法典·总则编》规定的民事法律行为的有效条件和《民法典·婚姻家庭编》规定的收养的条件和程序。否则，收养行为无效。二是明确了无效收养的溯及力，即"无效的收养行为自始没有法律约束力"。无效收养的效力判断具有绝对性，彰显出保障收养合法、防治违法收养的立法宗旨，有助于维护当事人的收养权益。

四、民众诉求的理性回应

《民法典·婚姻家庭编》的颁行，令人欣喜，但其能否满足民众的维权诉求与多元期待，尚需拭目以待。为切实回应民众的婚姻家庭诉求，《民法典·婚姻家庭编》在具体适用时，应注重发挥其规范、警示、引领等功能，实现婚姻家庭观念的更新。

（一）家庭暴力的遏制

家庭暴力，是人类文明的大敌，是对家庭成员人身权益、财产权益的侵害。家庭暴力的受害者往往是女性、未成年人、老年人、残疾人等，显现出家庭成员在人格、身份、地位等方面的不平等。遏制家庭暴力，是维护家庭成员人身安全和财产安全的必要措施，也是全社会的共同责任。面对民众遏制家庭暴力的权益诉求，《民法典·婚姻家庭编》不仅将"禁止家庭暴力"作为基本原则，而且将"实施家庭暴力"作为诉讼离婚、离婚损害赔偿的法定情形，以实现对施暴者的制裁和对受害者的救济。为遏制家庭暴力，除适用《民法典·婚姻家庭编》有关禁止家庭暴力的规定外，尚需适用《反家庭暴力法》的相关规定，即通过对家庭暴力的预防、家庭暴力的处置、人身安全保护令、法律责任等制度配置与规范适用，消除家庭暴力，使婚姻家庭成为没有暴力的空间。因为，婚姻家庭关系，既是身份关系、人格关系，也是伦理关系、

法律关系。[1]

（二）子女姓氏的抉择

伴随性别平等意识的增强、离婚率的增高，子女姓氏确定、变更纠纷日益增多。如何解决此类纠纷，成为民众关注的焦点。为回应民众诉求，《民法典》以立法逻辑与调整对象为基点，对自然人的姓氏确定采取了"一般原则+特别规范"相结合的立法模式。第一，由《民法典》第 1015 条对自然人的姓氏选取进行基本规范，即"自然人应当随父姓或者母姓，但是有下列情形之一的，可以在父姓和母姓之外选取姓氏：（一）选取其他直系长辈血亲的姓氏；（二）因由法定扶养人以外的人扶养而选取扶养人姓氏；（三）有不违背公序良俗的其他正当理由。少数民族自然人的姓氏可以遵从本民族的文化传统和风俗习惯"。其立法意义有三：一是明确了子女姓氏选取的基本原则，体现出一般规定与特殊情形相结合的立法特色；二是遵循了子女姓氏选取的民族传统，兼顾了子女姓氏选取的特殊情境与伦理需求；三是延续并发展了全国人大常委会发布的关于《民法通则》第 99 条第 1 款、《婚姻法》第 22 条的立法解释[2]，体现了立法的延续性。第二，由《民法典》第 1112 条对子女姓氏选取予以特别规定，即"养子女可以随养父或者养母的姓氏，经当事人协商一致，也可以保留原姓氏"。至于亲生子女、继子女的姓氏选取适用《民法典》第 1015 条的有关规定。第三，为实现子女姓氏选取立法的协调统一，避免立法重复，《民法典·婚姻家庭编》删除了《婚姻法》第 22 条规定——"子女可以随父姓，可以随母姓。"上述有关自然人尤其是子女姓氏选取的规定，实现了《民法典》人格权编与

---

① 王歌雅：《社会排挤与女性婚姻家庭权益的法律保障》，黑龙江人民出版社 2019 年版，第 129 页。

② 全国人大常委会关于《中华人民共和国民法通则》第 99 条第 1 款、《中华人民共和国婚姻法》第 22 条的解释，载《人民日报》2014 年 11 月 2 日。

婚姻家庭编的法律规范的有效衔接，也实现了立法模式、立法内容的逻辑融通，彰显出"以子女利益的最佳考虑与亲子关系的和谐稳定为目的"的立法思想。①

（三）离婚自由的保障

保障婚姻自由尤其是离婚自由，是《民法典·婚姻家庭编》的基本原则。围绕离婚登记程序中增设的"冷静期"，民众多有议论，主要观点有二：一是赞同论，即在登记离婚程序中增设"冷静期"，可以避免离婚恣意，消减草率离婚或冲动离婚，实现离婚的意思自治。二是质疑论，即增设"冷静期"，会限制离婚自由，甚至会阻碍因家庭暴力而欲离婚的进程。面对质疑，需要关注立法的动议与初衷。第一，应实现离婚当事人的意思自治。即《民法典》第 1077 条通过斟酌登记离婚的特点、程序、功能等，规定了"三十日内"的离婚登记的"冷静期"，有助于当事人对是否进行离婚登记的意愿进行充分、冷静、审慎的考查，以实现离婚登记当事人的意思自治。第二，《民法典·婚姻家庭编》在"离婚"登记程序中增设"冷静期"，并非制度首创。不仅具有比较法上的立法例可资借鉴，而且可以从《婚姻登记管理条例》第 16 条中找到离婚登记审查的相关规定。② 第三，《民法典·婚姻家庭编》在"离婚"一章，规定了登记离婚与诉讼离婚两种程序。当事人可根据离婚的意愿及具体情境进行离婚程序的选择。如果因家庭暴力而欲离婚，也可通过诉讼离婚达到离婚目的。因为《民法典》第 1079 条第 3 款第（二）项将"实施家庭暴力或者虐待、遗弃家庭成员"的行为，

---

① 王歌雅：《子女姓名权：内涵检审与制度建构》，载《求是学刊》2016 年第 4 期，第 82 页。

② 《婚姻登记管理条例》，1994 年 1 月 12 日经国务院批准，1994 年 2 月 1 日民政部发布。其第 16 条规定：婚姻登记管理机关对当事人的离婚申请进行审查，自受理申请之日起一个月内，对符合离婚条件的，应当予以登记，发给离婚证，注销结婚证。当事人从取得离婚证起，解除夫妻关系。

列为法定离婚情形，"调解无效的，应当准予离婚"。第四，避免草率离婚、冲动离婚，提升自我处理离婚纠纷的商谈能力，切实维护自身的离婚权益。

《民法典·婚姻家庭编》的颁行，彰显了我国婚姻家庭立法的连续性、适用性、系统性、科学性与价值性。学界关于《民法典》虽有"人文主义"和"物文主义"的争论，但《民法典·婚姻家庭编》内蕴的人文关怀、价值观照、财产保护、权益保障等理念已通过立法逻辑、体系梳理、制度完善、规范调适等得以展现。为增强《民法典·婚姻家庭编》的规范适用，在阐释其价值理念与制度修为的同时，应实现其与《民法典》其他分编的有效衔接与规范配置，以充分发挥《民法典》的系统化功能，彰显《民法典·婚姻家庭编》的适用价值与规范价值，为建构平等、和睦、文明的婚姻家庭关系奠定制度基础与规范基础。

第三章 《民法典·婚姻家庭编》难点分析

《民法典·婚姻家庭编》虽对《婚姻法》《收养法》进行了补充与完善,实现了婚姻家庭制度的改革与补益,但尚有难点问题处于搁置状态。为配合《民法典·婚姻家庭编》的实施,应对婚姻家庭难点问题予以理论梳理与制度建构。

第一节 夫妻忠诚协议的效力

《民法典》第464条第2款规定:"婚姻、收养、监护等有关身份关系的协议,适用有关该身份关系的法律规定;没有规定的,可以根据其性质参照适用本编规定。"依据这一规定,夫妻忠诚协议的效力判断,将发生相应变化。

一、内涵分析

何谓"夫妻忠诚协议",学界并无统一界定。顾名思义,是夫妻双方基于相互忠诚的要求在平等协商的基础上,签订的有关夫妻权利义务关系的协议。该协议往往约定夫妻婚后应互敬互爱,对家庭、配偶、子女要有道德观和责任感。协议书中最为关键的是要特别强调"违约责任":即若一方在婚期内由于道德品质的问题,出现背叛另一方不道德的行为(婚外情),就要赔偿对方名誉损失及精神损失费等一定数额,而且这一数额往往比较大，以起到威慑与预防作用。[①]

现行的"夫妻忠诚协议"，主要包括两方面内容：一是人身关系协议，如夫妻双方要相互忠实，不许发生婚外情；如果一方发生婚外情，必须同意另一方提出的离婚要求，并不能监护、探视孩子。二是财产关系协议，如"发现一方出现婚外恋行为，将给予另一方30万元的赔偿金，并在离婚时放弃对孩子的抚养权和家里的房产、药店生意的全部所有权"[②]。从前述有关人身关系和财产关系的协议约定来看，其共同点有两个：一是以夫妻之间的情感忠诚和行为忠诚为基础，如违背夫妻相互忠实义务，则引发人身关系和财产关系的变动。二是以权利的丧失为后果，如违背夫妻相互忠实义务，则引发人身权和财产权的相对丧失。故夫妻忠诚协议根据内容可分为以下三类：一是以夫妻忠诚为义务的财产关系协议，二是以夫妻忠诚为义务的人身关系协议，三是以夫妻忠诚为义务的人身关系和财产关系的协议。夫妻忠诚协议的主体是夫妻双方，即具有合法婚姻关系的配偶；协议的内容是以夫妻忠诚为义务的人身关系和财产关系的变更；协议的签订以夫妻双方的平等自愿为前提；协议的目的是确保婚姻关系的稳定和约束夫妻之间的相互忠实。基于夫妻忠诚协议的上述内涵，夫妻忠诚协议应为以夫妻相互忠诚为核心义务的有关人身关系和财产关系的协议。

二、价值认知

关于夫妻忠诚协议，法学界、司法界认识不一，而社会生活中的强烈反响也促成了两派观点的产生。一为肯定说，即夫妻忠诚协议是婚姻关系的本质要求，是婚姻关系稳定的核心要素。夫妻忠诚协议是《民法典·婚姻家庭编》中的"夫妻应当互相忠实"规范的具体化，符合

---

① 刘涛：《对夫妻忠诚协议的法律思考》，载《法制与社会》2007年第9期，第216页。

② 一鸣：《夫妻"忠诚协议"法律仍存争议》，载《政府法制》2005年第24期，第24页。

婚姻家庭法的原则和精神。二是否定说，即《民法典·婚姻家庭编》中的"夫妻应当互相忠实"是一种价值提倡，道德的问题要用道德来调整，法律要给当事人预留私人空间，且有关人身关系协议不能通过《民法典·合同编》来调整。针对截然相反的两种观点，法学界急需厘清，而肯定说无疑具有学理意义和实践意义。

（一）夫妻忠诚协议是婚姻伦理的反映

夫妻忠诚协议的产生，并非空穴来风，而是社会生活的反映。最高人民法院的调查报告显示，在离婚案件中，主要的离婚原因是配偶与他人同居、长期分居。有关数据表明，情感外倾成为婚姻稳定的杀手和夫妻忠诚的暗礁。然而，对于牵手婚姻的当事人而言，确保婚姻的稳定和夫妻的忠实，已成为建立、发展和维护婚姻关系的首要追求。因为，至少有65%的人认为在现今社会里，婚外情有违忠实与平等，是须加以摒弃的。[①] 故夫妻忠诚协议源于社会生活，服务于社会生活，规范于社会生活。

1. 伦理拒斥婚外恋

婚外恋，即男女双方或一方在婚姻之外发生的恋情，广义上包括通奸、姘居和重婚。婚外恋的负面因素有二：一是侵犯了配偶的权利。违背夫妻相互忠实的义务，即否定了爱情的专一性和排他性，破坏了家庭的稳定，给子女造成痛苦和伤害。二是侵犯了社会的利益。婚外恋得不到社会承认，无法律保障，给社会造成不安定因素。因为"婚外恋的主张是唯情的、为性的，以自由与权利为旗帜。而基于婚姻的理由是情理统一的、自由与克制相结合的，以责任与义务为标榜的"[②]。"社会要

[①] 王歌雅：《中国亲属立法的伦理意蕴与制度延展》，黑龙江大学出版社2008年版，第127—128页。

[②] 胡真圣：《由婚外恋看道德的情理争执》，载《中国应用伦理学》（2003—2004专辑），金城出版社2004年版，第390页。

求对婚外恋行为进行规范，规范的目的是使婚外恋行为尽可能少地发生，让尽可能多的爱情与性事都在婚姻框架内进行。[①] 故夫妻忠诚协议是对婚外恋的伦理拒斥。"

2. 伦理规制婚外恋

从《公民道德建设实施纲要》来看，婚外恋与家庭美德相背离。遏制婚外恋行为，既需要法律规范，也需要伦理规范。尤其是在法律规范爱莫能助的前提下，更需要伦理规制。对婚外恋的伦理规制，表现为对婚姻关系和婚外关系的伦理约束，它要求社会中人和婚姻中人必须遵循伦理底线。

第一，认知原则。无论基于何种原因的婚外恋，均是违反婚姻伦理的行为。因为，婚姻关系并非仅是自然关系，也是社会关系，是以婚姻的忠诚和婚姻的权利、义务、责任为内涵的社会关系，故夫妻忠诚协议是对认知原则的皈依。

第二，公平原则。对于已经产生的婚外恋，能否要求其将对当事人和利害关系人的伤害降到最低点，是婚姻伦理在不得已的前提下所能作出的道义要求。为此，婚外恋行为也须遵循盗亦有道的规则：一是免罪规则。婚外恋行为易于引发谋害、诬陷、杀害等犯罪行为。上述犯罪行为既会伤及他人，侵害社会秩序的稳定，也会使其自身陷于被法律制裁的境地。为此，婚外恋者必须遵守避免犯罪的行为规则，尊重自己与他人的生命健康。二是善良风俗。婚外恋行为无疑会给善意当事人和利害关系人——子女、亲属带来心灵痛苦和情感伤害。当婚姻解体不可避免时，婚外恋者应本着社会中人对婚外恋行为的主流认知原则，对受害方予以道义的救济：心灵忏悔——赔礼道歉、停止侵害、恢复名誉，损害赔偿——物质损害赔偿和精神损害赔偿。当婚外恋者不能主动承担上述

---

① 胡真圣：《由婚外恋看道德的情理争执》，载《中国应用伦理学》（2003—2004 专辑），金城出版社 2004 年版，第 393 页。

道义责任、构成违法行为时，由法律予以制裁；未构成违法行为时，承受社会舆论的谴责和良心的拷问。三是子女利益的最大化。为保护未成年子女的身心健康，婚姻主体应检点自己有违婚姻忠诚与婚姻责任的行为，避免婚外恋的发生及婚外恋对子女的伤害，即不能将个人对"爱情""自由""权利"的追求与拥有建立在子女痛苦之上。为此，夫妻签订忠诚协议，理性、温和、公允地处理婚外恋行为，是避免伤及无辜的伦理底线。否则，将招致法律制裁和道义谴责。

第三，利己利他原则。婚外恋是违背伦理规制和法律规制的行为，与其让外遇情感遮蔽在阴暗处，不如让情感在阳光下接受伦理和法律的检视。而能够坦然面对伦理和法律检视的情感应具有伦理的合宜性和法律的正当性。为此，夫妻签订忠诚协议，遏制婚外恋、避免婚外恋，既是利己利他的要求，也是公序良俗的要求。

（二）夫妻忠诚协议是意思自治的体现

夫妻忠诚协议不仅具有伦理意义，也具有法律意义。因为夫妻忠诚协议是对私权的维护和约束，体现出私权神圣、意思自治的内涵。

1. 彰显私法自治精神

私法自治，在于法律给个人提供一种法律上的权力手段，并以此实现个人的意思；换言之，私法自治给个人提供一种受法律保护的自由，确保每个人都具有在一定的范围内，通过法律行为特别是合同使个人获得自主决定的可能性，这种可能性即"私法自治"。私法自治，究其内涵，一般认为涵盖了近代民法所赖以维系的三大原则，即契约自由、所有权绝对和自己责任。[①] 依私法自治精神，夫妻双方为确保人格的独立与尊严，在法律和公序良俗的框架内，有权自主决定个人的婚姻问题，

---

① 何勤华、魏琼：《西方民法史》，北京大学出版社 2006 年版，第 439 页。

并在双方自愿、意思表示一致的基础上签订有关身份和财产关系的协议。而夫妻忠诚协议便是私法自治精神的具体体现，其内涵有二：一是夫妻忠诚协议具有隐私性，即夫妻忠诚协议关乎婚姻当事人的情感隐私和财产隐私。基于情感忠诚和婚姻稳定的考虑，当事人在隐私空间进行约定和约束，符合意思自治的精神，具有一定的道德效力和法律效力。正所谓"私法关系的关系人，对于其个人的私法关系内容，常有不欲他人所知的情事，因而私法关系具有一定的隐私性，本质上排除外力介入安排，因而最佳的方法，莫如关系个人依其意愿自作安排"①。二是夫妻忠诚协议具有利益性。该利益既表现为人身利益，也表现为财产利益，而财产利益则以人身利益的存续为前提和基础。就人身利益而言，其表现为夫妻之间的情感忠诚、性爱行为的专一和排他、婚姻关系的和谐与稳定、人格尊严的独立与尊重，是"夫妻应当互相忠实、互相尊重"规范的具体化和适用化。就财产利益而言，其表现为夫妻之间就财产所有权附条件的变动约定及对婚内的侵权行为或违约行为应承担的损害赔偿责任的范围约定，符合我国《民法典·婚姻家庭编》关于夫妻约定财产制和《民法典·总则编》关于民事责任承担的相关规定。婚姻关系当事人既是情感的持有者，也是利益的追求者，更是对婚姻利益的维护者和捍卫者。故夫妻忠诚协议是对婚姻利益的维护与追求，符合婚姻关系的本质。因而，在婚姻生活领域，尤其在私人财产领域，自主决定财产利益的归属及权益救济的范围是一种最佳选择，也是一种高效手段，国家应减少干预，以促进婚姻主体人格的发展与尊严的维护。

2. 践履契约自由的理念

契约自由为私法自治的核心要素之一。契约自由乃为意思自由，即个人可以不受任何强制缔结自由决定其内容的契约。契约自由一般包括

---

① 何勤华、魏琼：《西方民法史》，北京大学出版社 2006 年版，第 440 页。

缔约自由、选择契约相对人的自由、确定契约内容的自由和契约方式的自由及结束契约的自由和变更契约的自由。① 基于契约自由的理念，当事人既可以签订有名契约，也可以签订无名契约。即便在有名契约中，也可以排除法律任意规范的适用。夫妻忠诚协议即婚姻当事人在契约自由的理念下签订的有关人身关系和财产关系的契约。其功能有二：一是灵活性。夫妻忠诚协议是夫妻双方基于情感忠实和婚姻稳定的需要而签订的法律无明文规定的非典型契约，即无名契约。该契约有助于约束婚姻当事人遵守婚姻家庭法规范和公序良俗，促进婚姻当事人的自律。二是便利性。夫妻忠诚协议往往是婚姻当事人基于自身的目的、要求、条件等综合因素量身定做的婚姻契约。只要该契约符合法律的规定，则无须经过公证、律师见证，进而简化了缔约的程序和成本，维护了当事人的隐私。故夫妻忠诚协议在婚姻当事人双方自愿、意思表示真实、不违背法律和公序良俗的前提下，应具有法律效力。

（三）夫妻忠诚协议是社会排挤的表征

夫妻忠诚协议的产生，有其历史原因和现实原因。然而，无论何种原因，均是社会排挤的表现。社会排挤通常是指"某些个人、家庭或社会群体因缺乏机会参与一些社会普遍认同的社会活动，被边缘化或隔离的系统性过程，这个过程具有多维度特点，同时涉及经济的、政治的、社会性的、文化的、心理的诸方面的长期匮乏"②。而社会成员之间的性别排挤则是引发夫妻忠诚协议的主要原因。

1. 婚姻模式中的性别排挤

自人类历史产生以来，实质意义上的一夫一妻制并非社会成员普遍

---

① 郑玉波：《民法债编总论》，陈荣隆修订，中国政法大学出版社 2004 年版，第 32 页。王泽鉴：《债法原理（1）》，中国政法大学出版社 2001 年版，第 73 - 74 页。

② 石彤：《中国社会转型时期的社会排挤——以国企下岗失业女工为视角》，北京大学出版社 2004 版，第 38 页。

遵循的婚姻规范，而形式意义上的一夫一妻制在私有制社会中则与通奸、卖淫、变相的一夫多妻制相伴随。正如恩格斯所述：正是奴隶制与一夫一妻制的并存，正是完全受男子支配的年轻美貌的女奴隶的存在，使一夫一妻制从一开始就具有了它的特殊的性质，使它成了只是对妇女而不是对男子的一夫一妻制。[①]　在这种片面的、变相的一夫一妻制中，女性处于从属地位。于是，女性在婚姻模式中遭遇了性别排挤，即女性只能一夫，而男性则可一妻多妾或变相的多妻。女性在婚姻模式中遭遇的性别排挤，引发了女性在婚姻道德中遭遇的性别排挤，即在"一夫一妻"的婚姻制度下，对男女两性适用两个不同的性道德标准，即"凡在妇女方面被认为是犯罪并且要引起严重的法律后果和社会后果的一切，对于男子却被认为是一种光荣，至多也不过被当作可以欣然接受的道德上的小污点"[②]。不同的性道德标准，制约了人们的婚姻观念，也影响了人们的婚姻行为；同时，也为男性的变相多妻和情感的不忠实提供了契机和可能，甚至提供了豁免和开脱的理由。而当代夫妻忠诚协议的签订，既是对一夫一妻制的践履和维护，也是对男女两性在婚姻道德和性道德平等基础上的相互约束；既是人格平等和权利平等的体现，也是个人权利觉醒和自觉维护权益的反映；故夫妻忠诚协议有存在的必要和价值。

2. 婚姻资源中的性别排挤

婚姻资源是社会资源体系中的重要组成部分。社会资源的欠缺，必然引发婚姻资源的欠缺，而社会资源的再分配则具有经济——政治特征。具体表现是土地权益和财产分配存在性别上的不公，如男性从事高收入、正规性、管理性的工作，女性从事低收入、临时性、服务性的工作；此外，社会评价和社会价值存在性别上的不公平，如男性对女性存

---

① 《马克思恩格斯全集》第 16 卷，人民出版社 1956 年版，第 650 页。
② 《马克思恩格斯全集》第 21 卷，人民出版社 1956 年版，第 88 页。

在着性别歧视、性骚扰、家庭暴力及在权威工作领域和决策领域中的地位和资源的排挤。① 社会资源中的性别排挤，导致女性就业的劣势、婚姻资源的欠缺——家务劳动的无报酬及再婚资源的匮乏等。男女两性在社会资源、政治权利、经济地位、文化意识、法律保障、平等救济等方面存在的不公和差异，引发了男女两性对婚姻忠诚及对性行为的差别对待。例如，关于婚前试婚这一有违传统的行为，41.38% 的男性持赞同态度，而近 60% 的女性持不认同态度。而不赞同试婚者是想用传统的方式来保持婚姻的圣洁。② 而针对一夜情或称一夜性，则有超过六成（61.3%）的公众予以排斥，且男性和女性对这一行为的态度存在较大差异，女性中排斥一夜情现象的比例高达 68%，而男性中此比例则为51.7%。③ 男女两性对婚姻忠诚和性行为的差别对待，集中表现为婚姻立场与婚外恋立场的根本分歧，即情感与性活动要不要接受社会道德与婚姻法律的规范。至于婚外恋等婚姻不忠诚行为，则是婚内情与性活动溢出的结果，是富余生命力在满足基本生存后的溢出，是情感消费与性消费在婚姻领域的溢出，是对婚姻忠诚的否定。④ 而当下社会生活中出现的夫妻忠诚协议，则是对婚姻不忠实行为的否定，是对婚姻生活中男女两性权利平等的维护。它将有助于维护婚姻的纯洁，有助于维护性别排挤背景下的女性群体的婚姻利益和人格尊严。因而，夫妻忠诚协议既是对婚姻资源性别平等的追求，也是对性别排挤的反叛。

---

① 王歌雅：《中国亲属立法的伦理意蕴与制度延展》，黑龙江大学出版社 2008 年版，第217 页。

② 王歌雅：《中国亲属立法的伦理意蕴与制度延展》，黑龙江大学出版社 2008 年版，第127 页。

③ 王歌雅：《中国亲属立法的伦理意蕴与制度延展》，黑龙江大学出版社 2008 年版，第144 页。

④ 王歌雅：《中国亲属立法的伦理意蕴与制度延展》，黑龙江大学出版社 2008 年版，第131 页。

三、效力判断

关于夫妻忠诚协议，司法界及学理界均有两种不同的观点：一为有效论；二为无效论。而夫妻忠诚协议的有效与否，取决于忠诚协议的性质界定及效力判断标准。故厘清夫妻忠诚协议的性质及效力判断标准的适用，将是认知夫妻忠诚协议的关键所在。

（一）性质界定

夫妻忠诚协议，是以夫妻相互忠实为核心义务的有关人身关系和财产关系的协议。就协议内容而言，包括人身关系和财产关系。而融合了人身关系和财产关系的夫妻忠诚协议与单纯的人身关系协议和财产关系协议有所不同。单纯的人身关系协议——收养协议、结婚协议、离婚协议等，仅引发特定主体之间的亲属关系的发生和终止的效力。这虽也会引发财产关系的变动，但其变动以人身关系的发生和终止为前提，是人身关系引起的法律后果。至于单纯的财产关系协议，则引发财产流转和归属的效力。因而，融合了人身关系和财产关系的夫妻忠诚协议，其性质属于广义契约，即"以交换的所为两个以上意见表示之一致为要素之法律行为。苟以发生私法上之效果为目的，无论其为债权契约，物权契约抑或为亲属上之契约（例如婚姻契约），均包含在内。狭义的契约，则专指债权契约"①。在广义契约范畴下，夫妻忠诚协议应属无名契约，也称非典型契约，即"谓法律上未设特别规定之契约"②。无名契约，又分纯粹契约、准混合契约和混合契约。而夫妻忠诚协议则应为纯粹的无名契约，"即以不属于任何有名契约之事项为内容之契约"③。

---

① 史尚宽：《债法总论》，台北荣泰印书馆股份有限公司1978年版，第7页。
② 史尚宽：《债法总论》，台北荣泰印书馆股份有限公司1978年版，第10页。
③ 史尚宽：《债法总论》，台北荣泰印书馆股份有限公司1978年版，第10页。

（二）法律适用

"关于无名契约，因无直接适用之法规，应如何为法之适用，甚有问题。""在纯粹无名契约，除适用法律行为及契约通则外，具体的就各该契约之经济的目的及当事人之意思，类推适用关于其类似之有名契约之规定。"① 基于上述法律适用原则，夫妻忠诚协议则应分别适用有关人身关系和财产关系的相关法律规范。

1. 人身关系协议的效力判断

夫妻忠诚协议，以夫妻相互忠实为对等的义务。该义务约束符合我国《民法典》第 1043 条第 2 款之规定，即"夫妻应当互相忠实，互相尊重，互相关爱"。夫妻应当互相忠实，不仅是道德义务，也是法律义务。凡夫妻双方在意思表示真实的前提下所签订的夫妻忠诚协议，只要不违反法律和公序良俗，应具有法律效力。至于夫妻忠诚协议中有关身份关系变动的约定是否具有法律效力，则应视具体情形而定。因为，身份权的法定性将阻却约定的效力。

（1）婚姻关系的终止效力

有夫妻在忠诚协议中约定，当夫妻一方违背忠实义务，发生婚外恋等行为时，即必须离婚。前述关于离婚的约定并非当然具有法律效力。因为婚姻身份关系的变动，必须符合法定的条件和程序。如夫妻双方自觉遵守离婚约定且对子女和财产问题已有适当处理时，双方须到婚姻登记机关申请离婚，办理离婚登记，其离婚才具有法律效力。倘夫妻双方不遵守离婚约定时，该约定将不具法律效力。因为"夫妻一方要求离婚的，可以由有关组织进行调解或者直接向人民法院提起离婚诉讼。人民法院审理离婚案件，应当进行调解；如果感情确已破裂，调解无效

---

① 史尚宽：《债法总论》，台北荣泰印书馆股份有限公司 1978 年版，第 10 页。

的，应当准予离婚"①。倘一方重婚或者与他人同居，调解无效时，可视为夫妻感情确已破裂，应准予离婚。因此，夫妻忠诚协议中有关离婚的约定，要经过婚姻登记机关和司法机关审查、确认并赋予法律效力，即"婚姻不能听从已婚者的任性，相反地，已婚者的任性应该服从婚姻的本质"②。而"离婚仅仅是对下面这一事实的确定：某一婚姻已经死亡，它的存在仅仅是一种外表和骗局"③。

（2）监护权的丧失效力

父母对未成年子女的监护，源于父母对未成年子女的亲权。由于我国民事立法未创设亲权制度，故亲子之间的监护关系适用《民法典》有关监护的规定，即"父母是未成年子女的监护人"④。未成年人的父母已经死亡或者没有监护能力的，由近亲属及其他法定主体担任监护人。"监护人不履行监护职责或者侵害被监护人合法权益的，应当承担法律责任。"⑤ 给被监护人造成财产损失的应当赔偿损失。人民法院可以根据有关人员或有关单位的申请，撤销监护人的资格。监护规范表明，夫妻忠诚协议中有关不忠实配偶一方丧失对未成年子女监护权的约定不具有法律效力。因为，父母是未成年子女的当然监护人，只有其不履行监护职责或侵害被监护人的合法权益时，才由人民法院根据有关人员或有关单位的申请撤销其监护人的资格。故监护资格的撤销必须符合法定的条件和程序，夫妻之间有关监护权丧失的约定，不具有法律效力。

（3）探望权的丧失效力

探望权的基础是亲子关系。探望权的性质是法定身份权。探望权的

---

① 《民法典》第 1079 条第 1、2 款。
② 《马克思恩格斯全集》第 1 卷，人民出版社 1956 年版，183 页。
③ 《马克思恩格斯全集》第 1 卷，人民出版社 1956 年版，184 页。
④ 《民法典》第 27 条第 1 款。
⑤ 《民法典》第 34 条第 3 款。

特征有三：一是探望权主体的法定性，即离婚后不直接抚养子女的父或母，有探望子女的权利，另一方有协助的义务。二是探望权行使的法定性，即探望权行使的方式、时间由当事人协议，但不得侵害子女的利益。如协议不成可由人民法院判决。三是探望权中止的法定性。《民法典》第1086条第3款规定："父或者母探望子女，不利于子女身心健康的，由人民法院依法中止探望；中止的事由消失后，应当恢复探望。"将上述有关探望权的法律规范适用于夫妻忠诚协议，即可得出如下结论：首先，基于违背夫妻忠诚协议而剥夺非忠实方的探望权的人身关系协议不具有法律效力。因为，探望权虽可中止行使，但不能被剥夺，且中止探望权的法定事由不利于子女身心健康。倘夫妻一方的非忠诚行为未达到不利于子女身心健康的程度，则不能中止非忠诚方行使探望权。其次，夫妻忠诚协议中有关夫妻如何行使探望权的约定，可视具体情形确定其具有法律效力，但以不侵犯子女的利益和探望权主体的利益为前提。因为，探望权的约定范围只包括行使探望权的方式、时间等，并不包括探望权的剥夺或丧失；且有关行使探望权的约定只能由当事人自愿遵守，倘一方不遵守协议或提出异议时，则由人民法院判决。再次，婚姻关系存续期间剥夺非忠诚方探望子女权利的协议不具有法律效力。因为，探望权的行使主体是离婚后不直接抚养子女的父或母。倘非离婚，则夫妻双方共同对子女行使抚养教育权，该权利不能被剥夺。

2. 财产关系协议的效力判断

夫妻忠诚协议，以夫妻相互忠实为义务的对价，禁止或排除非忠实行为，如重婚、通奸、有配偶与他人同居等。此外，配偶一方恶意遗弃他方，同时构成忠实义务之违反，为第三人之利益牺牲对方之秘密或利益者，亦为忠实义务之违反。[1] 前述违反夫妻忠实义务的行为，均为作

---

① 史尚宽：《亲属法论》，台北荣泰印书馆股份有限公司1978年版，第271页。

为。故夫妻忠诚协议的履行应以不作为作为债的履行对价。当夫妻一方有违前述不作为义务时，则要承担相应的法律后果。即在民法范畴中除构成人身关系领域的离婚、别居等事由外，也构成财产关系领域的损害赔偿、慰抚金等请求事由。

（1）外国法之考察

在欧陆法中，夫妻互负守贞操义务，其违反之效力，于当事人间为离婚原因及处罚事由，对于其义务违反加功之相奸人，亦得基于侵权行为，请求损害赔偿。[①] 该损害赔偿既包括人身损害赔偿，也包括财产损害赔偿。具体立法模式有以下几种：一是法国式。当配偶一方于对方有贞操义务之违反时，他方除可请求离婚、别居外，亦得请求对方或与其相奸之第三人，依《法国民法典》第 212 条和第 1382 条的规定，承担损害赔偿责任。如仍继续不贞之关系时，得请求间接的强制的罚金，依法国判例，配偶一方现犯通奸被他方配偶当场发现或信自己有过失，允付他方配偶一定金额而签约，不过为确定其应赔偿之数额，应为有效。[②] 二是瑞士式。对违反贞操义务之他方配偶，得请求离婚、别居、中止其行为、损害赔偿及慰藉金。对于第三人亦得请求中止其妨害、损害赔偿及慰藉金。[③] 三是日本式。依《日本民法典》解释，与妻相奸之第三人，为对于夫权之侵害，得构成侵权行为，对于夫应付损害赔偿责任。例如夫外出与富裕之寡妇通奸，不顾其妻子，其妻使人威吓夫及寡妇而受取生活费及慰藉金，日本判例认此为寡妇对于妻构成侵权行为，妻本得请求损害赔偿，虽多少使用恐吓手段，不成犯罪（日本昭和二年五月十七日大判）。[④] 四是我国台湾式。依我国台湾地区"民法"第 19 条和第 195 条之规定，与妻相奸之第三人，对于夫之夫权及名誉权，

---

① 史尚宽：《亲属法论》，台北荣泰印书馆股份有限公司 1978 年版，第 271 页。
② 史尚宽：《亲属法论》，台北荣泰印书馆股份有限公司 1978 年版，第 271 页。
③ 《瑞士民法典》第 159 条、第 28 条，《瑞士债法》第 41 条、第 49 条。
④ 史尚宽：《亲属法论》，台北荣泰印书馆股份有限公司 1978 年版，第 271 页。

同时加以侵害，虽非财产上之损害，亦应赔偿。在美国法中，当夫妻一方违反忠实义务视为是对另一方配偶权的侵害，且另一方可以据此提出损害赔偿之诉。[①]"第三人以诱惑、离间与通奸行为导致夫妻感情疏远，一方不履行同居义务，不尽家庭责任，并使夫妻关系受到严重威胁，甚至造成夫妻关系的解体，致使他方配偶的配偶权受到严重侵害的，受害的配偶一方有权要求第三人予以赔偿损失。一些州的法律明确规定，只要通奸行为对婚姻有所损害，就可以判决第三人予以赔偿。"[②] 此外，通奸、遗弃构成离婚的法定事由。从欧陆法和美国法的法律规定和司法实践来看，夫妻相互忠实是一项法定义务。违反忠实义务，将引发相应的法律后果。人身关系的后果为离婚或别居的请求，财产关系的后果则为损害赔偿责任的承担。

（2）我国法之思考

我国《民法典》虽作了"夫妻应当互相忠实，互相尊重，互相关爱"的原则规定，但该原则规定在理论和实践环节将面临挑战。

首先，"夫妻应当互相忠实"规范的单纯不可诉性。夫妻互相忠实，既为权利也为义务。但"当事人仅以民法典第 1043 条为依据提起诉讼的，人民法院不予受理；已经受理的，裁定驳回起诉"[③]。故"夫妻应当互相忠实"必然要附着于人身关系和财产关系。倘由于违背夫妻互相忠实义务而导致人身关系和财产关系损害时，则须基于人身关系和财产关系的相关法律规范寻求救济。

其次，"夫妻应当互相忠实"规范的侵权救济的限定性。在现实生活中，夫妻违反互相忠实义务的行为有多种，如通奸、姘居、重婚、婚外恋等。根据《民法典》第 1091 条规定，除重婚、与他人同居以及遗

---

① 陈苇：《外国婚姻家庭法比较研究》，群众出版社 2006 年版，第 220 页。

② 夏吟兰：《美国现代婚姻家庭制度》，中国政法大学出版社 1999 年版，第 81－82 页。

③ 《最高人民法院关于适用〈中华人民共和国民法典〉婚姻家庭编的解释（一）》（以下简称《民法典婚姻家庭编解释（一）》）第 4 条。

弃三种不忠实行为外，"有其他重大过错"，在夫妻双方离婚时，无过错方有权请求离婚损害赔偿。即通奸及其他婚外恋等有违夫妻应当忠实义务的行为也可依法获得离婚损害赔偿。如夫妻双方不离婚，即便构成婚内侵权，也因我国《民法典》未规定婚内侵权条款而不能主张权益的救济。若要救济离婚当事人的权益，只能依据《民法典·侵权责任编》提起侵权损害赔偿。

最后，"夫妻应当互相忠实"规范的违约救济的可行性。围绕婚姻关系的性质，学界素有争论，主要观点为契约说、制度说、婚姻伦理说、信托关系说和身份关系说。目前，我国婚姻家庭法学界的通说则为"身份关系说"[1]，即"婚姻法律关系本质上是一种身份关系，婚姻双方在财产上的权利义务关系是附随于人身上的权利义务的。创设这种关系的婚姻行为是一种身份法上的行为，行为人须有结婚的合意，但是婚姻成立的条件和程序、婚姻的效力、婚姻解除的原因等，都是法定的，而不是当事人意定的。因此，不应当将婚姻行为视为契约，将婚姻关系视为契约关系"[2]。由于我国婚姻家庭法学界的通说并未将婚姻关系视为契约关系，故婚姻领域中有违"夫妻应当互相忠实"义务的"违约行为"似不能依据契约理论获得救济，但依据《民法典》第464条第2款规定，则可以适用违约救济。

我国《民法典·婚姻家庭编》关于"夫妻应当互相忠实，互相尊重，互相关爱"这一法律规范尚存适用不足，致使现实生活中基于违反夫妻忠实义务而遭受损害的一方难以获得顺畅、到位的法律救济，甚至引发司法救济的困惑。为确保婚姻权益不受侵犯，有些婚姻当事人在意思自治的前提下，签订了"夫妻忠诚协议"，试图弥补立法及司法的救济不足，并明确约定夫妻一方有违相互忠实义务时，应承担相应的财

---

① 杨大文：《亲属法》，法律出版社2004年版，第66页。
② 夏吟兰：《离婚自由与限制论》，中国政法大学出版社2007年版，第89页。

产关系后果，即放弃相关财产的所有权或支付"违约金"等，以弥补自己的过失给他方造成的损害。至于夫妻忠诚协议中有关财产关系的约定是否具有法律效力，也应视约定的具体情形进行效力判断。

首先，婚姻范畴中财产关系协议的效力。在婚姻关系存续的前提下，夫妻一方违反互相忠实义务，无疑构成违约或婚内侵权，应责令违约方或侵权方承担相应的民事责任，即当夫妻一方有违忠实义务时，则引发财产关系变动的效力。

其次，婚姻终止范畴中的财产关系协议的效力。在离婚背景下，夫妻一方违反互相忠实义务，将构成离婚损害赔偿的法定事由。夫妻忠诚协议中有关财产变动的约定，可视为对离婚损害赔偿范围的约定。因为，离婚损害赔偿之债为侵权之债的重要组成部分，离婚过错方应对无过错方造成的损害予以赔偿。至于"损害赔偿之范围，依当事人之意思而定者，谓之约定赔偿范围。当事人不仅于债务不履行，对于一般损害赔偿，亦得约定赔偿额。不独于损害发生后，得以合意定其数额，即于损害发生前，亦得预为约定。其损害发生前约定者，谓之预定赔偿额"①。故夫妻忠诚协议中有关财产关系的约定或称"违约金""罚金"的约定，应视为对离婚损害赔偿范围的约定，且约定赔偿范围的效力应优先于法定赔偿范围的效力。这既是"私法生活之债权化"的反映，也是"契约到身份"之回归。它有助于矫正婚姻当事人基于社会经济地位的不平等及婚姻模式和婚姻资源存在的性别排挤而引发实质的不公平，是形式正义回归到实质正义的需要。至于通奸、婚外恋等，则属于"有其他重大过错"的行为，可以依据离婚损害赔偿获得权益救济，即应将其视为违反夫妻应当互相忠实义务的侵权行为或违约行为，在当事人意思自治的前提下，赋予其相关财产约定以法律效力。因为过错责任主义要求，"个人凭其自由意志有决定自己行动的自由，自然也就必须

———————
① 史尚宽：《债法总论》，台北荣泰印书馆股份有限公司 1978 年版，第 289 页。

对自己的行为承担相应的后果"。"如果行为人愿意承担某一行为的后果，其可以自由实施相应行为；反之，如果行为人不实施该行为，则其不必承担任何后果，因而行为的结果对行为人来说就具有可预见性。"① 因而，责令违背"夫妻忠诚协议"的一方当事人承担相应的民事责任符合公平原则。否则，将有违诚信精神和公平正义观念。

夫妻忠诚协议就其性质而言应为广义契约、身份契约、无名契约，是对法定义务——"夫妻应当互相忠实，互相尊重，互相关爱"规范的具体化。违背夫妻忠诚协议，则构成违约责任和侵权责任的竞合，当事人可依其具体情况择其一种责任形态予以法律救济。当然，我国法律承认违约责任与侵权责任的竞合，并不意味着完全放任当事人选择请求权而不作任何限制。"如果法律直接规定，在特定情形下只能产生一种责任，排除责任竞合的发生，那么就应遵守法律的这种规定。"② 我国《民法典·婚姻家庭编》有关离婚损害赔偿责任的界定无疑为侵权责任，其排除了与违约责任的竞合。至于离婚损害赔偿法定情形以外的其他违反夫妻互相忠实、互相尊重义务的行为，则可依责任竞合的相关原理，由当事人选择请求权的行使。为确保权益救济的最佳化，我国民事立法和民事司法应对"夫妻忠诚协议"所涉相关要素予以规制与完善。民事立法规制有三：一是扩大离婚损害赔偿的法定事由，即将通奸、婚外恋、泄露夫妻隐私等有违夫妻忠实义务的行为纳入离婚损害赔偿的法定范围，可确保夫妻在离婚程序下，基于配偶一方违反忠实义务而导致侵权损害发生时，可获得充分的损害赔偿。二是规制婚内侵权制度体系。婚内侵权即配偶侵权应纳入侵权行为范畴，即夫妻应当互相忠实，倘夫妻一方违背忠实义务，与第三人为通奸、同居、重婚等婚外性行为时，则应将其视为妨害婚姻家庭关系的行为或侵犯配偶权的行为，根据

---

① 何勤华、魏琼：《西方民法史》，北京大学出版社 2006 年版，第 443 页。
② 魏振瀛：《民法》，北京大学出版社、高等教育出版社 2017 年版，第 712 页。

《民法典·侵权责任编》的有关规定，责令侵权人停止侵害、赔礼道歉、赔偿损失。三是增设配偶权制度。明确配偶权的内涵与性质，即配偶权为身份权，其财产关系是人身关系引发的法律后果。当配偶一方或第三人侵犯配偶权时，应责令其依侵权责任法的规定承担侵权责任。民事司法规制有三：一是明确夫妻忠诚协议的性质，即夫妻忠诚协议属广义契约、身份契约、无名契约。二是明确夫妻忠诚协议的法律适用规范，即当配偶一方违反夫妻忠实义务时，则应依《民法典》婚姻家庭编及相关各编的有关规定，分别适用人身关系和财产关系的法律规范。三是对违反夫妻互相忠实义务的行为采例示制予以界定，以明确侵权行为的种类，便于司法实践的操作。

第二节　离婚债务清偿的规制

离婚债务清偿，是离婚财产效力的重要内容之一。就广义而言，其包括夫妻共同债务清偿与夫妻个人债务清偿；就狭义而言，仅指夫妻共同债务清偿。离婚债务清偿，既关涉离婚当事人的权益保障和债权人的债权实现，也关乎社会诚信风尚的确立与社会伦理关怀的推进。因为，离婚当事人的偿债能力，并非仅为民事主体经济负担能力的体现，也是其道德能力、社会责任承担能力的评价指数之一，更是其自由能力的象征，即"自由不仅是发展的首要目的，也是发展的主要手段"①。

一、制度解构

我国《民法典》第 1089 条规定："离婚时，夫妻共同债务应当共同偿还。共同财产不足清偿或者财产归各自所有的，由双方协议清偿；

---

① [印度]阿马蒂亚·森：《以自由看待发展》，任赜、于真译，中国人民大学出版社 2002 年版，第 7 页。

协议不成的，由人民法院判决。"上述规定，构成我国离婚债务清偿制度的核心与内涵，该制度的特点：一是仅为关于夫妻共同债务清偿的原则与方法的规范；二是仅适用于离婚之时；三是平等地适用于夫妻双方——男女两性。由于离婚债务清偿关乎离婚当事人、利害关系人的利益，我国《民法典婚姻家庭编解释（一）》也对夫妻共同债务的认定与清偿作了基本规定，以利债权债务关系的即时清结，实现社会的公正与人性的自由。

（一）离婚债务清偿以债务性质的认定为前提

由于"离婚不仅终止了夫妻间的人身关系，也终止了彼此间的财产关系，并引发相应的财产关系方面的法律后果"[1]，离婚债务清偿，是离婚引发的财产效力之一。离婚债务"既有对内效力，在夫妻之间有共同债务与个人债务之分，又有对外效力，即对债权人的效力"[2]。凡"采用夫妻共同财产制的国家和地区，对于夫妻共同债务和个人债务通常都有所规定"[3]。

关于夫妻共同债务，相关国家和地区的立法例大致规定了八类：①夫妻双方共同缔结或经另一方同意而缔结的债务。②夫妻一方缔结的能为家庭带来利益的债务。③共同财产的管理人一方缔结的债务。④维持家庭日常开支与子女教育所负的债务。⑤未履行扶养义务而产生的债务。⑥夫妻一方从事经营活动所负的债务。⑦附于共同财产上的债务。⑧推定为共同债务的债务。[4] 关于夫妻的个人债务，相关国家和地区的立法例规定了五类：①夫妻一方婚前所负的债务。②婚后夫妻一方缔结的与共同生活无关的债务。③夫妻一方因继承遗产或接受赠与所负的债

---

①　王歌雅、贺轶文：《婚姻家庭法论》，黑龙江人民出版社 2004 年版，第 303 页。
②　裴桦：《夫妻共同财产制研究》，法律出版社 2009 年版，第 200 页。
③　裴桦：《夫妻共同财产制研究》，法律出版社 2009 年版，第 200 页。
④　裴桦：《夫妻共同财产制研究》，法律出版社 2009 年版，第 200 – 202 页。

务。④附属于个人财产上的债务。⑤因夫妻一方违法犯罪行为产生的债务。① 上述立法例为夫妻债务性质的认定提供了标准，有助于债权的实现。我国《民法典》第1089条仅规定了夫妻共同债务的清偿原则，对夫妻个人债务未作规定。根据1993年《最高人民法院关于人民法院审理离婚案件处理财产分割问题的若干具体意见》第17条规定，夫妻共同债务，即"夫妻为共同生活或为履行抚养、赡养义务等所负的债务"，"离婚时应当以夫妻共同财产清偿"。"下列债务不能认定为夫妻共同债务，应由一方以个人财产清偿：（1）夫妻双方约定由个人负担的债务，但以逃避债务为目的的除外。（2）一方未经对方同意，擅自资助与其没有抚养义务的亲朋所负的债务。（3）一方未经对方同意，独自筹资从事经营活动，其收入确未用于共同生活所负的债务。（4）其他应由个人承担的债务"。上述解释，构成我国法学界和司法界认定夫妻共同债务与夫妻个人债务的基本依据。为准确认定夫妻共同债务，解决错综复杂的离婚债务纠纷，《最高人民法院关于适用〈中华人民共和国婚姻法〉若干问题的解释（二)》和《最高人民法院关于适用〈中华人民共和国婚姻法〉若干问题的解释（三)》，也对夫妻共同债务的清偿确立了相关规则，有助于债务清偿与债权保护。我国《民法典》第1064条规定了夫妻共同债务的种类与认定标准，《民法典婚姻家庭编解释（一)》也对夫妻的共同债务与个人债务的清偿作出相关解释，为夫妻债务的认定与清偿奠定了法律基础。

（二）离婚债务清偿以财产性质的确定为保障

债务性质不同，清偿离婚债务的财产也不同。许多国家和地区的婚姻家庭法明确规定了夫妻的共同财产和个人财产的认定标准，即在适用婚后所得共同制的国家，婚姻关系存续期间所得的一切财产属于夫妻共

---

① 裴桦：《夫妻共同财产制研究》，法律出版社2009年版，第203－204页。

同财产，大致包括：①夫妻在婚姻期间共同或分别取得的财产。《德国民法典》第 1416 条规定：配偶中的一方在财产共同制存续期间所取得的财产，也属于共同财产。① 有些国家则强调夫妻共同财产应为双方通过劳动取得的财产。如《越南婚姻家庭法》第 27 条第 1 项规定：夫妻的共有财产包括夫妻关系存续期间夫妻创造的财产、劳动和生产经营收入、其他合法收入、夫妻共同继承或共同获赠的财产及夫妻约定为共有财产的其他财产。② ②夫妻在婚姻期间取得的收益、建立的商业。《法国民法典》第 1401 条规定：共同财产的资产组成是，夫妻在婚姻期间以个人的劳动技艺一起或分开取得的财产以及由他们的特有财产的孳息与收入形成的节余。③《意大利民法典》第 178 条规定：在夫妻共有关系终止之前尚存的、用于经营婚后设立的、属于夫妻一方的企业的财产以及企业财产的增值部分，包括婚前设立的企业财产的增值部分视为夫妻共同财产。④ ③夫妻一方在婚姻期间对他方进行了大大超过该财产原来价值的投资。《阿根廷民法典》第 1272 条规定："婚姻存续期间使夫妻各自所有财产得以增值的改良"属夫妻收益财产。⑤ 许多国家的法律规定，下列财产不属于夫妻共有财产：①具有严格个人性质的财产或个人从事职业所使用的财产。②配偶通过继承、受赠所得的财产。③保险金、因受害得到的补偿金。④用自己的钱购买的财产或出卖个人财产取得的价金。⑤奖品、奖金、科学或文学手稿和类似的物品。⑥ 如《意大利民法典》第 179 条规定：下列物品不构成夫妻共同财产，属于夫妻个人所有：配偶一方在婚前享有所有权或某一物权的物品；配偶一方在婚后取得的、在赠与文书或遗嘱中没有特别表明属于共同财产的赠与或遗

① 《德国民法典》，陈卫佐译注，法律出版社 2020 年版，第 523 页。
② 《越南社会主义共和国民法典》，吴远富译，厦门大学出版社 2007 年版，第 202 页。
③ 《法国民法典》，罗结珍译，北京大学出版社 2010 年版，第 362 页。
④ 《意大利民法典》，费安玲、丁玫译，中国政法大学出版社 1997 年版，第 60 页。
⑤ 《最新阿根廷共和国民法典》，徐涤宇译注，法律出版社 2007 年版，第 306 页。
⑥ 李志敏：《比较家庭法》，北京大学出版社 1988 年版，第 115 - 116 页。

产；属于个人使用的物品及其附属物；属于配偶一方的职业用品；但是，属于夫妻共同财产的、用于企业经营的财产不在此限；因损害赔偿以及因部分或全部丧失劳动能力而获得的赔偿；在购置文件中明确载明是用转让或交换本条所列个人财产获得的价金购置的物品。① 《菲律宾民法典》第 201 条规定：下列财产被排除在绝对共有财产之外：任一方配偶以无偿原因行为取得的财产，但这以赠与人或遗嘱人规定它不应成为共有财产的一部分为限；丈夫或妻子因一个先前婚姻生有的子女的死亡而继承得来的财产，但这以已死子女有全血缘的兄弟或姐妹为限；任一方配偶的先前婚姻的子女假定应继承的财产部分；属于各方配偶的动产。但是，上述种类财产的孳息和收益应包括在绝对共有财产之内。② 我国《民法典》第 1062 条和第 1063 条分别对夫妻的共同财产与个人财产的性质与范围进行了界定。上述有关夫妻共同财产与个人财产的范围界定，有助于明晰财产的性质，并将为夫妻债务的清偿提供财产依据。

（三）离婚债务清偿以清偿责任的确定为依据

离婚债务清偿，因债务性质的不同而有所不同。"离婚夫妻财产的分割，不应损害任何第三者的合法权益，这是理所当然的。因此，夫妻离婚前的共同债务，首先应由夫妻共同财产予以清偿。"③ 不足部分，以个人财产清偿。《韩国民法典》第 832 条规定：夫妻一方，就日常家事与第三人实施法律行为时，另一方对因此而产生的债务负连带责任。但已向第三人明示另一方不负责任的，不在此限。④ "夫妻共同债务在性质上属于法定连带债务。连带之债是指债权人或者债务人有数人时，各债权人均得请求债务人履行全部债务，各债务人均负有全部给付的债

---

① 《意大利民法典》，费安玲、丁玫译，中国政法大学出版社 1997 年版，第 60 - 61 页。
② 《菲律宾民法典》，蒋军洲译，厦门大学出版社 2011 年版，第 34 页。
③ 李志敏：《比较家庭法》，北京大学出版社 1988 年版，第 192 页。
④ 《韩国民法典、朝鲜民法典》，金玉珍译，北京大学出版社 2009 年版，第 128 页。

务，且全部债权债务因一次全部给付而归于消灭。"① 夫妻个人债务，由个人财产清偿。《俄罗斯联邦家庭法典》第 45 条第 1 款规定："对于夫妻一方的债务只能追索该一方的财产。在该财产不足时，债权人为追索债务有权请求分出作为债务人的夫妻一方在分割夫妻共同财产时应分给该债务人的份额。"② 离婚债务清偿责任的确定，即行为后果担当，是"自由意志行为主体对自身行为及其后果负责"，也是婚姻"共同体在共同生活过程中长期积淀形成的某种文化共识要求。这种既有的文化共识要求，无须具体个人认肯，且首先以天经地义的方式强加予每一个人"③。

二、法律规制

离婚债务清偿，是建构在私人领域与公共领域之间的制度建构，涉及个人利益、他人利益与公共利益的维护与统一。"在现代社会的公共领域或契约社会里，我们不能只依靠一般的道德伦理约束来确保公共生活的秩序规范"④，还需要使用法律规范制约当事人之间的权利与义务关系。为此，完善我国的离婚债务清偿制度，是制度正义追求，也是社会正义要求。

（一）完善夫妻债务性质的认定制度

债务性质的认定，是清偿离婚债务的前提。许多国家和地区的婚姻立法对债务性质的认定形成了相应规则：一是考察目的，即为夫妻共同生活所负的债务，是夫妻共同债务；反之，是夫妻个人债务。我国

---

① 胡苷用：《婚姻合伙视野下的夫妻共同财产制度研究》，法律出版社 2010 年版，第100 页。

② 中国法学会婚姻法学研究会编：《外国婚姻家庭法汇编》，群众出版社 2000 年版，第480 页。

③ 高兆明：《道德责任：规范维度与美德维度》，载《南京师大学报》2009 年第 1 期，第 5 - 6 页。

④ 万俊人：《公民道德建设的制度之维》，载《绿叶》2009 年第 1 期，第 81 页。

《民法典》第 1064 条规定，属于此种立法例。二是界定期间，即在婚姻关系存续期间所负的债务，为夫妻共同债务。但以约定和法定为例外。《美国统一婚姻财产法》第八节第（a）款规定："在婚姻存续期间配偶一方所负债务，包括由作为、不作为行为所致债务，均推定为因婚姻利益或家庭利益所负之共同债务。"[1] 三是家事管理，即在家事代理或管理范围内所负债务为夫妻共同债务。《瑞士民法典》第 233 条第 1 项规定："行使婚姻共同体的代表权或共同财产的管理权而发生的债务"[2]，是夫妻共同债务。四是衡平权益。基于债权人利益的保护和夫妻责任共同体与家庭生活协同感的考虑，凡婚姻关系存续期间所发生的债务，无论是否取得一致意见，在法定范围内视为夫妻共同债务。我国《民法典》第 1064 条也对各方当事人的利益进行了平衡："……夫妻一方在婚姻关系存续期间以个人名义为家庭日常生活需要所负的债务，属于夫妻共同债务。夫妻一方在婚姻关系存续期间以个人名义超出家庭日常生活需要所负的债务，不属于夫妻共同债务；但是，债权人能够证明该债务用于夫妻共同生活、共同生产经营或者基于夫妻双方共同意思表示的除外。"《民法典婚姻家庭编解释（一）》第 33 条规定："债权人就一方婚前所负个人债务向债务人的配偶主张权利的，人民法院不予支持。但债权人能够证明所负债务用于婚后家庭共同生活的除外。"

关于夫妻债务的认定规则，我国《民法典》及司法解释采纳了考察目的、界定期间、衡平权益三种立法例，且规定了家事管理情形。但是，我国《民法典》及相关司法解释应进一步明确夫妻债务性质的认定规则，补充规定：夫妻基于日常家事管理所负的债务，属夫妻共同债务。倘超越家事管理范围，即"对重大事务而言，只有在另一方已经概括授权的情况下，才能认定为夫妻共同债务，构成'表见代理'的，

---

① 中国法学会婚姻法学研究会：《外国婚姻家庭法汇编》，群众出版社 2000 年版，第 121 页。
② 《瑞士民法典》，戴永盛译，中国政法大学出版社 2016 年版，第 81 页。

另当别论；否则，只能认定为夫妻个人债务"①。

（二）完善夫妻财产性质的认定制度

我国《民法典》第 1062 条和第 1063 条采例示制，对夫妻共有财产和夫妻个人财产的范围进行了界定。由于社会生活的复杂和财产关系的多样，究竟哪些财产属于其他应当归夫妻共同所有的财产和一方的财产，往往认识不一。为解决司法实践中的认定问题，《民法典婚姻家庭编解释（一）》中的相关条款对其他应当归夫妻共同所有的财产和归夫妻个人所有的财产进行了解释。上述司法解释基本遵循了我国的法定财产制，即婚后所得共同制与个人特有财产制并存的立法格局，对难以认定的财产性质进行了分类处理，有助于财产归属的确定及纠纷的解决。然而，司法解释毕竟仅是司法实践环节适用法律的具体操作方法，非同于法律，故而完善我国夫妻财产性质的认定至关重要。根据我国夫妻财产制的立法传统，完善夫妻财产性质的认定制度应关注以下环节。

1. 确立夫妻共同财产推定制度

从世界立法例看，夫妻共同财产的推定规则可在不同性质的夫妻财产制、不同类型的财产上适用。例如，《法国民法典》第 1402 条规定：在共有财产制下，"任何财产，不论是动产还是不动产，凡不能证明按照法律的规定属于夫妻一方的特有财产时，均视为共同财产所得"②。《日本民法典》第 762 条第 2 款规定：在分别财产制下，"不能明确属于夫妻哪一方的财产，推定属夫妻共有"③。我国《民法典》虽规定了婚后所得共同制和个人特有财产制，但未有关于夫妻共同财产的推定制度。在审判实践中，离婚当事人的夫妻财产制主要是婚后所得共同制，

---

① 胡苷用：《婚姻合伙视野下的夫妻共同财产制度研究》，法律出版社 2010 年版，第 103 页。
② 《法国民法典》，罗结珍译，北京大学出版社 2010 年版，第 363 页。
③ 《日本民法典》，刘士国、牟宪魁、杨瑞贺译，中国法制出版社 2018 年版，第 187 页。

占案件总数的90%以上，分别财产制低于10%。① 婚后所得共同制为常态夫妻财产制的现实，要求我国《民法典》应对夫妻共同财产的推定制度予以规制，即任何财产，如不能依据法律规定证明其为应当归夫妻一方的财产，应视为夫妻共有财产。规制夫妻共同财产推定制度，有助于财产性质的界定，便于当事人利益的维护。

2. 完善夫妻个人特有财产制度

依据婚后所得共同制和夫妻共同财产推定制，夫妻个人财产之外的财产，应视为夫妻共同财产。为此，明确夫妻个人特有财产范围，有助于财产性质的界定和夫妻债务的清偿。从世界立法例看，许多国家和地区的婚姻立法对夫妻特有财产的规定较为详尽。例如，《意大利民法典》《德国民法典》、加拿大《魁北克民法典》和美国加利福尼亚州《家庭法典》等，均对夫妻特有财产的范围进行了详细的列举。我国《民法典》也可在总结司法实践经验的基础上，将切实可行的相关司法解释上升为法律规范，以细化夫妻特有财产的范围。同时，应将非基于夫妻协力而产生的财产，界定为夫妻个人财产，但双方另有约定的除外。

（三）完善夫妻债务清偿责任的认定制度

离婚债务清偿，因债务性质、财产性质的不同而有所不同。基于婚姻共同体和家庭贡献协力的考虑，我国《民法典》第 1089 条对夫妻共

---

① 2010 年，为考察我国民众的离婚意向与价值期待，学者分别对北京、上海、哈尔滨三个城市 2008 年审结的离婚案卷进行了抽样调查。北京市，共查阅海淀区人民法院有效案卷 143 份；上海市，共查阅闵行区人民法院有效案卷 116 份；哈尔滨市，共查阅南岗区人民法院有效案卷 120 份。在北京，适用婚后所得共同制的案件共计 141 件，占案件总数的 98.6%；约定财产归各自所有的 1 件，占案件总数的 0.7%；约定婚后财产部分共有、部分各自所有的 1 件，占案件总数的 0.7%。在上海，适用婚后所得共同制的案件 49 件，占案件总数的 42.2%。在哈尔滨，适用婚后所得共同制的案件 63 件，占案件总数的 52.5%；约定财产归各自所有的 7 件，占案件总数的 5.8%；约定婚后财产部分共有、部分归各自所有的 3 件，占案件总数的 2.5%。

同债务的清偿责任与清偿方法进行了原则规定。即共同债务，共同偿还；共同债务，协议清偿；协议不成，法院判决。然而，关于夫妻共同债务的协议清偿与法院判决的标准是什么，《民法典》未作出明确规定。为此，完善我国夫妻债务清偿责任的认定制度，协调夫妻共同债务与个人债务的清偿与追偿，有助于离婚当事人和债权人利益的双重保护。

1. 明确债务清偿的顺序规则

在夫妻共同财产不足以清偿共同债务且双方又协议不成时，急需明确债务的清偿原则。例如，我国《澳门民法典》第 1563 条规定："属共同财产制者，共同财产先用以支付夫妻共同负责之债务，继而支付其他债务。"①《美国统一婚姻财产法》第八节（b）款Ⅳ项规定：在婚姻关系存续期间，配偶一方所负的其他任何债务，包括作为、不作为行为所致债务，只能按如下顺序清偿：负债配偶一方的非婚姻财产；负债配偶一方从婚姻财产中所获利益。② 上述规定明确了夫妻债务的清偿顺序，即夫妻共同财产优先用于清偿共同债务；当共同财产有剩余时，才清偿夫妻个人的其他债务。借鉴上述立法例，我国《民法典》应明确规定：夫妻共同财产应先用以清偿共同债务，继而支付其他债务。

2. 明确债务清偿的追偿规则

在司法实践中，对于夫妻的共同债务或个人债务，有以个人财产或共同财产清偿的情形。该情形既源于夫妻约定，也源于法律规定。基于夫妻约定而产生的债务清偿，遵循婚姻当事人的意思自治。基于法律规定的债务清偿及夫妻未进行约定的债务清偿，则需明确债务清偿的追偿原则，以明确当事人的责任范围与权利边界。《菲律宾共和国家庭法》

---

① 赵秉志：《澳门民法典》，中国人民大学出版社 1999 年版，第 394 页。
② 中国法学会婚姻法学研究会：《外国婚姻家庭法汇编》，群众出版社 2000 年版，第 122 页。

第 122 条规定：夫妻个人债务在"义务方配偶无特有财产或特有财产不足的，在支付本法第一百二十一条规定的负担后，可以强制执行夫妻共同财产。但在清算共同财产时，原应由配偶个人承担但已由夫妻双方共同财产垫付的部分应予扣除"①。《最新路易斯安那民法典》第 2364 条规定：如共有财产被用来清偿夫妻一方的单方债务，则另一方有权在共有财产制终止后，要求返还该财产在使用时的一半数额。② 其第 2365 条规定：如夫妻一方以其单独财产清偿了共同债务，则其有权在共有财产制终止之后，要求返还该财产在使用时的一半数额。③ 借鉴上述立法例，以衡平离婚当事人的利益，我国《民法典》应明确规定：夫妻一方在以共同财产或个人财产清偿夫妻个人债务或夫妻共同债务后，离婚时，有向对方追还相应价值或数额的权利。

三、伦理关怀

伦理关怀的核心内涵："其一，关怀与责任感相似；关怀意味着对他人他事的负责。其二，关怀一般是通过行为来表达的，关怀行为就是根据具体情境中的特定个体及其特定需要做出的旨在增进其福祉、有利于其发展的行为。"④ 将伦理关怀植入离婚债务清偿制度的立法设计与司法实践，其强调的"不是道德的主体对道德原则的遵循，而是道德主体在实际行为中对道德原则的调整和创造"⑤。即根据具体情境适用离婚债务清偿原则，公正解决离婚债务清偿纠纷。

（一）性别关怀原则

关于离婚债务清偿，我国《民法典》采取的是性别中立原则。而

---

① 中国法学会婚姻法学研究会：《外国婚姻家庭法汇编》，群众出版社 2000 年版，第252 页。
② 《最新路易斯安那民法典》，徐婧译注，法律出版社 2007 年版，第 284 页。
③ 《最新路易斯安那民法典》，徐婧译注，法律出版社 2007 年版，第 284 页。
④ 袁玲红：《生态女性主义伦理形态研究》，上海人民出版社 2011 年版，第 224 页。
⑤ 袁玲红：《生态女性主义伦理形态研究》，上海人民出版社 2011 年版，第 226 页。

在离婚债务清偿中适用性别关怀原则，正是伦理关怀适用于异性之间的体现，即"道德原则是与情境相融合的，道德原则是道德自我在运用中生成的"。对特殊情境中的道德选择应当有特殊的理据，而不能借由普遍的原则直接加以演绎。关怀伦理拒绝无差异。①

1. 性别关怀是我国的婚姻立法传统

离婚债务清偿适用性别关怀原则，是我国的婚姻立法传统。早在1931年12月1日公布的《中华苏维埃共和国婚姻条例》中，就有关于债务承担的性别关怀规定，即"男女同居所负的共同债务，归男子负责清偿。男女离婚后所负的债务，由各自处理"②。该规定，在1934年4月8日颁布的《中华苏维埃共和国婚姻法》中得以延续。其旨在于建立民主主义的婚姻制度，打碎中国四千年来束缚人类尤其是束缚女性的封建枷锁，建立适合人性的新规律。③1941年7月7日颁行的《晋察冀边区婚姻条例（草案）》，也将性别关怀作为债务清偿的基本原则，即"男女双方为经营共同生活所负的债务，该类债务由夫妻双方共同清偿。但女方离婚后无劳动力及特有财产时，由男方单独负担。上述规定既体现了男女平等的精神，又对特殊情形下的女方给予了适当照顾，有助于解决女方离婚后所面临的经济困难问题"④。中华人民共和国成立后，性别关怀原则在1950年《婚姻法》第24条中得以体现，即"基于夫妻共同生活所负的债务，为共同债务，由夫妻双方以共同财产清偿。倘共同财产不足清偿时，由男方负责清偿。这一规定，是基于当时社会条件下，女方一般地较男方的经济地位弱的缘故。如果女方经济地

---

① 袁玲红：《生态女性主义伦理形态研究》，上海人民出版社2011年版，第226页。
② 王歌雅：《中国现代婚姻家庭立法研究》，黑龙江人民出版社2004年版，第30页。
③ 王歌雅：《中国现代婚姻家庭立法研究》，黑龙江人民出版社2004年版，第33页。
④ 王歌雅：《中国现代婚姻家庭立法研究》，黑龙江人民出版社2004年版，第68页。

位确比男方强时，女方也可对共同生活时所负的债务，承担比男方较多的清偿责任"①。离婚债务清偿适用性别关怀原则，既符合道义规范，也符合性别正义。因为，性别正义，是在性别平衡中考虑的判断。

2. 性别关怀是我国的社会现实需要

离婚债务清偿适用性别关怀原则，是我国的社会现实需要。根据全国妇联、国家统计局于 2022 年 1 月 21 日发布的《第四期中国妇女社会地位调查主要数据》显示，女性的社会地位依然弱于男性。一是女性受教育水平明显提高。女性接受高等教育比例超过男性，接受大学专科及以上教育的女性比例为 18.0%，比男性高 1.6 个百分点。在接受大学本科教育者中，女性占 53.6%。二是女性经济状况弱于男性。18—64岁女性的在业率为 43.5%，男性占 56.5%。城镇和农村女性在业比例分别为 66.3%、73.2%。农村在业女性中，非农就业比例为 39.5%，返乡女性从事非农劳动的比例为 52.6%。三是女性的家庭负担依然较重。女性承担家庭照料的主要责任，已婚女性平均每天家务劳动时间为120 分钟，需要进一步完善支持家庭发展的法律政策和服务体系。四是女性遭受家庭暴力的比例依然存在。女性遭受家庭暴力的比例为8.6%，比 2010 年下降了 5.2 个百分点。五是性别平等观念仍需继续提升。关于子女姓氏，近 4 成被访者愿意孩子随母姓，男女比例分别比2010 年提高 7.2 和 2.2 个百分点。在财产继承问题上，71.3% 的被访者认为，如果儿女都尽到赡养义务，应该平均继承父母的财产。女性的在业率相对较低、家庭负担较重等状况，必然导致女性的综合社会地位尤其是经济地位弱于男性，从而使女性的离婚偿债能力弱于男性。为此，离婚债务清偿适用性别关怀原则，是社会性别平等的要求。因为，我国还未实现社会性别平等。而离婚债务清偿，是有关公正的制度。"公正

---

① 王歌雅：《中国现代婚姻家庭立法研究》，黑龙江人民出版社 2004 年版，第 152 页。

所促进的是另一个人的利益，不论那个人是一个治理者还是一个合伙者。"① 故 "公正必定是适度的、平等的（并且与某些事物相关的）。作为适度，它涉及两个极端（过多与过少）；作为平等，它涉及两份事物；作为公正，它涉及某些特定的人。"②

3. 性别关怀是我国的司法实践智慧

离婚债务清偿适用性别关怀原则，是我国司法实践智慧的显现。在司法实践中，当夫妻共有财产不足以清偿夫妻共同债务时，该共同债务应如何清偿，是制约纠纷解决的关键，也是对法官的审判智慧与适用法律规范能力的考验。阅卷显示，在北京，显明离婚债务清偿相关信息的案件共 12 件，占案件总数的 8.4%。其中，男女双方均等清偿共同债务的 9 件，占案件总数的 6.29%。男方多负担一些债务的 1 件，占案件总数的 0.7%。全部由男方清偿的 1 件，占案件总数的 0.7%。在其他债务清偿情形中，男女双方自由协商清偿债务的 1 件，占案件总数的 0.7%。③ 上述数据表明，离婚债务清偿贯彻了男女平等精神，也兼顾了照顾女方的原则；既有助于避免离婚女性的贫困化和离婚后生活水平的下降，也有助于促进社会性别的平等。离婚债务清偿适用性别关怀原则，以平等关系为前提："无论是关怀方还是被关怀方地位都是平等的。关怀也要求关怀方和被关怀方的角色互换。"④

（二）德性关怀原则

离婚债务清偿，既是法律义务，也是道德责任。离婚当事人能否切

① ［古希腊］亚里士多德：《尼各马可伦理学》，廖申白译注，商务印书馆 2003 年版，第 130 页。

② ［古希腊］亚里士多德：《尼各马可伦理学》，廖申白译注，商务印书馆 2003 年版，第 134 页。

③ 王歌雅：《离婚债务清偿：法律规制与伦理关怀》，载《中华女子学院学报》2013 年第 2 期，第 23 - 24 页。

④ 袁玲红：《生态女性主义伦理形态研究》，上海人民出版社 2011 年版，第 231 页。

实履行清偿债务的义务，关乎离婚当事人和债权人的利益与德性。"德性以好品质为前提，而好品质需在好法律下养成。这种教育可由公共制度或个人来实施。但懂得立法学才能更好地进行教育。"①

1. 德性关怀是离婚债务清偿的目的指向

离婚债务清偿适用德性关怀原则，是对离婚当事人、债的主体及社会公众的诚信约束。诚信清偿离婚债务，可能出于三种动机："一是出于外在压力被迫遵守；二是出于理性权衡自愿遵守；三是出于德性品质自发遵守。"② 无论基于何种动机清偿离婚债务，均会使当事人从债的关系中解脱出来，成为自由、自尊之人。"一种品质之所以被看作德性，是因为它有利于具有者、他活动于其中的共同体及其成员更好生存的，或者有利于其中一者更好生存而无碍并无害于他者更好生存的"品质。③ 因而，诚信构成离婚债务清偿的德性关怀内涵，是离婚债务清偿的目的指向。离婚债务清偿制度必须廓清离婚债务性质的认定标准、离婚债务清偿责任的确定原则，为离婚债务清偿提供法律依据，为当事人的德性养成与德性发挥奠定制度基础。

2. 德性关怀是离婚债务清偿的价值意向

离婚债务清偿的立法规制与司法实践，既对当事人和社会公众具有规范和导向作用，也具有心理定式，即养成有关离婚债务清偿的德性。此种"德性的规范和导向作用是自发的，不需要理性的判断，也不需意志的强制力。所以，许多西方学者认为'德性是一以贯之地以正当方式行动的有价值的品质特性或意向'"④。倘离婚债务清偿未显现出德性品质，则应以法律规范强制：一要遏制违法行为，即离婚时，伪造夫

---

① ［古希腊］亚里士多德：《尼各马可伦理学》，廖申白译注，商务印书馆 2003 年版，第330 页。

② 江畅：《论德性》，载《伦理学研究》2010 年第 4 期，第 10 页。

③ 江畅：《论德性》，载《伦理学研究》2010 年第 4 期，第 7 页。

④ 江畅：《论德性》，载《伦理学研究》2010 年第 4 期，第 8 页。

妻共同债务企图侵占另一方财产的，在离婚分割夫妻共同财产时，对伪造债务的一方，可以不分或者少分。离婚后，另一方发现有上述行为的，可以向人民法院提起诉讼，请求再次分割夫妻共同财产。① 二要保护债权人利益，即当事人的离婚协议或者人民法院生效判决、裁定、调解书已经对夫妻财产分割问题作出处理的，债权人仍有权就夫妻共同债务向男女双方主张权利。② 三要确定债务清偿责任，即一方就夫妻共同债务承担清偿责任后，主张由另一方按照离婚协议或者人民法院的法律文书承担相应债务的，人民法院应予支持。③ 故德性不是与生俱来的，也不是自发形成的，而是在环境的作用下通过智慧选择形成的。④

3. 德性关怀是离婚债务清偿的普适基准

离婚债务清偿原则的确立，体现为对离婚当事人、债的当事人的法律规范与伦理规范。"虽然'不同社会强调不同的德性'，但如果从全人类来看，有不少德性是相同的或可得到不同道德和文化体系认可的。"⑤ 如节制、公正与诚信清偿离婚债务。《汉穆拉比法典》第151条和第152条分别规定了夫妻的共同债务与个人债务的认定标准与清偿原则，即"倘居于自由民之家之妇，为使其夫之债权人不至将她扣押，曾与其夫立约，使之给她以有关文书，则此自由民于娶妇前倘负有债务，其债权人不得扣押其妻。与此同时，倘此妇入于夫家前负有债务，其债权人亦不得扣押其夫"⑥。"倘在此妇入于自由民之家后彼等负有债务，则彼等共同对塔木卡负责"⑦。该规定表明，夫妻的婚前债务，基于约定，由个人偿还；夫妻的婚后债务，由双方共同偿还。尽管时事变

---

① 《民法典》第1092条。
② 《民法典婚姻家庭编解释（一）》第35条第1款。
③ 《民法典婚姻家庭编解释（一）》第35条第2款。
④ 江畅：《论德性》，载《伦理学研究》2010年第4期，第6页。
⑤ 江畅：《论德性》，载《伦理学研究》2010年第4期，第8页。
⑥ 《世界著名法典汉译丛书》编委会：《汉穆拉比法典》，法律出版社2000年版，第70页。
⑦ 《世界著名法典汉译丛书》编委会：《汉穆拉比法典》，法律出版社2000年版，第71页。

迁、世事沧桑，但在现当代，离婚债务清偿的原则基本相同，且基于法律规范与道德实践，逐步形成了离婚债务清偿的德性要求。确立"德性的一般原则并根据这种原则审查人类已经存在过的德性，认定人类已经存在过的德性哪些是真正的德性，哪些不是真正的德性，通过去伪存真的功夫批判地继承人类的德性遗产，并在此基础上构建适合当代的德性。这种构建的德性不再是只适合特定道德和文化体系的德性，而是适合全人类的具有普适性的德性"①。

(三) 生存关怀原则

人，是自然界的重要组成部分；是离婚债务清偿的责任承担者。离婚债务清偿，关涉人与人、人与社会的协调与沟通，关乎个人利益、他人利益与社会利益之间的相互作用与平衡发展。因而，离婚债务清偿制度"要获得正义性必须思考自由权利对于一种伦理精神和自由秩序以及德性主体生成的意义"②。

1. 生存关怀倡导离婚债务清偿的协商精神

在世界各国的婚姻立法中，离婚债务清偿基本贯穿着法定与约定相结合的原则，即共同债务共同清偿；个人债务个人清偿。但男女双方如何清偿共同债务，由当事人约定，以体现当事人的意思自治。倘约定不成，则由法院酌情判决。然而，当事人如何约定债务清偿，则体现出当事人的商谈能力与协商精神，即"'商谈'的个人能够真正倾听别人的意见，并且试图把这种意见结合进自己的观点中。同时，当交流和倾听扮演关键角色时，'主体间性'取代了主体性的作用"③。为此，协商离婚债务清偿，须关注以下环节：一是债务产生的原因。即有些债务虽被

---

① 江畅：《论德性》，载《伦理学研究》2010年第4期，第8－9页。
② 马向真、张廷干：《和谐伦理精神的后现代建构》，载《东南大学学报》2010年第5期，第7页。
③ 袁玲红：《生态女性主义伦理形态研究》，上海人民出版社2011年版，第233页。

认定为共同债务，但该债务的产生曾对某一方的事业发展、择业能力、自由生存、亲情维系具有重要影响，故受益方应承担较多比例的债务清偿责任。二是清偿债务的能力。在存在社会排挤的背景下，对当事人偿债能力的考核，应综合评估年龄、性别、学历、职业、健康、收入、社会地位等因素。三是考虑子女的利益，即离婚后直接抚养子女的一方，将对子女成长投入精力、财力，该投入势必影响其职业发展、收入增加及地位提升。为确保子女利益的最大化，不直接抚养子女一方应在同等条件下，适当多承担债务清偿份额，以减轻直接抚养子女一方的经济负担与精神压力。倡导离婚债务清偿的协商，将有助于平衡离婚当事人的利益与责任，并将有助于债权人债权的实现。债权的实现，主要在于债务人履行债务的道德能力与经济能力，而经济能力又成为偿债的主要保障手段。

2. 生存关怀牵涉离婚债务清偿的可行能力

"一个人的'可行能力'（capability）指的是此人有可能实现的、各种可能的功能性活动组合。可行能力因此是一种自由，是实现各种可能的功能性活动组合的实质自由（或者用日常语言说，就是实现各种不同的生活方式的自由）。"[①] 可行能力也预示着离婚当事人的偿债能力与行为自由。阅卷显示，在显明债务记载的案件中，离婚当事人无债务的案件比例较高。北京，30 件，占案件总数的 20.98%；上海，22 件，占案件总数的 18.97%；哈尔滨，51 件，占案件总数的 42.5%。[②] 在有债务的案件中，离婚当事人债务产生的原因包括：男方或女方治疗疾病；购买婚姻住房；子女上学；购买家庭生活用品；投资；偿还贷款；为父母治病或赡养父母；资助其他亲友；其他情形等。上述债务，多数

---

① ［印度］阿马蒂亚·森：《以自由看待发展》，任赜、于真译，中国人民大学出版社 2002 年版，第 62－63 页。

② 王歌雅：《离婚债务清偿：法律规制与伦理关怀》，载《中华女子学院学报》2013 年第 2 期，第 25 页。

为夫妻共同债务，少数为夫妻个人债务。债务产生的原因主要是经济贫困。经济"贫困必须被视为基本可行能力的被剥夺，而不仅仅是收入低下，……低收入可以是一个人的可行能力剥夺的重要原因"①。"除了收入低下以外，还有其他因素也影响可行能力的被剥夺，从而影响到真实的贫困（收入不是产生可行能力的唯一工具）。"② 例如，年龄、性别、健康、学历、就业状况、社会角色、居住地域、家庭内部分配等。生存关怀的价值之一就是消除社会歧视，"实现一个人人平等自由而全面发展的社会，使每一个人的自由全面发展成为一切人发展的条件"③，进而增加社会中人参与社会、分享社会改革发展成果的平等机会，提升可行能力。性别平等、就业机会平等及"更好的教育和医疗保健不仅能直接改善生活质量，同时也能提高获取收入并摆脱收入贫困的能力"④。

3. 生存关怀呼吁离婚债务清偿的利益平衡

离婚债务清偿，涉及个人利益、他人利益与社会利益。无论何种利益，都涉及生存与发展、诚信与公平。利益平衡，就是"要求任何利益主体都不能片面地追求自身的利益，而要兼顾其他'利益相关者'的利益"⑤。早在罗马法中，就有关于"能力利益"的规定，以协调婚内债务，即"夫妻双方除可进行法律行为外，还可以互相起诉。但关于债权之诉，作为债务人的夫妻之一方，可享受'能力利益'（benefi-

---

① ［印度］阿马蒂亚·森：《以自由看待发展》，任赜、于真译，中国人民大学出版社 2002 年版，第 85 页。

② ［印度］阿马蒂亚·森：《以自由看待发展》，任赜、于真译，中国人民大学出版社 2002 年版，第 86 页。

③ 龚群：《论人的尊严与社会主义核心价值体系的内在关系》，载《教学与研究》2010 年 9 期，第 52 页。

④ ［印度］阿马蒂亚·森：《以自由看待发展》，任赜、于真译，中国人民大学出版社 2002 年版，第 88 页。

⑤ 王正平、刘玉：《利益兼顾：构建社会主义和谐社会的根本道德原则》，载《上海师范大学学报》2010 年第 5 期，第 8 页。

cium competentiae）的优待。即他（她）只限在清偿能力范围内还债，超过现有财产，债务人可免除责任。优帝一世时进一步规定，享受'能力利益'的债务人还可保留他（她）的基本生活费"[1]。该规定，有助于维护债务人的基本生存利益。而在现当代，离婚债务清偿则要在诚信的基础上，体现公平与正义。即离婚当事人应在平等协商的基础上，约定债务的清偿责任。如约定不成，则由法院综合评估离婚当事人的偿债能力予以判决。因为，"正义原则不仅包括公平原则，而且还暗含了对在平等竞争中处于弱势的人给予关爱"[2]。故离婚债务清偿，要实现实质正义，就应贯彻性别关怀原则、德性关怀原则和利益平衡原则，以协调离婚当事人的偿债能力与利益冲突，维护债权人的利益。

第三节　离婚财产清算的思考

离婚财产清算，即离婚当事人对婚姻关系存续期间的财产依法进行清理、处理与清缴的民事行为。具体包括积极财产清算与消极财产清算。前者指离婚财产分割，后者指离婚债务清偿。离婚财产清算可依据私力救济与公力救济得以实现。离婚当事人无论依据何种程序与路径完成财产清算，均须符合法律规定与道德选择。因为，"公正常常被看作德性之首，比'星辰更让人崇敬'"。正是由于公正是相关于他人的德性这一原因，有人就说唯有公正才是"对于他人的善"。"公正所促进的是另一个人的利益，不论那个人是一个治理者还是一个合伙者。"[3]

---

① 周枏：《罗马法原论》（上册），商务印书馆1994年版，第184页。
② 王正平、刘玉：《利益兼顾：构建社会主义和谐社会的根本道德原则》，载《上海师范大学学报》2010年第5期，第11页。
③ ［古希腊］亚里士多德：《尼各马可伦理学》，廖申白译注，商务印书馆2003年版，第130页。

一、实践检视

离婚财产清算，即夫妻的共同财产分割与共同债务清偿，是《民法典》中的基本制度，相关司法解释对此也有规定。然而，在司法实践中，该制度的适用状况是否良好、能否达到实质正义和性别公正，则是须关注的环节。

基于司法实践调研①，可得出如下结论：一是夫妻财产制的适用。离婚当事人的夫妻财产制仍以婚后所得共同制为主，约定财产制为辅。二是婚姻住房所有的状态。离婚财产清算涉及离婚当事人的财产。在我国社会主义初级阶段，房产是民众的重要财产。考察婚姻住房，可基本把握离婚当事人的经济状况、生活质量和离婚财产清算等基本事项。有些案卷并未显现离婚当事人的住房情况，且夫妻共同财产制是婚姻关系中的常规财产制，故夫妻共有房屋的比例相对较高。此外，由于男女两性收入差异的存在，男性独立所有房屋的比例高于女性。三是债务产生的原因。离婚财产清算需要查明离婚当事人是否欠有债务。债务的性质直接关涉离婚当事人的利益及债权人的利益，而引发债务的原因则对债务性质认定具有意义。引发债务的原因包括治病，购买婚姻住房等。具体原因包括因子女上学、购买家庭生活用品、投资、偿还贷款、一方的损害赔偿、赡养父母或资助亲友、购买家庭生活用品、父母治病而负债。其中因男方或女方治病、子女上学、购买家庭生活用品、投资等原因负债的，所占比例相当；因其他原因负债的，其主要是由于房贷所致负债。上述情形表明，离婚当事人所负债务多为夫妻共同债务，但对债务性质的认定，当事人则存在较大差异，引发矛盾与纠纷也较普遍。四是法官认定的个人债务。为协调纠纷、平息矛盾、维护当事人的权益，

① 王歌雅：《离婚财产清算的制度选择与价值追求》，载《法学论坛》2014 年第 4 期，第 24 – 27 页。

法官将根据法律规定并结合案件特点，在审核相关证据后作出调解或判决。法官在认定夫妻个人债务时，遵循了《民法典》及相关司法解释的规定，实现了立法与司法的统一。五是法官对个人财产的认定。为清算离婚财产，需公平分割夫妻共同财产并保护夫妻个人财产。六是法官认定属于夫妻共有的财产。财产清算时不仅要分割夫妻共同财产，而且要清偿夫妻共同债务。认定夫妻共同财产的种类与范围，既可保护离婚当事人的合法权益；又可确保债权人的权益实现。法官认定夫妻共有财产遵循了婚姻家庭法的原则规定。七是法官裁定分割夫妻共有财产适用的原则。法官在审理离婚案件时，能够自觉适用分割夫妻共有财产的基本原则。即男女平等、照顾子女和女方、照顾无过错一方、尊重当事人意愿、有利生产和方便生活。上述原则有助于解决离婚纠纷与促进离婚的形式正义与实质正义。八是夫妻共有财产不足清偿共同债务时的清偿比例。夫妻共有财产不足以清偿夫妻共同债务是制约解决离婚债务清偿纠纷的掣肘。相关案件的处理显示出法官的智慧与遵循法律的精神——男女平等清偿债务且兼顾照顾女方的原则。

二、制度选择

离婚财产清算制度在我国司法实践中的适用状况基本良好，即《民法典》及其司法解释中的相关规定得到了贯彻与实施。但《民法典》与司法解释未予规定的环节，则出现了法官适用法律的不同，易于引发适用法律的差异与案件审理的差别，影响法律适用的公平与正义。检审离婚财产清算制度的立法现状与司法现实，有助于离婚财产清算制度的立法完善与适用正义。

（一）夫妻共同财产的分割

离婚时分割夫妻共同财产是离婚效力的重要内容。基于对夫妻财产制的实务考察，婚后所得共同制依然是我国现阶段民众婚姻家庭生活中的首要选择。婚后所得共同制的普遍选择态势，决定了离婚时对夫妻共同财产分割的必然选择。故夫妻共同财产分割的制度设计，关涉离婚当事人的权益，也关乎财产分割的程序正义与实质正义。

1. 坚持夫妻共同财产分割的原则

各国均规定了夫妻共同财产分割的程序与原则，即协商与法院裁决相结合。"法院裁决的基本依据在大陆法系主要是均等分割原则，在英美法系主要是公平分割原则，一些国家同时还秉持对家庭住宅特别规定原则。"[1] "均等原则是离婚时分割夫妻共同财产的重要原则。无论夫妻共同财产的取得权人及其所有权人是何方，只要在法律上被认定为夫妻共同财产，离婚时，夫妻双方就有权均等分割，各自获得该共同财产的一半。均等原则很好地体现了夫妻在共同生活期间的相互扶助、休戚与共的理念。"[2] "公平分割原则是指离婚分割夫妻共同财产时，考虑到夫妻财产状况和离婚时双方的具体情况由法官公平决定财产分割的份额。"[3] 家庭住宅分割原则，是有些国家分割夫妻共同财产时的例外规定，以"确保双方离婚后均有住所或抚养子女的一方能够有住所，或居住环境不发生重大变化，以保护未成年子女的利益，保护生活无着一方的利益，不至于使其在离婚后处于流离失所的状态"[4]。分割夫妻共同财产原则的功能虽不同，但对维护离婚当事人的利益均有衡平之效，且与夫妻财产制度、离婚制度等自成系统。

根据《民法典》第 1087 条规定，同时，结合《民法典婚姻家庭编解释（一）》的有关规定，人民法院分割夫妻共同财产应当在分清个人财产、夫妻共同财产和家庭共同财产的基础上，遵循我国法定分割夫妻共同财产的基本原则——根据财产的具体情况，照顾子女、女方和无过

---

[1] 夏吟兰：《离婚自由与限制论》，中国政法大学出版社 2007 版，第 201 页。
[2] 夏吟兰：《离婚自由与限制论》，中国政法大学出版社 2007 版，第 201 页。
[3] 夏吟兰：《离婚自由与限制论》，中国政法大学出版社 2007 版，第 203 页。
[4] 夏吟兰：《离婚自由与限制论》，中国政法大学出版社 2007 版，第 205 页。

错方权益，予以解决。上述原则在司法实践中实施较好，既体现出对夫妻共同财产均等分割的原则适用，又体现出对夫妻共同财产分割的公平考量。尽管近年来学界围绕夫妻共同财产分割原则存有争议，但我国现行分割夫妻共同财产的原则，符合我国当下婚姻家庭关系的特定土壤与现实需要，具有原则引导与司法规范的双重价值，应予以坚持与完善。即在适用分割夫妻共同财产原则时，应对原则适用的具体因素加以细化，以避免原则的抽象。故可借鉴《美国统一结婚离婚法》第307条的规定，对婚姻财产分割规制参酌因素："（1）双方对有关财产的获得所作的贡献；（2）婚姻持续时间的长短；（3）分配给夫妻一方财产的价值；（4）财产分割生效时双方的经济状况，包括对家庭的适当供养或有子女监护权的一方生活适当一段时间的权利。"即在司法实践中，应继续贯彻分割夫妻共同财产的原则，并结合相关因素——双方对财产积累的贡献；婚姻关系存续时间的长短及健康状况；财产的来源；双方的执业能力与收入状况；夫妻一方对另一方所作的贡献等，对夫妻共同财产进行合情合理的分割。

2. 协调家务贡献补偿与夫妻共同财产分割的关系

《民法典》第1088条规定："夫妻一方因抚育子女、照料老年人、协助另一方工作等负担较多义务的，离婚时有权向另一方请求补偿，另一方应当给予补偿。具体办法由双方协议；协议不成的，由人民法院判决。"依据该规定，家务贡献补偿制度具有如下特点：一是其适用没有夫妻财产制的限制；二是其仅适用于离婚之时；三是其平等的适用于夫妻双方即男女两性；四是请求家务贡献补偿的主体是家务贡献较多的一方；五是家务贡献的内容包括抚育子女、照料老人、协助另一方工作等。之所以将家务贡献补偿制度适用于任何财产制，是为实现权利与义务相一致的原则，即家务贡献应得到相应的补偿。然而，我国的夫妻财产制在社会生活中多为婚后所得共同制，致使家务贡献补偿数额相对较

低。因为，"家务贡献补偿制度的创设之初，是为救济家庭主妇在分别财产制下的财产权益和家庭地位、社会地位，这对于特定历史条件下，保障女性的利益，促进性别平等，具有重要意义。然而，当社会化的大机器生产把有劳动能力的女性从家庭中牵引出来，使其成为自食其力的劳动者后，女性则成为社会劳动和家务劳动的双重劳动者。而当职业女性承担了大量的家务劳动后，能否要求家务贡献补偿以及如何实现家务贡献的补偿，无疑是个棘手的问题"①。

（1）家务贡献补偿不应仅局限于夫妻分别财产制

《民法典》第 1088 条将家务贡献补偿制度适用于夫妻分别财产制或夫妻共同财产制，不仅与其他相关国家的立法例相吻合或有所突破，也体现了权利与义务相一致的原则，即"在夫妻分别财产制度下，离婚时双方无共同财产，如不作出一定的补偿，作出贡献的一方的价值就无从体现，作出的贡献也得不到任何回报。因此，适用分别财产制的夫妻一方应在离婚时对作出贡献或贡献较大的另一方予以补偿，以平衡夫妻双方的利益关系，体现法律的公平正义"②。围绕夫妻共同财产制下如何实现家务贡献补偿，反对论认为，"共同财产制本身就是承认了家务劳动与社会劳动具有同等价值，否则，只从事家务劳动的一方无权分割共同财产"③。该观点非常适用于只从事家务劳动的一方，却难以适用于双职工家庭。因为在实际生活中，"夫妻双方对婚姻家庭的贡献和从中获得的利益往往是不平衡的。承担家务较多的一方，或作出牺牲的一方，往往其职业发展和其他方面受到了较大的牵制，社会地位与谋生能力相对较弱。而配偶他方，则基于对方的奉献和牺牲从中获得巨大的

---

① 王歌雅：《家务贡献补偿：适用冲突与制度反思》，载《求是学刊》2011 年第 5 期，第 84 页。

② 夏吟兰：《离婚自由与限制论》，中国政法大学出版社 2007 版，第 221 - 222 页。

③ 夏吟兰：《离婚自由与限制论》，中国政法大学出版社 2007 版，第 222 页。

利益，如学业的进步、事业的发展以及经济地位的提高等"①。"倘婚姻关系继续存续，家务贡献较多的一方可以从婚姻生活中获得相应的回报；倘婚姻关系解除，家务贡献较多的一方则无法再从婚姻生活中获得相应的回报，进而引发权利与义务的失衡、贡献与补偿的失衡。不仅如此，家务贡献较大的一方，因家务劳动挤压了其自身发展的时间和精力，减少了职业投入和经济收入，导致离婚后谋生能力较低、生活水平下降。"② 如果"把家庭领域界定为女性的领域，把家务劳动界定为女性的义务，对于那些职业女性来说是一条沉重的链条，不断地牵扯着职业女性，使得她们走得比男性慢，走得没男性远；对家庭主妇而言，它是一管褪色剂，使她们辛苦的劳动失去意义，丧失价值"③。为实现公平与正义，"在夫妻共同财产制下，也应适用家务贡献补偿制度，使家务贡献者在依法分割夫妻共同财产的同时，获得相应的家务贡献补偿。具体补偿的方法，可参考夫妻双方的收入差与婚姻关系存续时间以及相应贡献等因素。简单的补偿方法应为：家务贡献补偿 =（夫妻双方的年收入差 ÷2）×婚姻关系存续年限"④。即分割夫妻共同财产"也要将一方从事家务劳动和协助另一方工作以及对另一方事业发展所作的贡献作为分割夫妻共同财产时考量的因素。只有在对夫妻共同财产分割时，肯定夫妻一方从事家务劳动的价值和对另一方事业发展所作的贡献，对尽义务较多、贡献较大者适当多分财产，在目前我国的夫妻财产状态下才有可能通过对一方的救济和补偿实现法律的公平和正义"⑤。

---

① 夏吟兰：《离婚自由与限制论》，中国政法大学出版社 2007 版，第 222 - 223 页。

② 王歌雅：《家务贡献补偿：适用冲突与制度反思》，载《求是学刊》2011 年第 5 期，第84 页。

③ 沈奕菲：《被建构的女性：当代社会性别理论》，上海人民出版社 2005 年版，第 205 页。

④ 王歌雅：《家务贡献补偿：适用冲突与制度反思》，载《求是学刊》2011 年第 5 期，第84 页。

⑤ 夏吟兰：《离婚自由与限制论》，中国政法大学出版社 2007 版，第 223 页。

（2）家务贡献补偿应适用法定与约定相结合的情境

"家务劳动不仅是对婚姻家庭的贡献，而且是对婚姻家庭承担的责任。夫妻双方如何承担责任，当事人可以约定。"[1] 如《瑞士民法典》第 163 条规定："夫妻双方，应各尽所能，共同负责家庭的生计。关于夫妻各方对婚姻共同体应为之贡献，特别是关于金钱的支付、家务的料理、子女的照管，以及一方对他方职业或营业上的协助，由夫妻共同协议之。协议时，夫妻双方应考虑婚姻共同体的需要和各方的实际情况。"[2] 该规定"充分体现了婚姻当事人的意思自治，有助于家庭责任的合理分担。尤其是当婚姻当事人承担了相应的家庭责任后，则可获得相应的家务贡献补偿。关于家务贡献的补偿，应适用有约定从约定、无约定从法定的原则。具体约定家务贡献补偿价值时，应参考相关因素：婚姻关系存续期间的长短，家务劳动的时间、强度与技能，从事家务劳动一方的逸失利益，补偿方的经济收入、预期经济效益和人力成本的增值等因素"[3]。适用法定与约定相结合的原则，也是分割夫妻共同财产的原则要求，有助于夫妻共同财产的分割与家务贡献补偿的协调。

（二）夫妻共同债务的清偿

清偿夫妻共同债务是离婚效力之一，该效力既发生于离婚当事人之间，也发生于离婚当事人与债权人之间。清偿夫妻共同债务既是离婚当事人的义务与责任，也是对债权人的有效保护；同时，对社会诚信风气的树立具有积极意义。

1. 贯彻夫妻共同债务共同清偿的原则

婚姻立法例基本均规定了夫妻共同债务的清偿原则——夫妻共同财

---

① 王歌雅：《家务贡献补偿：适用冲突与制度反思》，载《求是学刊》2011 年第 5 期，第 85 页。

② 《瑞士民法典》，戴永盛译，中国政法大学出版社 2016 年版，第 63 页。

③ 王歌雅：《家务贡献补偿：适用冲突与制度反思》，载《求是学刊》2011 年第 5 期，第 85 页。

产应先清偿共同债务，如果共同财产不足以清偿共同债务，则以夫妻个人财产连带清偿或共同清偿。《德国民法典》第 1459 条规定："（1）以由第 1460 条至第 1462 条不产生另外的结果为限，配偶一方的债权人可以请求就共同财产受清偿（共同财产债务）。（2）配偶双方也亲自作为连带债务人对共同财产债务负责任。在配偶双方的相互关系中，债务由配偶一方负担的，配偶另一方的债务在财产共同制终止时消灭"。① 《菲律宾共和国家庭法》第 129 条规定："共同债务由夫妻共同财产负责清偿。共同财产不足清偿的，根据本法第 121 条第 2 项规定，夫妻双方应以各自个人财产共同承担清偿责任。"② 《意大利民法典》第 190 条规定："在无法以夫妻共同财产清偿全部债务的情况下，可以作为补充手段请求用夫妻每一方的个人财产清偿债务，但是，以满足债权额的半数为限。"③ 上述规定既为夫妻共同债务清偿设定了原则，也明确了债务清偿的财产性质。

我国夫妻共同债务的清偿原则界定于《民法典》第 1089 条规定："离婚时，夫妻共同债务应当共同偿还。共同财产不足清偿或者财产归各自所有的，由双方协议清偿；协议不成的，由人民法院判决。" 1993 年《最高人民法院关于人民法院审理离婚案件处理财产问题的若干意见》第 17 条曾明确夫妻共同债务的含义："夫妻为共同生活或为履行抚养、赡养义务等所负的债务，应认定为夫妻共同债务，离婚时应当以夫妻共同财产清偿。"《民法典婚姻家庭编解释（一）》也对夫妻共同债务进行了相应规定。在司法实践中，人民法院能够在明晰夫妻共同债务与夫妻个人债务的基础上，结合离婚当事人的债务清偿能力作出调解或判决。因而，《民法典》规定的夫妻共同债务的清偿原则应予以坚持，

---

① 《德国民法典》，陈卫佐译注，法律出版社 2020 年版，第 532－533 页。
② 中国法学会婚姻法学研究会：《外国婚姻家庭法汇编》，群众出版社 2000 年版，第254 页。
③ 《意大利民法典》，费安玲、丁玫译，中国政法大学出版社 1997 年版，第 63－64 页。

但应对夫妻共同债务的推定规则予以明确。即在婚姻关系存续期间，夫妻一方所负债务应推定为共同债务：①日常家事代理权所产生的债务，即将家事代理权范围内引发的债务认定为夫妻共同债务，是因为"夫妻之间特殊的身份关系决定其对外产生'外表授权'，形成表见代理权，与债的相对性原理并不冲突"①。②债权人有理由相信其为共同债务的情形。基于对债权人利益的保护，将债权人有理由相信其为共同债务的情形，认定为共同债务。"如债务人多次以个人名义举债均由夫妻共同偿还，而再次为数额、用途相当的举债应作为共同债务等。"② 上述推定规则，既符合《民法典》第 1064 条的有关规定，也对其进行了适当延展。

2. 协调夫妻共同债务与个人债务的清偿与追偿的关系

当夫妻的共同财产、个人财产不足以清偿夫妻的共同债务与个人债务时，往往涉及债务的清偿顺序。故规制债务的清偿顺序与追偿规则，有利于保护离婚当事人和债权人的双重利益。

（1）界定债务清偿的顺序

离婚当事人如何清偿夫妻的个人债务，《民法典》未作规定，但相关司法解释界定了夫妻个人债务的清偿原则：夫妻的个人债务，离婚时应当以夫妻个人财产清偿。结合《民法典》规定和司法解释精神，离婚债务清偿应遵循下述原则：夫妻的共同债务应由夫妻共同清偿；夫妻的个人债务应由夫妻个人清偿。上述原则与目前各国婚姻立法规定的债务清偿原则基本相同。而当夫妻共同财产不足以清偿共同债务且双方协议不成时，人民法院如何解决纠纷，《民法典》未明文规定。我国《澳门民法典》第 1563 条则规定："属共同财产制者，共同财产先用以支

---

① 裴桦：《夫妻共同财产制研究》，法律出版社 2009 年版，第 226 页。
② 裴桦：《夫妻共同财产制研究》，法律出版社 2009 年版，第 227 页。

付夫妻共同负责之债务，继而支付其他债务。"① 《美国统一婚姻财产法》第八节（b）款Ⅳ项也规定："在婚姻存续期间，配偶一方所负的其他任何债务，包括作为、不作为行为所致债务，只能按如下顺序清偿：负债配偶一方的非婚姻财产；负债配偶一方从婚姻财产中所获利益。"② 上述规定明确了夫妻债务清偿的顺序：夫妻共同财产优先用于清偿共同债务；当共同财产有剩余时，才清偿夫妻个人的其他债务。借鉴相关立法例，我国《民法典》也可规定：夫妻共同财产应首先用以清偿夫妻共同债务，继而清偿其他债务。

（2）界定债务清偿的追偿

以个人财产或共同财产清偿夫妻的共同债务或个人债务是司法实践常有的情形，其既可源于夫妻之约定，又可源于夫妻之个人行为。通过夫妻约定而产生的债务清偿，应遵循当事人的意思自治；基于夫妻的个人行为而引发的债务清偿，则应明确债务清偿的追偿规则。《菲律宾共和国家庭法》第122条第3款规定：夫妻个人债务在"义务方配偶无特有财产或特有财产不足的，在支付本法第一百二十一条规定的负担后，可以强制执行夫妻共同财产。但在清算共同财产时，原应由配偶个人承担但已由夫妻双方共同财产垫付的部分应予扣除"③。美国《最新路易斯安那民法典》第2364条规定："如共有财产被用来清偿夫妻一方的单独债务，则另一方有权在共有财产制终止之后，要求返还该财产在使用时的一半数额。"④ 其第2365条第1款规定："如夫妻一方以其单独财产清偿了共同债务，则其有权在共有财产制终止之后，要求返还该财产在使用时的一半数额。"⑤ 上述规定对完善婚姻立法具有借鉴意义，

---

① 赵秉志：《澳门民法典》，中国政法大学出版社1999年版，第394页。
② 中国法学会婚姻法学研究会：《外国婚姻家庭法汇编》，群众出版社2000年版，第122页。
③ 中国法学会婚姻法学研究会：《外国婚姻家庭法汇编》，群众出版社2000年版，第252页。
④ 《最新路易斯安那民法典》，徐婧译注，法律出版社2007年版，第284页。
⑤ 《最新路易斯安那民法典》，徐婧译注，法律出版社2007年版，第284页。

即《民法典》应规定：当夫妻一方以共同财产或个人财产清偿了夫妻的个人债务或共同债务后，离婚时，其有权向他方追还相应的财产价值或数额。

三、价值追求

离婚财产清算制度是"影响人们经济生活的权利和义务的集合"[①]，是"规范化、定型化了的正式行为方式与交往关系结构"[②]。作为规范体系的财产清算制度，必须具备适宜的目的追求与检视标准：一是离婚财产清算制度适用的对象和范围只限于离婚当事人和离婚领域；二是离婚财产清算制度的社会适用与司法实践须体现性别关怀与实质正义；三是离婚财产清算制度的法律效力与社会功效得到婚姻中人和社会中人的高度重视与自觉适用，即离婚财产清算制度应具有道德上的合理性与法律上的公正性。于是，合理性与公正性成为离婚财产清算制度的理性追求。

（一）保障人格尊严

人格尊严乃民事主体对自身的社会地位、社会价值的主观认知和客观评价。民事主体的人格尊严应予以尊重。[③] 基于"夫妻别体主义"，"夫妻在婚姻关系中各为独立主体，人格平等"[④]，相互之间具有独立的人身权和财产权。而"个人财产权的概念意味着个人在社会范围内自治的正当性，意味着个人有权支配在私人领域内属于个人的物品"[⑤]。

---

① ［美］丹尼尔·布罗姆利：《经济利益与经济制度》，陈郁、郭宇峰、汪春译，上海三联书店、上海人民出版社 1996 年版，第 50 页。

② 高兆明：《制度公正论》，上海文艺出版社 2001 年版，第 27 页。

③ 杨震：《民法学》，中国人民大学出版社 2009 年版，第 183 页。

④ 李志敏：《比较家庭法》，北京大学出版社 1988 年版，第 98 - 99 页。

⑤ 刘军宁：《共和·民主·宪政——自由主义思想研究》，上海三联书店 1998 年版，第 39 页。

不仅如此，"财产权利是自我保存的自然权利的必然延伸与必然结果，并作为生命权的工具而成为人为自我保全而要求一切权利的前提"①。故离婚财产清算是婚姻当事人的人格平等、人格独立的直接体现，而离婚财产清算的公正与否直接关涉离婚当事人的人格尊严。为此，确保离婚财产清算制度的公正设计与价值追求，是对"支撑制度的正义观的合理性的追问，这是制度本身公正性的根本方面"②。"在此基础上，它才能体现制度的目的性意义，即以人为目的：为公民的基本权利和自由提供以程序为核心的制度化保障，它既能为公民的人权平等提供保护，又能体现公民的自由意志和尊严。"③

（二）追求性别关怀

"现代多元社会是社会成员具有平等基本自由权利的社会，而平等基本自由权利并不是一个空洞的东西，它作为一种理念、时代精神，须存在于日常生活的各个环节、各个方面。对于自身财富的自由支配权、财富的平等交换权等，是这种平等的基本自由权利的具体呈现。通过社会矫正正义方式实现的社会二次分配，亦是这种平等基本自由权利的具体呈现：在日常生活中，每一个社会成员为了保持其自由、自尊的存在，必须以拥有一定的物质财富为基础，必须享有一定的物质财富。"④为此，离婚财产清算必须体现出对社会成员平等基本自由权利的尊重，即在离婚财产分割与债务清偿时，须"体现对婚姻关系中处于弱势地位的一方和抚养子女的一方予以法律救济和制度保障，才能够实现法律

---

① 周安平：《性别与法律》，法律出版社2007年版，第194页。
② 张卫明：《程序正义与制度公正——论罗尔斯"原初状态"的方法论意义》，载《华中科技大学学报》2010年第6期，第3页。
③ 张卫明：《程序正义与制度公正——论罗尔斯"原初状态"的方法论意义》，载《华中科技大学学报》2010年第6期，第3页。
④ 高兆明：《分配正义的两个考察维度》，载《南京师大学报（社会科学版）》2010年第1期，第9页。

的公平正义和对弱者的人文关怀，体现法律扶弱济贫、保护弱势群体利益的人权理念与精神，也才能够真正实现离婚自由对人性解放的真谛"①。因为，在社会生活和婚姻生活中，基于"男主外，女主内"的性别分工和社会分工，女性远离了公共领域，成为家庭事务的主要承担者，丧失或基本丧失了在公共领域参与社会管理、创造财富的机会与能力，导致女性在公共领域和私人领域地位的弱化。正如罗尔斯所指出："妇女历史上受到的长期不公正，是她们曾经且依然不公平地承担养育照管孩子的任务。"② 不仅如此，"家庭虽然是妇女主要工作的场所，但却不是妇女主宰的场所，由于受到各种内外关系的影响，妇女在这一主要的活动场所中依然处于被支配的地位"③。因而，确保离婚财产清算的制度公正和程序正义，才能体现性别关怀的宗旨，确保离婚财产清算的程序公正和性别正义，进而实现对女性离婚时的财产权和离婚后的生存权和发展权的充分保障。正如恩格斯所述："只要妇女仍然被排除于社会的生产劳动之外而只限于从事家庭的私人劳动，那么妇女的解放，妇女同男子的平等，现在和将来都是不可能的。妇女的解放，只要在妇女可以大量地、社会规模地参加生产，而家务劳动只占她们极少的工夫的时候，才有可能。"④

(三) 崇尚意思自治

离婚财产清算不仅需要公权力的规制，更需要当事人的意思自治。在保障人格尊严、追求性别关怀的法治背景下，倡导离婚当事人的意思自治是协调和处理离婚财产清算纠纷的有效途径。首先，意思自治，体

---

① 夏吟兰：《离婚自由与限制论》，中国政法大学出版社 2007 年版，第 194 页。
② ［美］约翰·罗尔斯：《万民法公共理性观念新论》，张晓辉等译，吉林人民出版社 2010 年版，第 130 页。
③ 沈奕斐：《被建构的女性》，上海人民出版社 2005 年版，第 206 - 207 页。
④ 《马克思恩格斯选集》第 4 卷，人民出版社 1995 年版，第 162 页。

现了离婚当事人的主体意识与人格精神，即"人生而具有不平等性。但是，只要具有主体性意识与平等自由人格精神，就能够始终为争取自己的平等自由权利而斗争，就能够在精神上以平等的身份进入社会生活的具体过程，并以精神追求的特殊方式试图实现起点的平等，就有成为平等自由权利者的希望"①。因而，离婚财产清算，是采取"均等分割原则"抑或"公平分割原则"，成为考察离婚财产清算的制度公平与程序正义的交集点和博弈点。其次，意思自治，体现了离婚当事人的实质理性与形式理性。即离婚财产清算制度，"是参与者角色互动、意见对话与整合的场所，处于开放性、角色参与性、对话性和论证性阶段。它兼具主体性、契约共识性和民主性。参与性、透明性、话语论证性、主体间性构成当代制度的基本范畴"②。同时，离婚财产清算制度，其"制度理性受沟通伦理指引……法律规范只有在论证话语中得到相关者的合作与赞同才能获得有效性"③。为此，离婚财产清算，追求程序正义抑或是程序正义与实质正义的兼顾，是离婚当事人的伦理选择与法律追求。至于离婚财产清算能否切实地保护离婚当事人的财产权益与人格尊严，避免离婚当事人陷于离婚后的贫困化或生活境遇的低质化，则是考察离婚财产清算的程序正义与制度公正的重要因素之一。正如阿马蒂亚·森所述："贫困必须被视为基本可行能力的被剥夺，而不仅仅是收入低下，而这却是现在识别贫困的通行标准。"④ 尽管收入不足确实是造成贫困生活的很强的诱发性条件"，但"还有其他因素也影响可行能力的被剥夺，从而影响到真实的贫困（收入不是产生可行能力的唯一

---

① 高兆明：《分配正义的两个考察维度》，载《南京师大学报》2010 年第 1 期，第 9 页。

② 张卫明：《程序正义与制度公正——论罗尔斯"原初状态"的方法论意义》，载《华中科技大学学报》2010 年第 6 期，第 3 页。

③ 章国锋：《关于一个公正世界的"乌托邦"构想：解读哈贝马斯〈交往行为理论〉》，山东人民出版社 2001 年版，第 160 页。

④ ［印度］阿马蒂亚·森：《以自由看待发展》，任赜、于真译，中国人民大学出版社 2002 年版，第 85 页。

工具)"①。

(四) 维护婚姻秩序

"人可以生活在无自由、有秩序的社会中，却难以生活在有自由无秩序的社会之中。"② 离婚财产清算体现出秩序与自由的博弈，即离婚自由既意味着解除婚姻关系的自由，也意味着离婚财产清算的自由。尽管"人是生而自由的，但却无往不在枷锁之中"③。故离婚自由也需遵循离婚秩序，包括离婚财产清算秩序。离婚财产清算秩序的形成，首先，需要良好的离婚财产清算制度。为此，中外的婚姻立法均对离婚财产清算制度作出了明确的含义阐释，即"离婚财产清算是因婚姻解体所产生的重要财产效力，有广义与狭义之分。狭义的离婚财产清算仅指离婚时的夫妻财产分割制度。广义的离婚财产清算则包括了离婚财产分割制度及离婚救济制度等与财产相关的体系化财产效力"④。离婚财产清算在于"使离婚时财产的流转和归属既能达到权利平等的目的，又尽可能地实现了对弱者利益的保护和救济"⑤。即离婚财产清算制度在于"通过制度达到以自由来限制自由的目的，使个人自由的行使不会损害他人和社会自由，从而实现对自由的保障。在这个意义上，一方面充分表明了在人类社会中，秩序对自由的优先，另一方面也反映了人们对自由的永恒追求，这不但是个人的内在价值诉求，也是社会制度的最高价值目标"⑥。其次，需要良好的离婚财产清算道德。离婚财产清算

---

① [印度] 阿马蒂亚·森：《以自由看待发展》，任赜、于真译，中国人民大学出版社 2002年版，第 86 页。

② 张卫明：《程序正义与制度公正——论罗尔斯"原初状态"的方法论意义》，载《华中科技大学学报》2010 年 6 期，第 3 - 4 页。

③ [法] 卢梭：《社会契约论》，何兆武译，商务印书馆 1980 年版，第 8 页。

④ 夏吟兰：《离婚自由与限制论》，中国政法大学出版社 2007 年版，第 193 页。

⑤ 夏吟兰：《离婚自由与限制论》，中国政法大学出版社 2007 年版，第 193 页。

⑥ 张卫明：《程序正义与制度公正——论罗尔斯"原初状态"的方法论意义》，载《华中科技大学学报》2010 年第 6 期，第 4 页。

道德既源于离婚个体的道德追求，也源于离婚财产清算规则的社会塑造，即"道德作为一种规范不是一种摆设，需要在社会生活中得以落实，对社会生活产生一定的效力，能够承担起社会给予的历史使命。亦即有效地调解人们相互之间的关系，提高个人的精神境界，以达到社会的和谐有序，而其社会地位主要就体现在它作用发挥的程度上"①。因而，离婚财产清算的道德就是在于强化离婚财产清算过程中的规则与道义，体现以人为本原则、公平公正原则、性别平等原则和主体性原则的价值追求，并最终实现对离婚财产清算行为的法律规范与道德调整，促进婚姻秩序的稳定。

（五）促进社会公正

公正就是"制度安排和设置是正直合理而没有偏私，能以同一标准对待相同的人或事，体现为主体平等、机会平等、权利义务平等等方面"②。离婚财产清算的公正与否，直接关涉离婚当事人和社会中人对公正的理解与追求。因为，"在法权论的范围内，公民的活动不是为了道德，而是为了各自的利益或幸福，所以，这些公民只要不违反外在的、强制的法律，不损害他人的自由或利益，法律就不会强加干预。于是，一个正义的国家，就要尽量通过立法、行政和司法，通过法律的实施，而实现和保障每个公民正当的私人法权，从而在一种正义的状态中达成法权的实现"③。为此，离婚财产清算必须体现出制度公正与价值追求。离婚财产清算制度的公正追求，首先在于形式正义与实质正义的和谐统一，即通过制度实践确保离婚当事人之间及其与利害关系人之间的正义。"任何利益主体都不能片面地追求自身的利益，而要兼顾其他

---

① 马永庆：《道德内在和谐论要》，载《齐鲁学刊》2010 年第 6 期，第 82 页。
② 张卫明：《程序正义与制度公正——论罗尔斯"原初状态"的方法论意义》，载《华中科技大学学报》2010 年第 6 期，第 4 页。
③ 舒远招：《康德伦理学中的正义概念》，载《哲学动态》2010 年第 10 期，第 51 页。

'利益相关者'的利益，提倡义利兼顾、互利共赢，提高和增进'社会综合利益'。"① 其次，在于个体公正与社会公正的和谐统一。离婚财产清算并非仅为私权范围的财产清算制度，其清算结果直接涉及社会正义这一根本问题。因而，建构科学、适用、严谨、公平的财产清算制度，是离婚立法的核心所在和价值追求。正如马克思所述："人是人的最高本质"，"从而也归结为这样的绝对命令：必须推翻那些使人成为被侮辱、被奴役、被遗弃和被蔑视的东西的一切关系。"②

离婚财产清算制度在司法实践中之所以得到较理想的实施，是因为制度设计的公正合宜与制度实施的社会效果。为实现离婚财产清算制度的价值追求——保障人格尊严、追求性别关怀、崇尚意思自治、维护婚姻秩序、促进社会公正，我国婚姻立法还需对离婚财产清算制度进行检审与完善，进而为离婚当事人及利害关系人的权益保护提供法律支持。正如亚里士多德所述："公正必定是适度的、平等的。"③

第四节　离婚救济制度的建构

离婚救济制度的体系建构，完成于 2001 年《婚姻法》修正案的制度设计与颁布实施。在 20 余年的司法实践中，离婚救济显现出实践隐忧——适用比例较低、救济数额较低、救济主体多为女性。引发上述救济掣肘的原因包括：传统文化的影响、社会性别的差异和制度设计的局限。为提升离婚救济制度的适用功能，需要在超越公与私二元对立格局以及以性别为基础的社会性别建构的基础上，完善离婚救济制度的适用

---

① 王正平、刘玉：《利益兼顾：构建社会主义和谐社会的根本道德原则》，载《上海师范大学学报》2010 年第 5 期，第 33 页。

② 《马克思恩格斯选集》第 1 卷，人民出版社 1995 年版，第 9 - 10 页。

③ ［古希腊］亚里士多德：《尼各马可伦理学》，廖申白译注，商务印书馆 2003 年版，第 134 页。

基础，弘扬离婚救济制度的正义价值。因为，离婚救济，是衡平社会财富的背景性的制度安排，是实现矫正正义的系统性的制度设计，是承担社会责任的伦理性的制度选择。

离婚救济，是离婚制度的重要组成部分。离婚救济在社会生活和司法实践中，能否实现其功能价值，不仅有赖于制度建构的前瞻性、逻辑性和适用性，也有赖于司法运行的适宜性、公正性和人文性。同时，离婚救济也须"本着自由与平等权利必须是普世性的价值建构这一信念"，遵从"人文主义的绝对命令要求：'必须推翻那些使人成为被侮辱、被奴役、被遗忘和被蔑视的东西的一切关系'"①。追求离婚救济"坚守人文、人性、人权的观念底线，以反对后现代理论的价值随意"②。

一、实践隐忧

我国离婚救济制度的全面建构，形成于 2001 年《婚姻法》修正案的制度设计。基于《婚姻法》第 40 条、第 42 条和第 46 条规定，离婚救济制度包括家务贡献补偿、经济困难帮助和离婚损害赔偿。离婚救济，"通常指对离婚当事人所实行的有关人身和财产的救济措施"③。然而，离婚救济制度在实施十余年之后，实践隐忧开始显现。

（一）离婚救济适用比例较低

离婚救济适用比例较低，主要体现在三方面：一是家务贡献补偿的适用比例极低；二是经济帮助的适用比例较低；三是离婚损害赔偿的适用比例较低。离婚救济适用比例低，不利于救济离婚当事人的权益。

---

① 甘绍平：《新人文主义及其启示》，载《哲学研究》2011 年第 6 期，第 68 页。
② 甘绍平：《新人文主义及其启示》，载《哲学研究》2011 年第 6 期，第 68 页。
③ 王歌雅：《离婚救济制度：实践与反思》，载《法学论坛》2011 年第 2 期，第 30 页。

（二）请求离婚救济的数额较低

通过实践调研发现，离婚救济制度的司法运行，不仅适用比例较低，而且救济数额较低，主要表现在三方面：一是家务贡献补偿的请求数额未见显现，即在"离婚案卷中，显明家务劳动信息的案件相对较少。在仅有的显明家务劳动信息的案件中，没有家务贡献补偿的诉讼请求"①。二是经济帮助的请求数额偏低。在有关离婚经济帮助的案件中，请求经济帮助的方式均为给付金钱，请求给付数额包括 100 元、2000 元、6000—8000 元、9000—10000 元、15000—20000 元、30000—50000 元不等。② 三是离婚损害赔偿的请求数额未见显现。在请求离婚损害赔偿的案件中，当事人关于离婚损害赔偿的数额未具体提及，只是笼统请求给予离婚损害赔偿。

（三）请求离婚救济的主体多为女性

实践调研发现，请求离婚救济的性别较为单一，即主要以女性为主。首先，家务贡献者以女性为主。在显示家务劳动信息的案件中，家务劳动的承担方式主要有三种：全部由女性承担；主要由女性承担，男性协助；主要由男性承担、女性协助。尽管男女两性对家务劳动虽都有所承担，但女性依然是家务劳动的主要承担者。其次，请求经济帮助者以女性为主。女性请求经济帮助的事由相对集中，"主要为无业或失业、无房居住、收入低、抚养子女、身患重病或年逾 60 岁及其他原因"③。最后，请求离婚损害赔偿的主体以女性为主。女性提出离婚损害赔偿的案件较多，且请求离婚损害赔偿的事由相对集中。具体包括配

---

① 王歌雅：《家务贡献补偿：适用冲突与制度反思》，载《求是学刊》2011 年第 5 期，第 81 页。

② 王歌雅：《离婚救济制度：实践与反思》，载《法学论坛》2011 年第 2 期，第 30 页。

③ 王歌雅：《离婚救济制度：实践与反思》，载《法学论坛》2011 年第 2 期，第 30 页。

偶一方与他人同居、实施家庭暴力、虐待或遗弃家庭成员等。

二、救济掣肘

实践调研显示，离婚救济在司法运行中存在低适用、低功效、低救济的特征。除家务贡献补偿、经济帮助、离婚损害赔偿的数额在案卷中未有显现外，具体适用离婚救济的案件数量也较少显现。离婚救济的"三低"现状，成为离婚救济的价值与功能实现的掣肘。而要充分发挥离婚救济的价值与功能，则要突破离婚救济在实践运行中的瓶颈——阻碍离婚救济实践运行的文化原因、性别原因和制度原因。

（一）传统文化的影响

离婚救济制度，作为法治文化的重要组成部分，担负着扶弱济贫、匡扶正义的社会功能。因为，"无论是把救济看作是以权利为对象而进行的一系列救助性、补偿性活动，即对权利的救济，还是把救济本身视为一种权利，即救济权，在法律领域内制度化后的救济都是一种矫正机制，其目的是应对既存的权利缺损状态并力求消弭之，其核心则存在于救济方法的提供上"①。同时，离婚救济作为"一种合理的救济制度可以有效地配置各种救济资源，使其利用达到最大化，增加缺损权利的救济途径；实现救济费用在各相关主体之间的合理负担，既可以满足社会对权利救济的潜在需求，又可以防止盲目寻求救济，从而节约救济资源"②。尽管离婚救济制度具有实现婚姻正义、性别正义、社会正义的功能，但在传统的婚姻文化、性别文化和社会文化尚未退出历史舞台的特定时代背景下，离婚救济制度还未能发挥其独特的救助与矫正功能，传统文化成为制约离婚救济制度实践运行的瓶颈之一。首先，婚姻无需

---

① 李俊：《离婚救济制度研究》，法律出版社 2008 年版，第 6 页。
② 李俊：《离婚救济制度研究》，法律出版社 2008 年版，第 6 - 7 页。

正义。尽管"正义是社会制度的首要价值"①，但在传统婚姻文化范畴，婚姻则无正义可言。因为，基于"公与私"的二元对立结构，婚姻为私领域，私领域尚存宗法制度之遗迹。而"宗法制度之恶果，盖有四焉：一曰损坏个人独立自尊之人格；一曰窒碍个人意思之自由；一曰剥夺个人法律上平等之权利（如尊长卑幼同罪异罚之类）；一曰养成依赖性，戕贼个人之生产力"②。基于传统宗法观念的影响，婚姻并非倡导正义的场所，婚姻救济的观念难以落实。其次，配偶无需正义。在传统婚姻观念中，婚姻既为伦理之实体，那么，婚姻的治理自然也就以伦理规范为主体，难以诉诸法律以实现矫正正义。正所谓："西洋民族以个人为本位，东洋民族以家族为本位。""西洋民族以法治为本位，以实利为本位；东洋民族以感情为本位，以虚文为本位。"③ 基于上述差别，我国的婚姻关系就难以如西方国家那样，将夫妇关系，视之为"乃法律关系，权利关系，非纯然爱情关系也……盖其国为法治国，其家庭亦不得不为法治家庭；既为法治家庭，则亲子昆季夫妇，同为受治于法之一人，权利义务之间，自不得以感情之故，而有所损益"④。故传统婚姻家庭观念成为阻滞离婚救济制度实施的障碍。然而，"既然正义秉性的特征是他律，它就只能在一定条件下才能导致正义的行为。为了克服这一条件性，使正义具有自律的外表，社会必须诉诸法律"⑤。为此，离婚救济，必须以法律的形式加以规制与实践，以确保离婚当事人的权益救济与尊严救济。

（二）社会性别的差异

在阅卷范围内，请求离婚救济的主体多为女性，体现出离婚救济制

---

① ［美］约翰·罗尔斯：《正义论》，何怀宏等译，中国社会科学出版社 1988 年版，第 1 页。
② 陈独秀：《独秀文存》（卷一），安徽人民出版社 1987 年版，第 37 页。
③ 陈独秀：《独秀文存》（卷一），安徽人民出版社 1987 年版，第 36、38 页。
④ 陈独秀：《独秀文存》（卷一），安徽人民出版社 1987 年版，第 38 页。
⑤ 慈继伟：《正义的两面》，三联书店 2001 年版，第 33 页。

度在实施领域中的社会性别差异。

1. 传统婚姻伦理观念的影响

在中国古代的婚姻立法中，虽没有现代语境下的严谨的、自成体系的离婚救济制度，却有对女性离婚利益的适当保护与救助。女性之所以成为离婚救助的对象，是因为女性人格的缺失、社会地位的低下、民事权利的弱化。女性人格的缺失，"表现为妻子没有独立的人格尊严，不具有姓名权、行动自由权、名誉权，她们的尊严任由丈夫践踏；婚姻地位的低下，表现为妻子没有婚姻自由权，任由丈夫依据'七出'之条加以离异甚至嫁卖；民事权利的弱化，表现为妻子必须忍受丈夫的虐待与遗弃，不能希冀法律给予公正的保护"①。为此，"三不去"原则，便成为女性阻却"七出"的道义理由。即"在中国古代，仁被视为'众善之源，百行之本'。重仁爱是中国传统伦理的重要特色。在离婚模式中，仁德却发挥了正反两方面的作用。从正的角度说，'三不去'中的'有所取而无所归不去'，恰恰是仁爱之心的体现。从反的角度说，有恶疾则休妻，有违仁爱之道；但女性接受顺从被休的现实，也恰恰是对夫家仁爱的体现。义乃道义。《商君书》说：'敬长，义也。''三不去'中的'尝更三年丧'不去，便是义之体现，是对妇德的褒扬。知报是指知恩图报，有恩必报。知报所倡导的是一种互惠互动的双向伦理关系。'三不去'中的'贱取贵不去'，乃是知报的要求。如嫌贫爱富或先贫后富而出妻，则属背德，将为离婚伦理所摒弃"②。古代离婚伦理的价值定位——家族本位、父权本位和夫权本位，成为"片面苛求女性的伦理枷锁，深化了男女两性地位的不平等、社会价值判断的不公正、个人利益维护的不均衡，是离婚伦理自我更新与自我超越的症结所

---

① 王歌雅：《中国婚姻伦理嬗变研究》，中国社会科学出版社 2008 年版，第 179 页。
② 王歌雅：《中国婚姻伦理嬗变研究》，中国社会科学出版社 2008 年版，第 125 - 126 页。

在，也是离婚领域剔除糟粕与移风易俗的重要指向"①。

2. 现实社会性别差异的影响

女性成为离婚救济的主要群体，有着深刻的历史根源与社会根源，社会分层与性别排挤是主要原因之一。全国妇联、国家统计局作出的《第四期中国妇女社会地位调查主要数据情况》显示，女性的社会地位依然弱于男性。第一，女性受教育年限明显增长。18—64 岁女性平均受教育年限为 9.41 年，男性为 9.66 年，分别比 2010 年增长 0.61 和 0.57 年。18—24 岁女性的平均受教育年限为 12.81 年，比 2010 年增长 1.85 年，比 55 岁及以上女性高 5.14 年，比同年龄段男性高 0.81 年。同时，女性接受高等教育比例超过男性接受大学专科及以上教育的女性比例为 18.0%，比男性高 1.6 个百分点，比 2010 年提高 3.7 个百分点；其中 18—24 岁女性这一比例最高，为 50.9%。在接受大学本科教育者中，女性占 53.6%，比 2010 年提高 5.8 个百分点。第二，女性经济状况弱于男性。18—64 岁在业者中，女性占 43.5%，男性占 56.5%。近七成女性处于在业状态，城镇和农村女性在业比例分别为 66.3%、73.2%。女性在第一、二、三产业就业的比例分别为 28.8%、17.1% 和 54.1%，其中在第一产业就业的比例比 2010 年降低 16.5 个百分点，在第二、三产业就业的比例分别比 2010 年提高 2.6 和 13.9 个百分点。农村在业女性中，非农就业比例为 39.5%，比 2010 年提高 15.4 个百分点。37.8% 的农村女性有外出务工经历，返乡女性从事非农劳动的比例为 52.6%。第三，女性承担家庭照料的主要责任。0—17 岁孩子的日常生活照料、辅导作业和接送主要由母亲承担的分别占 76.1%、67.5% 和 63.6%；女性平均每天用于照料/辅导/接送孩子和照料老人/病人等家人的时间为 136 分钟。已婚女性平均每天家务劳动时间为 120 分钟。

---

① 王歌雅：《中国婚姻伦理嬗变研究》，中国社会科学出版社 2008 年版，第 129 页。

第四，女性遭受家庭暴力的比例依然存在。在婚姻生活中女性遭受过配偶身体暴力和精神暴力的比例为8.6%，尽管其比2010年下降了5.2个百分点，但家庭暴力并未消除。第五，社会对女性的偏见依然存在。需要大力宣传马克思主义妇女观和男女平等基本国策，进一步营造平等和谐包容的社会文化环境。上述数据表明，近十年间，女性的社会地位均有所提升，但依然弱于男性。女性的教育、经济、家庭权益保障等弱于男性，必然导致女性的综合社会地位与婚姻家庭地位弱于男性，进而使女性成为离婚救济的主要请求主体。

（三）制度设计的局限

离婚救济制度在司法实践运行中的低适用、低功效、低救济的局限，不仅缘于婚姻家庭观念的影响和社会性别的差异，也缘于制度设计的局限。制度设计的局限，不仅表现为离婚救济系统内的欠缺，也表现为离婚救济系统外的遗憾。

1. 离婚救济系统内的欠缺

离婚救济制度，既是婚姻家庭制度的重要组成部分，也是婚姻自由尤其是离婚自由的重要保障手段。离婚救济制度的科学严谨与和谐统一，不仅可以为离婚救济制度的"内在功力的提升、道德社会功效的发挥、道德的实现提供理性的梳理和可借鉴的探究思路，而且可为构建社会主义和谐社会提供道德支持，同时，从实践的层面为我国道德建设的实效性提供方法论的指导，以减少主观随意性"[1]。尽管离婚救济制度具有如此重要的道德功效和法制功效，但由于离婚救济制度欠缺内在和谐——离婚救济制度适用基础的局限，导致离婚救济制度的社会实践功效未能很好地发挥。具体表现有三：一是家务贡献补偿制度适用难。

---

[1]　马永庆：《道德内在和谐论要》，载《齐鲁学刊》2010年第6期，第81页。

主要是离婚家务贡献补偿的数额不高。二是经济帮助制度适用难。具体原因是适用经济帮助的条件过于苛刻。依《民法典》第 1090 条规定："离婚时，如果一方生活困难，有负担能力的另一方应当给予适当帮助。具体办法由双方协议；协议不成的，由人民法院判决。"然而，何谓生活困难，司法实践认定不同。例如，依靠个人财产和离婚时分得的财产无法维持当地基本生活水平或者一方离婚后没有住处的，属于生活困难。如果以上述标准认定生活困难，既忽略了女性就业能力与收入水平弱于男性的社会现实，也忽略了女性离婚前后因生活落差而导致的相对生活困难，致使离婚后女性寻求经济帮助的路径过于狭窄，得到经济帮助的比例较低[①]。三是离婚损害赔偿制度适用难。具体原因是离婚损害赔偿的数额较低。离婚救济制度适用难，与其制度设计本身存在必然的联系。因为，离婚救济制度"作为规范要求是人们行为的指向，其目的是通过形成特殊的行为准则调节社会关系，实现社会的和谐发展，提高个人的道德品质"[②]。在这个意义上，离婚救济制度自身的因素在其中有着举足轻重的作用。因为，离婚救济制度"自身的任何一个方面或部分都是以其整体的目标指向为其存在依据的，同时道德整体的存在，又需要其各个方面或部分的相互协调和作用所形成的合力"[③]。因而，离婚救济制度一个要素的失却或其整体失衡，都会造成离婚救济制度自身的混乱，导致其无法实现其立法目标或社会目标。

2. 离婚救济系统外的遗憾

离婚救济制度的司法实践与社会应用的功效提升，既仰赖于离婚救济制度系统内的和谐，也仰赖于离婚救济制度系统外的统一。离婚救济制度的系统内的和谐，指离婚救济制度的内在要素的协调一致和运行机

---

① 王歌雅：《排挤与救济：女性的离婚权益》，载《学术交流》2011 年第 9 期，第 77 页。
② 马永庆：《道德内在和谐论要》，载《齐鲁学刊》2010 年第 6 期，第 81 页。
③ 马永庆：《道德内在和谐论要》，载《齐鲁学刊》2010 年第 6 期，第 82 页。

制的功能化，是离婚救济制度的自身要求，是离婚救济制度完善发展的条件和基础，其直接关系到离婚救济制度整体的实现。离婚救济制度的系统外的统一，指离婚救济制度与婚姻家庭制度及社会诸制度的有机统一。

首先，与夫妻财产制的有机统一。离婚救济，与离婚当事人的财产密不可分；离婚救济制度的实施，也与婚姻当事人的夫妻财产制息息相关。夫妻财产制将制约离婚救济制度的实施，即当夫妻适用分别财产制时，由于婚姻当事人财产的范围、归属相对明晰，既便于家务贡献补偿制度的适用，也便于经济帮助制度和离婚损害赔偿制度的适用。因为，离婚救济的财产，来源于夫妻的个人财产。而夫妻如若适用婚后所得共同制，则只能在依法分割夫妻共同财产之后，视婚姻当事人的个人财产状况、家务贡献情况、经济困难程度、损害赔偿事由等，综合考量是否适用离婚家务贡献补偿制度、离婚经济帮助制度和离婚损害赔偿制度。然而，在司法实践中，婚姻当事人的夫妻财产制形式，恰恰制约了离婚救济制度的实施。因为，在社会生活中，适用婚后所得共同制的夫妻比例较高。而民众采取以婚后所得共同制为主、分别财产制为辅的夫妻财产制模式，必然直接导致离婚救济的适用难、比例低、救济少。同时，间接决定了离婚救济的适用比例低、功效低。因为，夫妻个人财产数量的多寡，间接影响离婚救济的适用与否和救济数量的多寡。由此可见，离婚救济制度诸要素之间、离婚救济制度诸要素与婚姻家庭制度之间是对立的统一。

其次，与《民法典·婚姻家庭编》基本原则的有机统一。《民法典》第1043条规定：夫妻应当互相忠实，互相尊重，互相关爱。忠实、尊重与关爱，既是夫妻的权利，也是夫妻的义务。倘夫妻一方违背忠实、尊重与关爱的义务，则应承担侵权责任。然而，离婚救济制度并未按上述逻辑关系进行适用，相反，与上述逻辑关系产生了司法的背离。司法上的背离，则表现为"当事人仅以民法典第1043条为依据提起诉讼的,人民法院不予受理;已经受理的,裁定驳回起诉"①。上述背离,导致离婚救济制度与婚姻忠实原则的脱节,制约了离婚救济制度的有效实施,影响了婚姻家庭制度功能的发挥。然而,离婚救济制度"作为一种规范不是一种摆设,需要在社会生活中得以落实,对社会生活产生一定的效力,能够承担起社会给予的历史使命。亦即有效地调解人们相互之间的关系,提高个人的精神境界,以达到社会的和谐有序,而其社会地位主要就体现在它作用发挥的程度上"②。因此,离婚救济制度的系统内和谐与系统外和谐,是其自身发展的基础和动力。

最后,与社会性别制度的有机统一。社会性别,即英文"gender",强调性别的区分是由社会文化造成的,与生理基础无关。"作为一种社会制度,社会性别是产生分化的社会地位的过程,该过程用以分配权利义务。作为使这些地位呈不平等状况排列的分层体系的一部分,社会性别是建立在这种不平等地位上的社会结构的重要组成部分之一。"③ 社会性别差异,导致劳动的社会性别分工、社会性别收入和社会性别形象的差异,进而制约性别平等的实现。而"性别平等的实现应该是一个模糊性别的过程,或者说是超越性别界限的过程。性别平等实际上就是人的平等,它与性别无关,它指涉的其实是'人'的权利。因此,性别平等的进程,必须辅以阶级、种族等其他方面平等的步骤,这样才能真正实现'人'的平等"④。基于上述理论,离婚救济制度的适用,也须与社会性别制度相统一。因为,在司法实践中,"女性的收入低于男性;女性无收入比例高于男性;女性低收入(1000元以下)比例高于男性;女性高收入(3000元以上)比例低于男性"⑤。女性收入相对较

---

① 《民法典婚姻家庭编解释(一)》第4条。
② 马永庆:《道德内在和谐论要》,载《齐鲁学刊》2010年第6期,第82页。
③ 沈奕斐:《被建构的女性:当代社会性别理论》,上海人民出版社2005年版,第43页。
④ 沈奕斐:《被建构的女性:当代社会性别理论》,上海人民出版社2005年版,第75页。
⑤ 王歌雅:《家务贡献补偿:适用冲突与制度反思》,载《求是学刊》2011年第5期,第81页。

低，使女性成为离婚救济的请求主体，也使离婚救济制度的适用呈现出性别特征。然而，离婚救济制度作为一个系统，无论是在制度设计环节，还是在制度实施环节，均应以性别平等为宗旨。因为，性别平等尤其是男女平等，是我国的基本国策。

三、功能建构

离婚救济，作为一个系统制度，既具有法治功能、伦理功能，也具有社会性别建构功能、人本精神弘扬功能。"阿马蒂亚·森曾揭示：自由既是发展的目的，又是发展的手段。即，发展经济的目的是为了改善人们的生活状况，提高人们自由的能力；而人们生活状况的改善、自由能力的提高，又会促进经济的增长。"[①] 离婚救济的适用，正是为了改善离婚当事人的生活状态，提高其自由的能力，以确保婚姻自由原则的贯彻实施。

（一）正义价值：功能建构的宗旨

"正义是社会制度的首要价值，正象真理是思想体系的首要价值一样。"[②]作为社会制度重要组成部分的离婚救济制度，同样担负着实践正义的价值，并将正义价值作为功能建构的首要追求。因为，离婚救济制度的正义价值，在于"否认为了一些人分享更大利益而剥夺另一些人的自由是正当的，不承认许多人享受的较大利益能绰绰有余地补偿强加于少数人的牺牲"[③]。

[①] 高兆明：《支付能力的正义向度——对经济危机的道德哲学分析》，载《吉首大学学报》2011年第1期，第7页。

[②] ［美］约翰·罗尔斯：《正义论》，何怀宏等译，中国社会科学出版社1988年版，第1页。

[③] ［美］约翰·罗尔斯：《正义论》，何怀宏等译，中国社会科学出版社1988年版，第1 - 2页。

1. 离婚救济是平衡社会财富的背景性的制度安排

基于公共领域与私人领域的划分，家庭是团结性社群、伦理性群体，其正义原则是按需分配；而在公共领域的公民性、工具性、经济性的联合体中，其正义原则是按应得分配。"在公共领域当中，法律主体的地位平等成为公民社会得以延续的基本保障；而在家庭领域中，平等远没有亲情那么重要，利他性的伦理原则使家庭领域中的平等从一开始就退避三舍。"[1] 于是，平等乃至"性别平等只限制在公共领域的参与者之间，而私人领域中的不平等却又被法律不断地复制了下来"[2]。并使发生在家庭中的暴力、不忠、奉献、服务、劳作等成为"公正以外"的元素，无须法律的援助与公正的支持，家庭领域也无正义可言。至于离婚救济的正义追求，也在"中性立法"或"中立"的社会背景下变得遥不可及。因而，离婚救济制度的功能建构，必须超越家庭领域无正义的非平等观念及性别歧视观念，在社会基本结构对于社会财富、社会资源进行合理配置与有效转让的背景下，保障社会成员在婚姻家庭关系中的平等与自由，并确保其基本权利的实现。因为，有关社会财富、社会资源分配的背景性制度安排，"不仅规定了社会成员在日常生活自发交换活动中的合道义、正当的有效范围，而且甚至还先在地在宏观上规定了社会财富在不同成员间的分配比例"[3]。为此，离婚救济的功能建构，就在于有效地救助基于离婚而导致的贫困者，以提高贫困者的自由能力，从而免予贫困的强制。"贫困，必须被视为基本可行能力的被剥夺，而不仅仅是收入低下，而这却是现在识别贫困的通行标准。"[4]

---

① 周安平：《性别与法律》，法律出版社 2007 年版，第 40 页。
② 周安平：《性别与法律》，法律出版社 2007 年版，第 43 页。
③ 高兆明：《支付能力的正义向度——对经济危机的道德哲学分析》，载《吉首大学学报》2011 年第 1 期，第 4 页。
④ ［印度］阿马蒂亚·森：《以自由看待发展》，任赜、于真译，中国人民大学出版社 2002 年版，第 85 页。

2. 离婚救济是实现矫正正义的系统性的制度设计

离婚救济的对象，是家务贡献者、经济困难者、权益受损者。对上述群体予以离婚救济，是要使"所有社会价值——自由和机会、收入和财富、自尊的基础——都要平等地分配，除非对其中的一种价值或所有价值的一种不平等分配合乎每一个人的利益"[①]。首先，家务贡献补偿，是对家务贡献者的逸失利益的补偿，即"在实际生活中，夫妻双方对婚姻家庭的贡献和从中获得的利益往往是不平衡的。承担家务较多的一方，或作出牺牲的一方，往往其职业发展和其他方面受到了较大的牵制，社会地位与谋生能力相对较弱"[②]。对其贡献与牺牲予以补偿，既是必要的，也是正义的。因为，"社会是一个旨在推进所有参加者的利益的合作体系，社会具有利益一致的典型特征，也具有利益冲突的典型特征，人们对协力产生的较大利益怎样分配十分关注，每个人都想获得较大份额而不是相反，这就产生了利益的冲突，就需要一系列原则在各种不同的决定利益分配的社会和经济安排之间进行选择，达成一种有关实现恰当分配份额的契约，提供一种在社会的基本制度中分配权力和义务的办法，确定社会合作的利益和负担的恰当分配，使各种对社会生活利益的冲突要求之间有一个恰当的平衡"[③]。其次，经济困难帮助，是对经济困难者的资源欠缺的补偿，即在社会排挤的背景下，人的性别、年龄等"自然资质和天赋才能的差别在有效率的市场经济条件下，必然导致持有与分配的差别。这种不平等在相当长的历史时期之内，在每个人的自由发展成为一切人自由发展的条件具备之前，将是人类生活

---

① ［美］约翰·罗尔斯：《正义论》，何怀宏等译，中国社会科学出版社 1988 年版，第58 页。

② 夏吟兰：《离婚自由与限制论》，中国政法大学出版社 2007 年版，第 222 页。

③ 王志刚、贾中海：《公平的正义理论及其权利依据》，载《辽宁大学学报》2005 年第 2期，第 15 页。

的一种自然倾向"①。为此，对离婚后处于经济困难者给予经济帮助，符合正义原则。而"要求那些先天有利的人只能在改善不利者的状况的条件下从他们的幸运中去获利，强调社会和经济的平等的安排要适合最少受惠者的最大利益，要求社会要更多地关注那些天赋低和出身不利的人们，要求按平等的方向补偿由偶然因素造成的倾斜，这是较为合理的平等观"②。最后，离婚损害赔偿，是对权益受损者的原有权益的补偿。离婚损害赔偿的适用，既源于赔偿者对婚姻权利的滥用，也源于赔偿者对婚姻义务的违反。请求离婚损害赔偿，是权利平等的一个方面，即"权利是自主的基础，一个人正确地维护和实现自己个人权利的过程，也就是他道德地生活的过程。从这个意义上说，对个人权利的认肯、维护和保障，也是一个社会道德生活健康发展的重要条件"③。对离婚损害予以赔偿，则是权利平等的另一方面，即"对于他人权利的认肯和尊重是最低限度的道德要求，任何侵犯个人权利的行为或行为准则都是不正当的、不道德的，他人的权利构成了对个体或群体行动的约束。权利的道德边际约束表明了他人权利的神圣不可侵犯性。因而，权利概念蕴含着特定的道德性质和道德规定"④。故离婚损害赔偿，是对人的权利的关注，是对人的人格尊严与人格自由的尊重。综上，离婚救济的制度设计与司法适用，在于维护离婚当事人的离婚救济请求权。该权利在"本质上是个体主体对特定价值（包括利益）的自主要求，它在现实性上表现为个人与他人、个人与社会之间的制度性的权利认肯或权利保障的关系。'权利的道德边际约束'体现为对这种制度性认肯或制度性保障的一种正义要求，而社会制度的正义是道德人格平等的体制

---

① 王志刚、贾中海：《公平的正义理论及其权利依据》，载《辽宁大学学报》2005年第2期，第18页。

② 王志刚、贾中海：《公平的正义理论及其权利依据》，载《辽宁大学学报》2005年第2期，第18页。

③ 寇东亮：《自由、权利与德性》，载《理论与现代化》2008年第4期，第72-73页。

④ 寇东亮：《自由、权利与德性》，载《理论与现代化》2008年第4期，第72页。

保障"①。

3. 离婚救济是承担社会责任的伦理性的制度选择

离婚救济责任的承担，不仅缘于法律的制度设计，也缘于伦理的道义坚守，即在离婚救济领域，"要用制度来强化德性，用德性来支撑制度，以实现两者的协调互动"②。正如费希特所述："良心总会认可的东西，就是职责，只要我们注意良心的呼声，良心就决不会出错。"③ 基于德性与良心的要求，离婚救济的伦理功能表现在两方面：一是他人优位的价值取向。即"万物是平等的，根本不存在价值高低的差别，也不存在重要与否的疑问"④。因而，离婚救济体现的是对他人价值和需要的实现和满足。二是人文主义的价值关怀。"己所不欲，勿施于人"⑤；"己欲立而立人，己欲达而达人"⑥。离婚救济既是人本主义的道义担当，也是"人类对于道德价值和应当的建构和把握，来源于实践，具有客观的事实依据，是对社会生活发展的必然规律、实然经验和解决矛盾的必然途径的概括和反映，以一定的规范和相应的制度作为价值载体，体现为确定性的要求"⑦。因而，离婚救济制度的价值，在于彰显人格、提升尊严、肯定价值；在于感悟与实践"道德价值比所有其他价值更基本，因为道德价值所触及的不仅仅是我们做什么、体验什么或具有什么，而且触及到我们'是'什么"⑧。

---

① 寇东亮：《自由、权利与德性》，载《理论与现代化》2008 年第 4 期，第 73 页。

② 沈晓阳：《责任的伦理学分析》，载《湖州师范学院学报》2005 年第 3 期，第 57 页。

③ ［德］费希特：《伦理学体系》，梁志学、李理译，中国社会科学出版社 1995 年版，第 208 页。

④ 许建良：《老子道家"慈"论》，载《伦理学研究》2011 年第 1 期，第 47 页。

⑤ 《论语·颜渊》。

⑥ 《论语·雍也》。

⑦ 杨伟涛：《道德的价值本性和应然表征》，载《学术论坛》2008 年第 7 期，第 54 页。

⑧ ［英］查尔斯·坎默尔：《基督教伦理学》，王苏平译，中国社会科学出版社 1994 年版，第 9 页。

（二）性别平等：功能建构的基础

离婚救济，无论是从制度设计的宗旨来看，还是从制度实施的目的来看，均属中性立法，即该制度平等地适用于男女两性，且具有追求社会性别平等的倾向。"性别平等的公理，说得直接一点，就是缘于平等原则的公理，是为平等原则所涵盖的下属概念。"[1] 然而，离婚救济制度的司法实践，却显现出隐藏在中性立法背后的隐蔽性别——社会性别的歧视。为此，实现社会性别的平等，才能保障离婚救济的功能发挥。

1. 超越公与私的二元对立格局

婚姻关系中的性别平等，是平等的应有之义。因为，"公正地组成的家庭将是自由的美德的真正学校"[2]。然而，公与私的划分与性别分工，将男女两性截然划分在两个被界定为不同价值的领域中，家庭和工作成为不同性别的活动场所，即男性在公共领域里的价值被承认，适用于公平原则；女性在家庭领域里的价值被否认，不适用公平原则。于是，私人领域与法律发生了分离，私人领域中的不平等被认为是私人关系的结果，而非国家的责任。"法律对私人领域放弃的结果是：第一，由于缺少法律救济和制裁，导致妇女在家庭中的地位低下；第二，它向社会传递了这样一个信号，妇女不值得法律规定，这种信号间接地贬低了妇女的社会地位；第三，它进一步掩盖了妇女所受到的不平等待遇。性别不平等就这样被掩盖和合法化了。"[3] 要实现性别平等，就须消除在私人领域中的性别歧视，救助女性的权益，包括救济女性的婚姻家庭权益，进而使女性的离婚权益得到救济。

---

[1] 周安平：《性别与法律》，法律出版社 2007 年版，第 76 页。

[2] ［英］约翰·斯图尔特·穆勒：《妇女的屈从地位》，汪溪译，商务印书馆 1995 年，第 331 页。

[3] 周安平：《性别与法律》，法律出版社 2007 年版，第 104 页。

2. 超越以性别为基础的社会建构

女性之所以成为请求离婚救济的主体性别，是因为性别歧视。依据德国法理学家伯恩·魏德士的理论，歧视分为"原本的歧视"和"派生的歧视"，而性别歧视就是一种基于价值区别的原本歧视。[1] 价值区别歧视，使男女两性之间出现了男强女弱、男主女从的性别分野和价值判断。于是，基于男女两性的自然分工而引发的价值判断，在男权文化的土壤中，不断被制度化、合理化、公理化。同时，"男性统治的法律理论也不断地极尽其'科学'想象之能事，掩盖社会性别，为法律披上了性别公正与性别中立的外衣，从而使性别等级的社会性别模式不断得以强化"[2]。在性别歧视的背景下，女性的社会资源遭遇了掠夺与排挤，导致女性在文化、政治、教育、劳动、就业、医疗、休闲等领域处于弱势地位。女性的弱势地位，必将引发女性婚姻家庭权益的弱化，进而引发女性离婚权益的弱化和离婚女性的贫困化。因为，贫困的"关键并不在于社会财富绝对量的不足，而在于社会财富分配出了问题；要克服社会贫困现象当然不能不创造财富，但是，发展本身必须以自由为目的，自由既是发展的目的，又是发展的手段"[3]。因而，在社会生活中，必须超越以性别为基础的社会建构，构建和谐的两性关系，实现性别正义的追求，即在社会公共生活领域，必须剔出性别歧视政策、纠正性别中性政策、矫正积极差别政策，推进性别平等政策、建构性别敏感政策，加速社会性别主流化的进程。因为，社会性别主流化的理想，就是在政治、经济、文化等社会的各个领域达成性别间的、主流和边缘间的、强势和弱势群体间的平等与和谐，而其最关键的实现途径是将性别意识引入社会发展以及政策主流。其包括三层意思：第一，政府要担负

① ［德］伯恩·魏德士：《法理学》，丁小春、吴越译，法律出版社2003年版，第165页。
② 周安平：《性别与法律》，法律出版社2007年版，第56页。
③ 高兆明：《分配正义的两个考察维度》，载《南京师大学报》2010年第1期，第12页。

起促进女性与社会协调发展的责任。要营造公平的社会环境，为社会成员提供平等的发展条件。第二，政府和其他行动者应该推行一种积极醒目的公共政策，把性别意识纳入所有政策和方案的主流。第三，建立国家及地方一级的性别平等机制，保证性别意识的政策和方案切实得到实施和有效的监督。① 只有超越以性别为基础的社会建构，才能为离婚救济制度的功能建构提供性别平等的保障。

(三) 制度完善：功能建构的保障

离婚救济制度的低适用、低救济、低功效，是一个必须予以改观的问题。在对离婚救济系统内的欠缺予以反思的前提下，我们须对制度完善作出应有的努力。因为，制度完善，是离婚救济制度功能建构的前提和基础。也只有制度完善，才能使那些处于社会底层的离婚贫困者的自由生活能力得以提高，并在双重意义上为社会经济持续发展提供不竭的动力："一方面，贫困者从分配正义中感受到社会基本结构及其制度性安排的正义性，激发起劳动积极性与创造性，进而为自己、同时也是为社会创造更多财富；另一方面，贫困者因自身自由能力的提高所带来的支付能力提高，会使社会有效需求扩大。"② 为此，离婚救济的制度完善，应从以下环节着手。

1. 完善家务贡献补偿制度的适用基础

针对家务贡献补偿制度的适用局限，其制度建构应作如下延展：首先，家务贡献补偿应延展适用于夫妻共同财产制。"具体补偿的方法，可参考夫妻双方的收入差与婚姻关系存续时间以及相应贡献等因素。简单的补偿方法应为：家务贡献补偿 ＝ （夫妻双方的年收入差 ÷ 2） × 婚

---

① 李慧英：《社会性别与公共政策》，当代中国出版社 2002 年版，第 296 - 297 页。
② 高兆明：《支付能力的正义向度》，载《吉首大学学报》2011 年第 1 期，第 7 页。

姻关系存续年限。"① 因为,在双职工家庭中,"家务贡献较大的一方,因家务劳动挤压了其自身发展的时间和精力,减少了职业投入和经济收入,导致离婚后谋生能力较低、生活水平下降"②。"而配偶他方,则基于对方的奉献和牺牲从中获得巨大的利益,如学业的进步、事业的发展以及经济地位的提高等。"③ "倘婚姻关系继续存续,家务贡献较多的一方可以从婚姻生活中获得相应的回报;倘婚姻关系解除,家务贡献较多的一方则无法再从婚姻生活中获得相应的回报,进而引发权利与义务的失衡、贡献与补偿的失衡。"④ 其次,在分别财产制下,家务贡献补偿应适用剩余分配制。"所谓剩余财产之分配额,即为家事劳动之评价额。剩余财产非夫一人所得而成,而含有妻之协力加功,亦即是夫之职业劳动与妻之家事劳动协力之下的产物,因此,夫妻各自有平均分配之权利。"⑤ 再次,家务贡献补偿应适用于婚姻关系存续期间。参照《瑞士民法典》第 164 条、第 165 条之规定,在婚姻关系存续期间,对家务贡献予以合理的补偿,不仅有助于家庭的和睦,也有助于女性家庭地位与社会地位的提升。最后,家务贡献补偿应适用法定与约定相结合的原则。"具体约定家务贡献补偿价值时,应参考相关因素:婚姻关系存续期间的长短,家务劳动的时间、强度与技能,从事家务劳动一方的逸失利益,补偿方的经济收入、预期经济效益和人力成本的增值等因素。"⑥

① 王歌雅:《家务贡献补偿:适用冲突与制度反思》,载《求是学刊》2011 年第 5 期,第 84 页。

② 王歌雅:《家务贡献补偿:适用冲突与制度反思》,载《求是学刊》2011 年第 5 期,第 84 页。

③ 夏吟兰:《离婚自由与限制论》,中国政法大学出版社 2007 年版,第 222 – 223 页。

④ 王歌雅:《家务贡献补偿:适用冲突与制度反思》,载《求是学刊》2011 年第 5 期,第 84 页。

⑤ 林秀雄:《夫妻财产制之研究》,中国政法大学出版社 2001 年版,第 161 页。

⑥ 王歌雅:《家务贡献补偿:适用冲突与制度反思》,载《求是学刊》2011 年第 5 期,第 85 页。

2. 完善经济帮助制度的适用基础

针对经济帮助制度的适用局限，应拓宽经济帮助的适用条件。该适用条件，不仅应包括离婚后不能维持当地基本生活水平的情形，更应包括基于离婚前与离婚后的生活水平落差而引起的生活水平下降的情形。为此，拓宽生活困难的含义，既有助于放宽经济帮助的适用标准，救济离婚当事人；也有助于保障当事人在离婚后生活水平不下降，补偿离婚当事人，贯彻离婚自由原则。①

3. 完善离婚损害赔偿制度的适用基础

针对离婚损害赔偿制度的适用局限，该制度应当适当延展。首先，应拓宽离婚损害赔偿的适用情形，即将通奸、姘居、卖淫、嫖娼等有违夫妻忠实义务的行为纳入离婚损害赔偿的请求范围。其次，加大对过错行为的认定力度，即人民法院在审理离婚损害赔偿案件时，对无过错方的举证要求要从宽，对法院调查取证的范围要放宽，以解决离婚损害赔偿取证难的问题。最后，提高离婚精神损害赔偿金的数额。"从司法实践看，大凡准予离婚损害赔偿的案件，精神损害赔偿金的给付数额相对较低。为体现惩罚和抚慰相结合的原则，在过错方的经济承受能力范围内，可适当提高精神损害赔偿金的数额。"②

总之，"一切正义都是具体、历史的"③，离婚救济的制度正义也如此。离婚救济首先就不是一个纯粹的经济给付能力问题，而是一个关于社会基本结构，以及由这种基本结构所决定的权利——义务关系、社会财富分配的政治正义问题；社会财富分配正义问题，就不仅仅是一个不同社会成员间的权利——义务关系调整问题，同时亦是作为社会财富的

① 王歌雅：《离婚救济制度：实践与反思》，载《法学论坛》2011 年第 2 期，第 31 页。
② 王歌雅：《离婚救济制度：实践与反思》，载《法学论坛》2011 年第 2 期，第 32 页。
③ 高兆明：《支付能力的正义向度》，载《吉首大学学报（社会科学版）》2011 年第 1 期，第 4 页。

真实实现问题。[①] "如果不改变作为交换正义的背景性安排的社会结构及其制度，社会贫困阶层的财富占有状况及其有效支付能力，不可能在市场交换中有根本改变。"[②] 为此，离婚救济的制度完善，是其功能建构的保障。

第五节　离婚制度完善的思考

离婚领域问题频出，源于制度设计疏漏与行为主体错误。而离婚制度在司法实践中的变异表现，有碍离婚个案的公正追求且制约离婚正义的价值实现。只有通过立法反思，找准原则定位——保障离婚自由、维护离婚权益、正视社会分层、追求实质正义，才能完善制度设计、实现公正抉择。即通过离婚条件的界定、离婚效力的保障、离婚救济的实现，完善《民法典·婚姻家庭编》有关离婚制度的科学架构。

一、立法反思

我国离婚率的持续攀升，导致离婚主体的人身矛盾与财产纠纷日益凸显。如何解决矛盾与纠纷，关涉离婚主体的权益保障与离婚制度的公正抉择。而矫正我国离婚制度在司法实践中的变异样态与公正疏离，既是我国离婚立法的目标追求，也是《民法典·婚姻家庭编》的制度选择与观念定位。

囿于"宜粗不宜细"立法观念的影响，我国《民法典·婚姻家庭编》并未实现对离婚制度的理想架构。即在优化了离婚损害赔偿、离婚家务贡献补偿等制度的同时，依然留存亟待完善的立法空间。在

[①] 高兆明：《支付能力的正义向度》，载《吉首大学学报（社会科学版）》2011 年第 1 期，第 2 页。

[②] 高兆明：《支付能力的正义向度》，载《吉首大学学报（社会科学版）》2011 年第 1 期，第 3 页。

《民法典·婚姻家庭编》实施后，离婚领域又出现了新问题与新需求，既困扰法官对离婚案件的公正裁量，也困扰民众对离婚纠纷的客观认知。

根据实践调研，我国现行离婚制度在社会生活中呈现如下问题：一是登记离婚对离婚条件的形式审查，不利于防范、控制草率离婚。根据《民法典》第 1078 条规定，登记离婚的法定条件有两个：一是双方自愿离婚；二是对子女抚养、财产以及债务处理等事项协商一致。婚姻登记机关对上述离婚条件的审查，仅为形式审查。形式审查虽具有离婚成本低、周期短、便利快捷等优势，但难免对离婚后果考虑不周。二是诉讼离婚对法定离婚理由、确认感情确已破裂的法定情形界定不充分，不利于离婚的公平与公正。根据《民法典》第 1079 条第 2 款规定，准予离婚的法定理由是"感情确已破裂，调解无效"。然而，何谓"感情确已破裂"，语焉不详。而依其第 3 款规定，调解无效，准予离婚的情形虽有 5 项①，且 5 项情形中有概括性规定，却未将"有婚外性行为"的过错行为以及导致感情确已破裂的其他客观情形采取列举性规定，易使民众对婚姻忠诚义务及婚姻责任产生变异认知。三是未对离婚债务清偿与责任追偿予以规定，不利于保障离婚主体的财产权益。《民法典》第 1089 条对离婚时夫妻共同债务规定了清偿的原则与方法，却未对离婚时个人债务的范围、债务清偿的原则与方法予以规定。制度欠缺，易于导致离婚债务清偿的不公。四是离婚救济的适用条件较苛刻，不利于发挥制度的救济功能。根据《民法典》第 1088 条、第 1090 条、第 1091 条的规定，离婚时的家务贡献补偿、经济帮助、损害赔偿均具有适用条件苛刻的共性，易于导致适用难、救济效果不佳、保障功能未能充分发

---

① 《民法典》第 1079 条第 3 款：有下列情形之一，调解无效的，应当准予离婚：（一）重婚或者与他人同居；（二）实施家庭暴力或者虐待、遗弃家庭成员；（三）有赌博、吸毒等恶习屡教不改；（四）因感情不和分居满二年；（五）其他导致夫妻感情破裂的情形。

挥等遗憾。

伴随最高人民法院关于适用《民法典婚姻家庭编解释（一）》的施行，相关离婚矛盾已得到初步缓解，但民众对《民法典婚姻家庭编解释（二）》充满期待。实践是检验真理的唯一标准；司法实践是检验立法质量与制度效果的试金石。只有利用《民法典·婚姻家庭编》的实施契机，切实完善我国的离婚制度，才能实现离婚立法的科学性、适用性与价值性。

二、原则定位

《民法典·婚姻家庭编》的立法设计，应对离婚制度在司法实践中产生的变异、疏离进行矫正，即通过科学、严谨、适用的离婚立法，提升离婚制度的公正内涵与公平效果，维护离婚主体的权益，促进社会的和谐。

（一）保障离婚自由

离婚自由，是离婚者的意志自由、选择自由与行为自由。一个自由、法治、公正的社会，必然以保障离婚者的意志自由作为立法原则与制度理念。《民法典·婚姻家庭编》在完善离婚制度时，应将保障离婚自由作为基本原则。而客观评价离婚率攀升，是离婚立法的应有视角。

离婚率攀升，从积极视角观察，是离婚自由原则的贯彻及民众婚姻观念更新的体现；从消极视角观察，其导致了婚姻解体与家庭离散，引发了婚姻主体在离婚利益、再婚机会等层面的排挤与剥夺，甚至会引发轻率离婚以及规避政策的离婚。尽管如此，离婚制度的设计，仍应以保障离婚自由为价值目标，且应以矫正离婚恣意、承担家庭责任和社会责任为终极追求。自由，是权利行使的边界；离婚自由，是离婚自主权行使的边界。承担了义务与责任的离婚，才是道德的、合法的、公平的、正义的。故离婚自由是有条件的，需要进行道德与否、合法与否的审视

与判断。离婚是否自由、是怎样的自由，永远都由离婚主体判断与把握，也只有离婚主体才能为离婚自由承担道义与法律的责任。

（二）维护离婚权益

维护离婚权益，是离婚立法优化的原则定位，即在保障离婚自由的同时，切实维护离婚主体的人身权益与财产权益。关注并分析司法实践中存在的离婚难点与热点问题，有助于为离婚立法的制度设计提供观念支撑。

首先，离婚难点在于离婚时的债务清偿，即争执焦点在于《民法典》第1064条和第1089条的具体适用。在司法实践中，如何破解离婚主体的被债务化，关涉离婚的程序正义与实质正义。在婚姻关系存续期间，夫妻一方以个人名义所借债务并非必然认定为夫妻共同债务。因为，只有该债务用于夫妻共同生活、共同生产经营或者基于夫妻双方共同意思表示时，才被视为夫妻共同债务。为保护离婚当事人和债权人的合法权益，《民法典》第1064条规定了确认夫妻共同债务的判断标准；《民法典婚姻家庭编解释（一）》第33条至第36条对夫妻共同债务的认定与清偿作出具体解释。从立法精神和司法适用而言，除法定夫妻共同债务外，若判断一项债务是否属于夫妻共同债务，应当遵循"谁主张、谁举证"的原则，即"夫妻一方在婚姻关系存续期间以个人名义超出家庭日常生活需要所负的债务，不属于夫妻共同债务；但是，债权人能够证明该债务用于夫妻共同生活、共同生产经营或者基于夫妻双方共同意思表示的除外"[1]。离婚债务清偿，应在离婚主体之间、离婚主体与债权人之间保持利益平衡，并使其财产权益得到同等保护。

其次，离婚热点在于财产分割，即争执焦点在于夫妻的共同财产与个人财产的边界分离与性质界定。如哪些属于《民法典》第1063条第

---

① 《民法典》第1064条第2款。

4 款规定的"一方专用的生活用品",该规定是否有价值的差异以及如何认定,制约财产归属,困扰离婚财产分割。因此,维护主体的离婚权益,成为离婚制度的公正抉择。

（三）正视社会分层

社会分层,通常理解为社会群体的层级化、网格化及社会成员的阶层化。社会分层是社会排挤的结果。社会排挤,导致社会成员在社会地位、资源拥有、权益维护、阶层转化、代际传承、文化观念等方面的差异与固化,从而使较低阶层的群体难以突破既有阶层向更高层级的群体转化或位移。社会分层若以群体来划分,可分为强势群体与弱势群体、主流群体与边缘群体。弱势群体或边缘群体常被划分为农民工群体、新贫困群体以及新失业群体、城市新贫困家庭群体、女性就业与失业群体、残疾人群体、老年人群体、未成年人群体、失地农民与新移民群体等。[①] 由于欠缺社会支持系统的支撑,上述群体易于产生社会权益甚至是离婚权益的弱化。

正视社会分层,在于救济、维护不同群体的离婚权益。尽管不同群体的离婚诉求具有群体特征与阶层差异,但完善离婚制度,必须以满足不同群体的权益保障诉求为目的。例如,针对失业群体、贫困群体、残疾群体、老年人群体,离婚立法应提供完善的经济帮助制度的支持,以解决其离婚时的生活困难、避免离婚贫困化,实现离婚自由;针对女性就业与失业群体,除适用离婚经济帮助制度外,尚需根据其具体的离婚情势适用离婚家务贡献补偿制度,以维护其家务贡献补偿请求权;针对不同群体存在的过错离婚行为,应适用离婚损害赔偿制度,以救济无过错一方的离婚权益。为此,离婚制度尤其是离婚救济制度的完善与取舍,应关注我国的现实国情,同时借鉴各国的离婚立法例,确保《民

---

① 丁开杰:《社会排斥与体面劳动问题研究》,中国社会出版社 2012 年版,第 171 – 176 页。

法典·婚姻家庭编》有关离婚制度尤其是离婚救济制度的设计科学与实用,满足不同群体的离婚诉求。

(四)追求实质正义

正义,即公正、无偏私。离婚的实质正义,既意味离婚法律规范内涵公平价值,也意味离婚个案具有公平结果。公平具有公正、平等、正义的维度。如何在离婚制度中融入实质正义的价值标准,是完善《民法典·婚姻家庭编》的神圣使命与重要课题。

实质正义,以形式正义的实现为前提。离婚的形式正义,是指离婚法律规范平等适用于所有的离婚个体,排除个体在维权能力、社会资源、支持网络以及社会地位等方面的差异。离婚的实质正义,是指离婚法律规范的具体适用应关注离婚个体之间在维权能力、社会资源、支持网络以及社会地位等方面的差异,并针对不同的离婚个体适用不同的离婚规范,以满足其对离婚效果的不同欲求。例如,针对离婚个案中的生活困难者,应适用离婚经济帮助制度,以维持其离婚后的生活来源与生活稳定。同时,鉴于社会生活中既存的性别不平等,尚需对离婚后抚育子女的一方尤其是女性给予分割夫妻共同财产时的适当照顾,以矫正社会性别差异导致的离婚个体之间的资源差异,体现离婚制度的人文关怀。尽管形式正义是低层次的,却不可缺少;实质正义虽是高层次的,但往往要受到各种社会条件的制约。因而,对离婚个案的审理,只有适用具有社会性别视角及实质正义追求的离婚法律规范,才能实现离婚的实质正义。为此,必须将追求实质正义作为离婚立法的基本原则与价值尺度,以实现离婚的形式正义与实质正义的统一,并完成由形式正义向实质正义的跨越与转换。

凝练并展现离婚立法的基本原则与价值定位,是为确保离婚规范的拟定、离婚个案的审理具有公正的内涵与结果,即一个追求公正、人道、责任的社会,一定要将保障离婚自由、维护离婚权益、正视社会分层、追求实质正义作为离婚制度的核心内涵，进而实现人格的自由与尊严。

三、制度设计

关注制度反思与原则定位，在于有目的、有策略、有计划地实现《民法典·婚姻家庭编》对离婚制度的立法设计与规范拟定。而有价值的立法工作，是保障民众婚姻意志与离婚权益的基础。

（一）离婚条件的界定

如何对待离婚自由，是法律问题，也是道德问题。就法律而言，离婚自由虽是主体的法定权利，但也要符合离婚的条件与程序、承担离婚的义务与责任；就道德而言，离婚自由虽是主体的道德依据，但也要尊重他人的离婚意愿与义利抉择、承担对他人及社会应承担的道义责任。离婚条件的立法设计与规范拟定，关涉民众离婚自由权的享有与行使，关涉利害关系人的权益保障与人格尊严，关涉当下社会离婚观念的更新与婚姻文化的前行。

1. 离婚条件界定的基础

离婚条件的规范拟定，应为离婚自由赋权系统中的核心要素。离婚条件的宽严、列举情形的多寡、立法例的取舍，均与立法目的、立法追求、社会期待息息相关。在法学界，关于离婚权利抑或离婚自由权利的享有与本质揭示，素有"资格论""利益论""要求论"等观点，这些观点的产生，源于人们对权利的解释，即基于分析法学派代表人物 W. N. 霍菲尔德（W. N. Hohfeld）对权利的四重区分，权利可被理解为：作为一种要求的权利（claim rights）；作为不涉及他人的特权和自由（privilegesor liberties）；作为规范权利（normative power）；作为豁免权（immunities）。① 基于这一区分，离婚条件的界定，涉及离婚主体的资格、利益，即婚姻主体是否享有离婚的资格、利益。故离婚条件的规范拟定，应同时关注协议离婚与诉讼离婚两个程序的制度设计，并使其相互支撑、配合、平衡与补益。

2. 登记离婚条件的界定

围绕登记离婚的争议主要有四方面：一是应否规定登记离婚的审查期；二是应否限制抚育未成年子女的主体离婚；三是应否规定离婚协议的变更与执行；四是应否规定登记离婚的瑕疵修正。对此，《民法典·婚姻家庭编》应予以回应：第一，为应对轻率离婚、规避政策的离婚，应对登记离婚的审查期予以规定，即"婚姻登记机关应当在审查期间内查明双方是否符合登记离婚条件，符合登记离婚条件的，审查期届满后予以登记并发给离婚证。审查期间为一个月"②。该规定在于保障婚姻登记机关从容审查离婚条件，并给予离婚主体以"冷静期"，审慎确定离婚意愿及思考离婚后果；其本土立法尝试，是我国 1994 年颁行的《婚姻登记条例》曾有审查期的规定。第二，限制抚育未成年子女的主体通过登记离婚方式而离婚的建议未取得共识。尽管该建议有相关立法例支持，如《澳门民法典》第 1628 条第 2 款规定："夫妻双方同意离婚者，得向管辖法院声请两愿离婚，如并无夫妻两人所生之未成年子女，则亦得向有权限之民事登记局申请两愿离婚。"但欲对其进行限制，尚需仰赖实证调研结果和考察民众的接受程度，不能简单以借鉴立法例为由进行立法抉择。第三，应规制基于离婚协议的变更与执行而引发的纠纷，即"登记离婚后，当事人一方不履行离婚协议中子女抚养和财产处理内容的，另一方可以起诉要求对方履行。登记离婚后，当事人双方就子女抚养或者财产处理达成变更协议的，应当签订协议书，并

---

① 布宁等：《西方哲学英汉对照辞典》，王柯平等译，人民出版社 2001 年版，第 886 页。
② 《民法典·婚姻家庭编》专家建议稿第 45 条第 2 款。

到婚姻登记机关办理变更登记。变更协议自登记之日生效"①。该规定在于强化离婚主体恪守离婚的效力、履行离婚的义务，即离婚协议是兼具人身关系与财产关系的复合协议。有关人身关系变更的协议，一经登记即发生法律效力；而有关财产关系变更的协议，如离婚财产清算、子女抚育费的给付与变更等，则需离婚主体自觉履行。倘不能自觉履行及因履行产生争议，应通过诉讼程序解决。第四，客观应对离婚欺诈行为，整肃登记离婚秩序，即"当事人一方弄虚作假，骗取离婚登记，侵害另一方权益的，婚姻登记机关查明属实后，应当确认离婚无效，撤销离婚登记"②。规定瑕疵登记离婚无效，在于维护善意当事人的权益。

3. 诉讼离婚条件的界定

围绕诉讼离婚的争议表现在四方面：一是如何界定离婚的法定事由；二是如何规制婚姻关系破裂的法定情形；三是能否规定离婚的苛刻条款；四是能否增加对无民事行为能力人的诉讼离婚规定。对此，学界形成的共识如下：第一，将法定离婚理由"感情确已破裂"修改为"婚姻关系确已破裂"。该修正是因为婚姻关系才是法律调整的对象且具有实践操作价值，且域外离婚法也将"婚姻关系破裂"或"婚姻关系无可挽回的破裂"作为离婚的法定事由。如《德国民法典》第1565条第1款规定："婚姻已破裂的，可以离婚。"③ 第二，增加认定婚姻关系破裂的具体情形，即将"发生婚外性行为的"；"患有严重的精神病经治不愈的"，增补为确认婚姻关系破裂的法定情形。④ 该规定的立法依据有三：一是《民法典》第1079条第3款关于感情确已破裂的列举理由较少，且多侧重于对当事人过错事由的列举，忽略了导致婚姻关系破裂的其他过错事由，如发生婚外性行为的情形，且该情形已成为导致

---

① 《民法典·婚姻家庭编》专家建议稿第47条。
② 《民法典·婚姻家庭编》专家建议稿第48条。
③ 《德国民法典》，陈卫佐译注，法律出版社2020年版，第549页。
④ 《民法典·婚姻家庭编》专家建议稿第50条。

婚姻关系破裂的主要过错事由之一。二是将司法解释中的相关规定上升为法律规范，以拓展认定婚姻关系破裂的具体客观事由。如患有严重的精神病经治不愈的情形。三是借鉴相关立法例，兼顾本国的立法实践。如《法国民法典》第 237 条，《葡萄牙民法典》第 1781 条，《德国民法典》第 1565 条、第 1566 条，《澳门民法典》第 1637 条，均有类似规定。第三，规制诉讼离婚的苛刻条款，救济离婚主体一方和子女的利益，即"如判决离婚对未成年子女有明显不利，或者对不同意离婚一方造成严重伤害的，即使婚姻关系确已破裂，人民法院也可以判决不准离婚"[①]。其立法意义有三：一是矫正离婚的非公正后果，即离婚应体现离婚自由、对利害关系者的利益维护与人格尊重。当未成年子女因父母离婚而陷于身份危机、抚育艰难、成长困难等不良境遇时；当拒绝离婚的一方处于身患重病、失业等人生危困时，法院也可判决不准离婚，以救济离婚导致的身份障碍、成长危机、生活困窘、人格失落。二是展现离婚的责任意识。离婚，既应对个人负责，也应对离婚的他方、子女负责。承担离婚对他人、自己、社会的责任，是对离婚主体的道义要求，也是离婚主体应承担的法律义务。三是追求并实现离婚正义。人类的情怀与意识是追求并实现正义。对此，《德国民法典》第 1568 条已作出示范性规定[②]，以应对社会分层引发的矛盾与纠纷。第四，规制无民事行为能力人的诉讼离婚程序，维护其离婚权益与人格尊严，即"无民事行为能力人的配偶有虐待、遗弃等严重损害无民事行为能力一方的人身权利或者财产权益行为，其他有监护资格的人可以依照特别程序要求变更监护关系；变更后的监护人代理无民事行为能力一方提起离

---

① 《民法典·婚姻家庭编》专家建议稿第 51 条。

② 《德国民法典》第 1568 条规定：如果且只要婚姻的维持为了婚生未成年子女的利益，由于特殊原因而例外地有必要（如离婚会引起婚生未成年子女的严重身份危机），或者，如果且只要离婚基于特别情事而对拒绝离婚的被申请人来说会意味着如此严峻的苛刻，以致婚姻的维持即便在考虑到申请人利益的情况下也显得例外地有必要的（如拒绝离婚的被申请人身罹重病），虽然婚姻已破裂，但不应离婚。

婚诉讼的，人民法院应予受理"①。实现人格的独立、平等、自由与尊严，是当代民事法律规范的核心内涵。对无民事行为能力人的诉讼离婚程序予以规制，既可解决其配偶不提离婚且侵害其权益的特殊婚姻问题，也可实现离婚制度对弱势群体的特殊关怀；既是司法实践经验的总结——《民法典婚姻家庭编解释（一）》第62条②予以规制，也吻合现实国情与权益保障需求。

充分挖掘离婚立法资源与制度类型特质，才能分别展现登记离婚与诉讼离婚制度的特有优势与规范功能，进而实现离婚立法价值性与实践性的统一。

（二）离婚效力的保障

完善离婚效力制度，可有效衡平离婚主体之间、离婚主体与利害关系人之间的权利与义务关系。故《民法典·婚姻家庭编》的制度设计，应回应如下问题：一是可否增加有关离婚效力的一般规定；二是应否增补离婚财产分割的原则、方法与救济措施；三是应否对离婚债务清偿的原则、相互追偿的责任予以规定。

1. 增设离婚效力的一般规定

离婚效力的一般规定应界定为："登记离婚或判决离婚生效后，当事人的配偶身份消灭，基于配偶身份而产生的人身关系和财产关系即行终止。"③ 该规定的立法考虑有三：一是弥补有关离婚一般效力的立法欠缺，明示登记离婚、诉讼离婚具有相同的法律效力；二是有关离婚效力的一般规定应置于离婚效力一节之首，以示人身关系和财产关系即行

---

① 《民法典·婚姻家庭编》专家建议稿第52条。
② 无民事行为能力人的配偶有民法典第36条第1款规定行为，其他有监护资格的人可以要求撤销其监护资格，并依法指定新的监护人；变更后的监护人代理无民事行为能力一方提起离婚诉讼的，人民法院应予受理。
③ 《民法典·婚姻家庭编》专家建议稿第55条。

终止的后果；三是为离婚具体效力规范的设计奠定原则基础，以进一步规范离婚对子女、财产分割、债务清偿等效力。

2. 增加离婚财产分割的原则性规定

有关离婚财产分割的原则性规定应包括三个方面：一是增加离婚财产分割的衡平因素。《民法典·婚姻家庭编》未规定离婚财产分割的衡平因素，基于纠纷解决与权益维护的目的，应对婚姻家庭贡献、弱势群体利益保护等因素予以界定，以弥补立法不足，体现权利与义务相一致的精神，即"分割夫妻共同财产一般应当均等。当事人对均等分割有异议的，由人民法院根据双方婚姻关系存续期间的长短、离婚的原因及财产的具体情况，依照顾子女和女方权益的原则判决"①。上述规定，既是我国司法实践经验的总结，也有立法例的参照。如《美国统一结婚离婚法》第 307 条规定。② 二是增加离婚财产分割方法的界定，即"分割夫妻共同财产，应当根据财产的性质和效用，采取有利于生产和方便生活、不损害财产的效用和经济价值等分割方法。对夫妻共有房屋的分割，应当优先考虑抚养子女的需要"③。如此规定，既可弥补立法空白、将婚姻家庭法理与司法实践经验上升为法律规范，也便于解决离婚财产分割矛盾、满足抚养子女一方对房屋等财产分割的现实需要；既可应对社会分层、资源排挤，也可矫正性别差异与权益失衡。相关立法例包括：《瑞士民法典》第 219 条第 3 款、第 244 条第 2 款，《澳门民法典》第 1645 条。三是增加离婚财产分割救济措施，即"离婚后，一方以尚有夫妻共同财产未分割为由请求继续分割的，由双方协议处理；协

---

① 《民法典·婚姻家庭编》专家建议稿第 57 条第 2 款。

② 《美国统一结婚离婚法》第 307 条规定：对婚姻财产的分割参酌相关因素：（1）双方有关财产的获得所作的贡献；（2）婚姻持续时间的长短；（3）分配给夫妻一方财产的价值；（4）财产分割生效时双方的经济状况，包括对家庭的适当供养或有子女监护权一方生活适当一段时间的权利。

③ 《民法典·婚姻家庭编》专家建议稿第 58 条。

议不成的,当事人可以请求人民法院裁决"①。鉴于离婚财产分割存在的财产遗漏等问题,应对未分割的夫妻共同财产继续分割,以消除离婚后尚存的"夫妻共有财产关系",实现身份关系与财产关系的基础统一与性质统一。

3. 增加离婚债务清偿责任的规定

离婚债务清偿责任的立法欠缺,应通过如下规定来完善。首先,规定离婚债务清偿的原则与路径。离婚债务是婚姻债务的组成部分;夫妻债务性质的认定,属夫妻财产清算的范畴。围绕夫妻债务性质的认定,学界往往认为应将其规定在夫妻财产制之中,以实现夫妻财产清算制度的体系化与规范化。同时,夫妻财产制不同,其债务性质认定、边界确定、清偿方法也不同。至于离婚债务清偿,则属婚姻债务清偿的延续。故在夫妻财产制对夫妻的共同债务和个人债务的性质、边界进行了界定后,有关离婚债务的清偿,仅需规定清偿的原则与程序即可,即"夫妻共同债务应以夫妻共同财产清偿。夫妻共同财产不足以清偿共同债务的,由夫妻双方协议清偿;协议不成时,当事人可以请求人民法院裁决"②。"夫妻个人债务应以夫妻个人财产清偿,夫妻双方另有约定的除外。"③ 上述规定,延续了《婚姻法》第41条有关夫妻共同债务清偿的原则与方法,明确了夫妻个人债务的清偿原则与方法,便于离婚债务的有序清偿。关于夫妻共同债务清偿的立法例主要包括:《法国民法典》第262-2条,《葡萄牙民法典》第1697条,《瑞士民法典》第203条、第235条、第250条,《美国统一婚姻财产法》第八节(b)款(4)项,《澳门民法典》第1563条。关于夫妻个人债务清偿的立法例有我国台湾地区"民法典"第1034条、第1035条、第1036条的规定。其

---

① 《民法典·婚姻家庭编》专家建议稿第59条。
② 《民法典·婚姻家庭编》专家建议稿第60条第1款。
③ 《民法典·婚姻家庭编》专家建议稿第60条第3款。

次，规定离婚债务追偿的原则与路径。《民法典·婚姻家庭编》欠缺离婚债务清偿的追偿制度的建构，不利于平衡离婚主体之间的债务清偿责任。为弥补立法欠缺，应增加离婚债务追偿责任的相关规定：一是增加对离婚共同债务的连带清偿责任的规定，即"夫妻对共同债务负有连带清偿责任。夫妻一方清偿共同债务超出协议约定或法院判决其应当承担的份额部分，有权向另一方追偿"①。该赋权规定，既明确了夫妻对共同债务的连带清偿责任，避免逃避债务情形的发生，也锁定了夫妻对共同债务的清偿份额，便于离婚主体对债务责任的承担。二是增加有关离婚债务追偿的原则与方法的规定，即"婚姻关系存续期间以夫妻共同财产清偿个人债务，或者以个人财产清偿夫妻共同债务的，离婚时可以追偿，夫妻双方另有约定的除外"②。上述情形中的债务清偿，均可视为夫妻一方对他方应承担债务的代为清偿。该代为清偿虽消除了债权人与债务人之间的债之关系，但依债权法原理，代为清偿者取代债权人的地位，有权向债务人进行追偿。这既是债权相对性原理的例外，也符合意思自治与责任自负的精神。相关立法例包括《菲律宾家庭法》第122 条、《美国路易斯安那民法典》第 2364 条等。

离婚效力的保障，以完备的离婚效力制度的适用为前提。离婚效力制度的建构与完善，以追求实质平等为前提与归宿。这是解决离婚当事人债务清偿矛盾的有效措施与最佳理路，也是实现性别正义、救济女性离婚权益的制度基础与规范保障。

（三）离婚救济的实现

离婚救济的功能，在于实现离婚自由。为解决社会分层引发的离婚救济矛盾，应妥善解决立法难点：一是家务贡献补偿制度如何完善；二

---

① 《民法典·婚姻家庭编》专家建议稿第 60 条第 2 款。
② 《民法典·婚姻家庭编》专家建议稿第 60 条第 4 款。

是经济帮助制度如何超越；三是损害赔偿制度如何发展；四是财产分割不公如何解决。为实现制度设计的正义追求，《民法典·婚姻家庭编》应有所担当。

1. 完善家务贡献补偿制度

家务贡献补偿，也称离婚家事贡献补偿或离婚经济补偿。该制度在创设之初，"是因为在夫妻财产分别所有的前提下，家务贡献难以通过夫妻共同积累的财产获得相应的回报。为实现权利与义务相一致的原则，家务贡献应得到相应的补偿。然而，由于我国的夫妻财产制在社会生活中多为婚后所得共同制，致使家务贡献补偿制度的适用比例相对较低"[①]。

为扭转制度适用比例偏低的现状，完善家务贡献补偿制度应关注两点：一是关注立法模式转变。突破现有制度局限是立法成败的关键。对此，学界曾有探讨，即家务贡献补偿制度，应延展适用于夫妻共同财产制；在分别财产制下应适用剩余分配制；婚姻关系存续期间也应适用；具体适用原则是法定与约定相结合。[②] 而为充分发挥制度的救济功能，应将维护家务贡献较多一方的权益作为立法模式选择的重心，即"夫妻未书面约定婚姻关系存续期间所得财产归各自所有，一方因抚育子女、照顾老人、协助另一方工作等付出较多义务，离婚时通过分割夫妻共同财产不能得到适当补偿的，有权请求另一方以个人财产给予补偿"[③]。将家务贡献补偿制度延展适用于夫妻共同财产制，凸显了权利与义务相一致的精神，彰显了家务贡献的价值；兼顾了夫妻共同财产共同分割的原则，矫正了离婚时分割夫妻共同财产存在的不公。二是关注

---

① 王歌雅：《家务贡献补偿：适用冲突与制度反思》，载《求是学刊》2011 年第 6 期，第 80 页。

② 王歌雅：《家务贡献补偿：适用冲突与制度反思》，载《求是学刊》2011 年第 6 期，第 84 - 85 页。

③ 《民法典·婚姻家庭编》专家建议稿第 61 条第 2 款。

立法观念转变。意思自治是民事行为的核心要素；公平正义是家务贡献补偿的价值目标。家务劳动主要由女性承担，故制度设计应侧重突破社会性别的刻板化，即"当婚姻当事人承担了相应的家庭责任后，则可获得相应的家务贡献补偿"①。"补偿的具体办法由双方协议；协议不成时，当事人可以请求人民法院裁决。"② 而协议与裁决的参考因素包括："婚姻关系存续期间的长短，家务劳动的时间、强度与技能，从事家务劳动一方的逸失利益，补偿方的经济收入、预期经济效益和人力成本的增值等因素。"③

2. 完善离婚经济帮助制度

经济帮助制度源于 20 世纪 30 年代，是独具中国特色的离婚救济制度，发挥了保障离婚自由、促进性别平等的功能。围绕该制度的争议主要包括：因离婚而致生活水平明显下降的一方可否请求经济帮助；严重违反婚姻义务的一方可否请求经济帮助；如何界定生活困难及经济帮助的终止。

为提升离婚经济帮助制度的适用功能，《民法典·婚姻家庭编》应作相应抉择。第一，界定生活困难的含义。我国现行经济帮助制度的设置，是为解决主体离婚时的生活困难。然而，何谓生活困难，《民法典·婚姻家庭编》未界定。尽管《最高人民法院关于适用〈中华人民共和国婚姻法〉若干问题的解释（一）》的第 27 条对其进行了解释，但该解释的适用条件过于苛刻，既不符合人均生活水平逐步提高的现实国情，也忽略了当事人离婚后生活水平的下降情形。因而，对生活困难的界定，不仅应包括离婚后不能维持当地基本生活水平的情形，更应包

---

① 王歌雅：《家务贡献补偿：适用冲突与制度反思》，载《求是学刊》2011 年第 6 期，第 85 页。

② 《民法典·婚姻家庭编》专家建议稿第 61 条第 3 款。

③ 王歌雅：《家务贡献补偿：适用冲突与制度反思》，载《求是学刊》2011 年第 6 期，第 85 页。

括基于离婚前与离婚后的生活水平落差而引起的生活水平下降的情形。生活困难含义的拓展，既有助于放宽经济帮助的适用标准，提高经济帮助的适用效率，救济离婚当事人；也有助于保障当事人在离婚后生活水平不下降，补偿离婚当事人，贯彻离婚自由原则。① 第二，赋予经济帮助制度以惩恶扬善的功能。诚然，我国现行离婚经济帮助制度的设置，并未涉及离婚主体的过错行为。为实现经济帮助制度的道义追求与实质正义，应对离婚主体的过错行为进行矫正，以督促离婚主体履行婚姻义务，承担家庭责任与社会责任，即"离婚时，如一方确有生活困难的，有负担能力的另一方应当以财物、住房、提供劳务等方式给予适当帮助。帮助的具体办法由双方协议；协议不成时，当事人可以请求人民法院裁决。违反婚姻义务的一方请求经济帮助的，不予支持"②。上述规定既拓展了经济帮助制度的功能、吻合民众的离婚需要，也体现了对相关立法例的参照。如《法国民法典》第 270 条、我国台湾地区"民法典"第 1057 条规定。第三，完善经济帮助制度的架构。《民法典》第1090 条有关离婚经济帮助的规定仅为原则性规定，易产生适用困难。为准确适用经济帮助制度，应从两个方面予以完善：一是界定视为生活困难的具体情形，即"有下列情形之一的，视为生活困难：（一）离婚后没有住房的；（二）丧失劳动能力且无生活来源的；（三）患有重大疾病的；（四）生活水平显著下降的；（五）其他导致生活困难的情形"③。采取例示制对经济困难的法定情形进行界定，有助于明确生活困难的类型，便于制度的适用。二是界定经济帮助终止的情形。经济帮助一般为一次性帮助，故应"以受帮助方另行结婚、经济条件好转、原定经济帮助执行完毕作为终止的事由"④，即"有下列情形之一的，

---

① 王歌雅：《经济帮助制度的社会性别分析》，载《法学杂志》2010 年第 7 期，第 72 页。
② 《民法典·婚姻家庭编》专家建议稿第 62 条。
③ 《民法典·婚姻家庭编》专家建议稿第 63 条。
④ 王歌雅：《经济帮助制度的社会性别分析》，载《法学杂志》2010 年第 7 期，第 72 页。

经济帮助应当终止：（一）受帮助方已再婚的；（二）帮助方丧失负担能力的；（三）原定经济帮助执行完毕的；（四）帮助方有证据证明不需要给予经济帮助的其他情形"①。

3. 完善离婚损害赔偿制度

离婚损害赔偿制度适用难，已成为法学界和实务界的共识。为突破制度适用的局限，学界应关注如下问题：一是应否拓宽离婚损害赔偿的请求情形；二是如何跟进离婚损害赔偿制度的具体适用。解决上述问题，才能化解离婚损害赔偿制度适用难的困境。

完善离婚损害赔偿制度的路径与策略包括：一是系统架构离婚损害赔偿制度的基本规定。《民法典》第1091条有关离婚损害赔偿的规定仅为原则性规定，既引发了制度适用难的矛盾，也使有违婚姻义务的行为难以得到法律的制裁。为纠正上述弊端，应对《民法典》第1091条列举式规定予以完善，以拓宽离婚损害赔偿的请求情形，即通过增加列举性规定，拓宽离婚损害赔偿制度的适用范围，提升制度的效用。同时，规定离婚损害赔偿的内涵、适用条件及赔偿方法，完善制度的基本架构，即"有下列情形之一，导致离婚的，无过错方有权请求损害赔偿：（一）重婚的；（二）有配偶者与他人同居的；（三）实施家庭暴力的；（四）虐待、遗弃家庭成员的；（五）有其他严重违反婚姻义务行为的。夫妻双方均有前款规定的过错情形，一方或双方提出损害赔偿请求的，不予支持。前款所称损害赔偿，包括物质损害赔偿和精神损害赔偿。赔偿的具体方法由双方协议；协议不成的，当事人可以请求人民法院裁决"②。上述规定，可提升离婚损害赔偿的救济功能，吻合各国的立法趋势。如《瑞士民法典》第151条、第55条，《墨西哥民法典》第288条等对此有明确规定。二是规定离婚损害赔偿制度的具体适用。

---

① 《民法典·婚姻家庭编》专家建议稿第64条。
② 《民法典·婚姻家庭编》专家建议稿第65条。

我国现行的离婚损害赔偿制度属离因损害赔偿制度，故判决不准离婚的案件，对于当事人依据《民法典》第 1091 条提起的损害赔偿请求，不予支持。在婚姻关系存续期间，无过错方不起诉离婚而单独依据本法第 1091 条规定提起损害赔偿请求的，人民法院不予受理。① 同时，应对离婚损害赔偿请求权的行使予以规定，以应对不同离婚程序中的损害赔偿请求，即当事人在婚姻登记机关办理离婚登记后，一方依据《民法典》第 1091 条向人民法院提出损害赔偿请求的，应当受理。但当事人在登记离婚时已经明确表示放弃该项请求，或者在办理离婚登记一年后提出的，不予支持。② 上述规定，是离婚损害赔偿制度的应有内涵，有助于制度效用的充分发挥。

4. 完善离婚财产公允分割制度

离婚财产分割中存在的违法行为，制约离婚案件的公正解决，影响离婚个案的实质正义。为维护离婚主体的财产权益，应制裁离婚财产分割中的违法行为，确保离婚财产分割的公平，即"离婚时，一方隐藏、转移、变卖、毁损、挥霍夫妻共同财产，或者伪造债务企图侵占另一方财产的，分割夫妻共同财产时，对隐藏、转移、变卖、毁损、挥霍夫妻共同财产或者伪造债务的一方，可以少分或者不分。离婚后，另一方发现对方实施上述行为的，自发现或应当发现之日起二年内，可以向人民法院请求重新分割夫妻共同财产"③。该规定源于司法实践经验，吻合社会的实际需要，并有相关立法例作参照，如《法国民法典》第 1477 条规定，即"责任（义务）内在于权利，权利内在于责任"④。

综上，针对离婚领域存在的制度问题与实践问题，《民法典·婚姻家庭编》已作出具体回应，这既是历史使命，也是婚姻家庭立法现代

---

① 《民法典·婚姻家庭编》专家建议稿第 66 条。
② 《民法典·婚姻家庭编》专家建议稿第 67 条。
③ 《民法典·婚姻家庭编》专家建议稿第 68 条。
④ 黄裕生：《论自由与伦理价值》，载《清华大学学报》2016 年第 3 期，第 95 页。

化的要求。而改革离婚制度与离婚惯习，不仅需要移风易俗的勇气与能力，更需要离婚立法的智慧与共识。因为，自由和道德责任都基于客观的价值。

第六节　收养制度优化的路径

收养行为，通常被看作是一种措施，用以帮助无儿无女的夫妇获得子女，帮助无父无母的儿童获得父母，借以满足感情上的需要。使这一措施严格归结到法治轨道上来，既是收养立法的要求，也是稳定收养秩序的需要。① 我国《民法典·婚姻家庭编》在第五章规定了收养，为回应民众的收养需求、规范收养行为、协调收养关系提供了法律依据，但该收养立法依然存在诸多不足，仍需进行收养立法的完善与收养制度的优化。

一、原则解析

《民法典·婚姻家庭编》第五章规定了收养，包括收养关系的成立、收养的效力、收养关系的解除。《民法典》第 1044 条规定了"收养的原则与禁止性规定，即"收养应当遵循最有利于被收养人的原则，保障被收养人和收养人的合法权益。禁止借收养名义买卖未成年人"。"收养的原则，是国家设立收养制度、制定收养法律规范的指导思想。收养原则贯穿于收养法律规范之中，体现出收养制度的本质和特点。"②

（一）有利于被收养人原则

收养，应有利于被收养人。保障被收养人在收养人的抚育下健康成

---

① 王歌雅：《中国亲属立法的伦理意蕴与制度延展》，黑龙江大学出版社 2008 年版，第 41 页。

② 魏振瀛：《民法》，北京大学出版社、高等教育出版社 2021 年版，第 722 页。

长，是当今各国收养法的共识，也是《儿童权利公约》的理念。未成年人是国家的建设者、生力军，保障其身心健康，是家庭责任，也是社会义务。将有利于被收养人的原则贯穿于收养的条件、成立、效力和解除等各环节，才能确保被收养人的利益，维护收养关系的和谐与稳定。

（二）保障被收养人和收养人合法权益的原则

收养关系涉及收养人和被收养人的利益。《民法典》对收养人和被收养人的合法权益进行了双向且平等的保护。保障被收养人和收养人的合法权益，体现在收养的条件、程序、效力、收养的解除及效力等环节。该原则的贯彻，有利于依法解决收养纠纷。

（三）禁止借收养名义买卖未成年人的原则

收养目的是养老育幼。通过收养，既可为被收养人提供良好的生活环境和生活条件，确保其身心健康和人格完善，也可满足收养人抚育子女的愿望，维护其婚姻稳定与家庭和睦，并在其年老体弱时得到养子女的赡养和扶助。借收养名义买卖未成年人，是以合法形式掩盖非法目的的违法行为。只有严厉打击这一违法行为，才能切实维护未成人的合法权益，促进收养关系的合法建立。

（四）保守收养秘密原则

《民法典》第 1110 条规定："收养人、送养人要求保守收养秘密的，其他人应当尊重其意愿，不得泄露。""保守收养秘密，在于维护收养关系的稳定与和谐，保护收养当事人的隐私与个人信息。对于违背当事人意愿、泄露收养秘密的，应当停止侵害，并视侵权行为及损害后果承担相应的民事责任。"[1]

---

[1]　魏振瀛：《民法》，北京大学出版社、高等教育出版社 2021 年版，第 723 页。

二、立法局限

我国收养立法虽对制度体系、规范体系进行了建构与完善，提升了收养立法质量与规范适用空间，但依然存在如下问题。

（一）收养目的片面

从我国收养法的规定可以看出，其设立收养的目的主要在于保护未成年人及其利益。《民法典·婚姻家庭编》将被收养人限制在未成年人范围内，而将成年人排除在被收养人的范围之外，无疑会缩小收养成年被收养人的渠道，不利于收养愿望的满足和收养人权益的维护。① 此外，收养立法也忽略了对老年人的关注，具体表现有二：一是仅规定养子女成年后虐待、遗弃养父母而解除收养关系的，养父母可以要求养子女补偿收养期间支出的抚养费，缺少养父母因此而受到精神损害的赔偿。② 这一规定"显然有悖扶老育幼的收养初衷，不利于保护收养人尤其是老年收养人的利益"③。二是缺少对成年人的收养。我国目前已进入老龄化社会，养老成为亟待解决的社会问题之一，加之我国长期以来实行的独生子女政策，导致空巢老人的数量逐年增加。虽然我国目前已实施了"三孩政策"，但人口老龄化的问题尚未缓解。收养成年人的立法缺失，即从法律上排除了孤寡、空巢、失独等老年人群体收养成年子女以安度晚年的可能性。

（二）收养条件过严

我国《民法典·婚姻家庭编》对收养当事人的条件要求过高，不

---

① 王歌雅：《关于我国收养立法的反思与重构》，载《北方论丛》2000 年第 6 期，第 56 页。
② 《民法典》第 1118 条第 1 款。
③ 王歌雅：《中国亲属立法的伦理意蕴与制度延展》，黑龙江大学出版社 2008 年版，第 325 页。

利于收养关系的形成。如收养人"无子女或者只有一名子女"的条件过于严格。我国对收养子女数量的限制，虽然吻合计划生育政策的要求，却缩减了收养机会、忽视了收养愿望。因为在社会生活中，能够收养多名养子女的收养人，其收养能力定会优于仅能收养一名养子女的收养人，且能够给养子女提供更优越、更充分的生活条件与教育条件。同时，多名养子女在一起共同生活，有利于其良好人格的养成和道德品质的形成。而我国过严的收养条件，既不利于收养人收养子女，也会缩减未成年人被收养的机会，制约收养效能。

（三）收养类型单一

我国收养立法仅规定了一种收养类型，即完全收养，完全收养是收养的基本模式。在我国社会生活中，由于计划生育政策的实施和人们生育观念的变化，独生子女家庭和无子女家庭数量呈上升趋势，"除收养孤儿和弃婴外，完全收养他人的子女已变得越发的不可能"[1]。为拓宽收养渠道、增加收养机会，我国收养立法应当增加收养类型，如增加不完全收养，以此作为完全收养的补充形式。此外，伴随婚姻观念和生育观念的变化，再婚比例和单身群体逐步增加，从而导致收养观念的变化。虽然我国收养立法规定了继父母可以收养继子女，但继父母对继子女的收养却无法符合完全收养的条件。因为，完全收养要求被收养人与其父亲或者母亲完全终止亲子间的权利义务关系。倘若不能达成收养协议，继父母则不能收养继子女。而丰富收养类型可以解决我国现有收养制度和收养实际之间的矛盾，使我国收养制度能够更好地发挥其应有的作用。

---

① 王歌雅：《中国亲属立法的伦理意蕴与制度延展》，黑龙江大学出版社 2008 年版，第 326 页。

（四）收养程序粗略

为保障收养当事人的利益，各国收养立法均规定了要式收养，即收养应当符合法定的条件和程序，否则，收养无效。我国《民法典·婚姻家庭编》规定的收养程序是收养登记，即"收养应当向县级以上人民政府民政部门登记。收养关系自登记之日起成立"[1]。"收养关系成立后，公安机关应当按照国家有关规定为被收养人办理户口登记。"[2] 为确保收养符合法定条件，"县级以上人民政府民政部门应当依法进行收养评估"[3]。然而，缺少试收养期的规定，无疑是我国收养程序中的一大缺陷。尽管收养评估可以多元考察收养人的收养条件，但收养人与被收养人之间能否建立和谐、稳定、亲爱的亲子关系，依然是需要关注的现实问题。从世界各国的收养立法与收养理念来看，收养不仅要符合法定的条件和程序，而且要给收养当事人预留适当的收养磨合期，即试收养期。[4] 试收养期的规定，既可以促进收养人和被收养人之间情感、心理等方面的相互认同，也可充实收养程序，进而达到良好的收养效果。

（五）收养监督空白

我国收养立法的"重心在于对前收养行为的规范，对后收养行为法无明文"[5]。为了维护被收养人的权益、稳定收养关系，国家应当对收养关系进行全方位的监督，即应当监督收养当事人之间是否存在虐待、遗弃等违法行为，以适时规范收养关系。倘若收养立法欠缺收养监

---

① 《民法典》第 1105 条第 1 款。
② 《民法典》第 1106 条。
③ 《民法典》第 1105 条第 5 款。
④ 蒋新苗、佘国华：《国际收养法走势的回顾与展望》，载《中国法学》2001 年第 1 期，第 174 页。
⑤ 王歌雅：《中国亲属立法的伦理意蕴与制度延展》，黑龙江大学出版社 2008 年版，第 326 页。

督程序，既不利于规范收养关系，也不利于保障被收养人和收养人的利益；既不利于监督收养人是否履行了收养义务，也不利于建立稳定和谐的收养关系。

三、制度优化

为顺应我国的收养实际，回应民众的收养需要，适时优化我国的收养立法，完善我国的收养制度，才能确保收养制度的科学与完善，为收养当事人提供法律保障。

（一）放宽收养条件

我国收养立法关于收养条件的规定过于严格，为拓宽收养途径，应适度放宽收养条件。首先，应取消"收养人无子女或者只有一名子女"的限制，即关于收养人条件的规定，应侧重于收养能力的判断，即应对收养人的个人品行、经济状况、教育能力、时间精力、性格特征等进行考察，以衡量收养人是否具备收养条件。为鼓励具有收养能力的民众收养子女，拓宽收养渠道，应适时对收养人的条件规定进行修改与完善。其次，应增补对成年人的收养，即收养立法应增加规定："成年人可以被收养，但该收养应符合公序良俗。"规定成年人可以被收养，即设立成年人收养制度，有利于老年人老有所依、老有所养，体现了对老年人的亲情关怀，也有利于实现收养目的，优化收养立法，提升收养立法的社会效益。

（二）增设不完全收养

不完全收养，也称简单收养或者单纯收养，是指收养关系成立后，养子女与其亲生父母之间仍然保留一定的权利义务关系的收养。不完全收养，既可适用于收养成年人，也可适用于收养未成年人。从世界收养立法来看，单纯采用完全收养或不完全收养的国家并不多，大部分国家同时设有完全收养和不完全收养两种制度。① 因此，我国也应建立以完全收养为主、不完全收养为辅的收养制度。完全收养与不完全收养各有所长，两者并存有利于健全我国的收养制度。尽管完全收养能够更好地实现儿童的最佳利益，却不符合我国国情。

第一，"随着计划生育工作的深入开展，独生子女的比例日趋增高，除收养孤儿和弃婴外，完全收养他人的子女已日益不可能"②。

第二，伴随人口流动性的增强和老龄化社会的加剧，空巢老人、失独老人、独身老人的数量有所增加。增加不完全收养模式，有利于老年人根据自己的实际需要收养未成年人或者成年人，以发挥赡老育幼的功能，即收养人可以满足收养愿望，被收养人可以与生父母继续保持亲子间的权利义务关系，而非亲子关系的终止，以维系亲情的延续。

第三，我国社会经济发展并不平衡，一些生活窘迫的民众，往往在抚养子女和打工赚钱之间产生冲突。当父母有困难无力抚养未成年子女且又不愿割舍亲子之情时，完全收养就会使其处于两难境地。如果适用不完全收养，则可使被收养人在获得收养人抚育的同时，还能获得来自收养人和生父母的双重关怀，既有利于未成年人的健康成长，也有利于维护善良风俗。

第四，婚姻自由、生育自由的观念已深入人心，独身群体试图通过收养子女的方式实现作父亲或者母亲的愿望。确立不完全收养制度，既可拓宽收养渠道，满足不同群体的收养需求，也可使被收养人享有来自生父母和养父母的双重关爱。

（三）规定试收养期

试收养期，是指收养登记机关在完成对收养当事人的形式审查后，

---

① 蒋新苗：《收养法比较研究》，北京大学出版社 2005 年版，第 39－40 页。
② 王歌雅：《关于我国收养立法的反思与重构》，载《北方论丛》2000 年第 6 期，第 57 页。

对收养当事人进行实质审查的期间。伴随着收养观念的变化，收养当事人在收养关系中能否和谐相处、彼此心里是否适应及情感能否建立等逐渐引起人们的关注，规定"试收养期"制度逐渐在世界范围内呈现普遍化趋势。我国在完善收养程序立法时，也应顺应国际收养立法潮流，规定试收养期。

第一，试收养期为收养当事人提供了心理缓冲。在收养关系建立之初，收养人与被收养人均会存在一定的戒备心理，彼此能否突破心理冲突决定着收养的成败。试收养期有利于收养人和被收养人之间培养与建立情感，并逐步突破彼此的心理障碍，从而建立良好的收养关系。

第二，有利于收养当事人作出真实的意思表示。试收养期的性质决定了收养当事人的心理压力会有所减小，从而展现彼此真实的心态与心理，有助于收养当事人在理性思考的基础上决定是否建立收养关系。尤其是对 8 周岁以上的未成年被收养人而言，其在试收养期内可以切实体会到自己能否适应收养人家庭的生活环境和行为习惯，并根据自己的真实意愿作出是否愿意被收养的意思表示。对被收养人而言，8 周岁至 18 周岁这一阶段是其人生观、价值观形成的关键时期，如果勉强其被收养，势必会影响其身心健康、人格健全。

第三，弥补我国收养程序立法的欠缺。我国的收养程序立法虽然规定了收养评估，但依然欠缺必要的成立收养关系的实质审查环节。即收养关系成立后，收养当事人之间是否会发生虐待、暴力侵害等违法犯罪行为，需要适时监督。试收养期的建立，可以使国家公权力有效介入收养关系，进而对收养当事人进行考查与监督，避免收养纠纷的发生，确保收养关系的有序建立。因此，我国收养立法应当规定试收养期。试收养期的规定，既可适用于未成年人的收养，也可适用于成年人的收养。因为无论是幼年还是暮年，均是人生中的弱势阶段，对弱势阶段的收养当事人予以充分保护，既有利于保障收养当事人的权益，也有利于实现法律的公平与正义。当然，试收养期的期限不宜过短或者过长，期限过

短不能体现试收养的效果，期限过长又有违试收养期确立的初衷，故其应以 3 个月或 6 个月为宜。

在试收养期内，收养人和被收养人应连续地共同生活；收养登记机关应登门走访，实地考察收养人是否具备收养条件。待"试收养期"届满时，如收养人认真履行了抚育之责，且对收养子女的初衷不改时，收养登记机关即可确认该收养人实际具备收养条件，应予办理收养登记。"对在试收养期内，收养人未能履行抚育责任的，可确认其不具有充分的收养条件，不予办理收养登记。"[1]

（四）增设送养人的探望权

送养人的探望权，是指在试收养期间和收养关系成立后，送养人享有探望被收养人的权利。[2] 该权利的设定，其积极意义有二：一是便于及时了解被收养人的学习、生活和健康状况，监督和敦促收养人认真履行抚养等监护职责。如发现收养人有虐待、遗弃被收养人的行为时，可限期改正或及时终止收养关系。二是便于及时发现、预防并制止借收养名义买卖儿童的犯罪行为，维护被收养人的权益和收养秩序的稳定。关于"探望权"的行使，应注意如下问题。

第一，对孤儿、弃婴、弃儿的探望权由社会福利机构行使。对生父母有特殊困难无力抚养的子女的探望权，由生父母或收养登记机关行使，即在完全收养时，基于保守收养秘密的考虑，可由收养登记机关代为行使；在不完全收养时，可由生父母行使。如生父母无力行使探望权，可由收养登记机关行使。

第二，送养人在行使探望权时，应及时、客观、真实、准确地填写

---

① 王歌雅：《中国亲属立法的伦理意蕴与制度延展》，黑龙江大学出版社 2008 年版，第327 页。

② 赵秉志：《香港法律制度》，中国人民公安大学出版社 1997 年版，第 514 页。

"探望情况评估卡"，以详细记载被收养人的生活、学习、健康状况及收养人和被收养人关系的融洽程度。收养登记机关应根据评估卡的记载，行使下列职权：第一，适时地指导收养人认真履行抚育等监护职责。第二，对未履行抚育职责的收养人，收养登记机关应进行规劝与批评；如劝改无效，可建议送养人中止或解除收养关系。第三，对收养人虐待、遗弃被收养人的行为，收养登记机关有权制止并向司法机关举报，要求司法机关追究收养人的刑事责任。

第三，送养人行使探望权时，应尊重收养人要求保守收养秘密的意愿。如因主观过错泄密致收养人遭受损失时，应承担损害赔偿责任。

第四，送养人行使探望权时，应征得收养登记机关的批准。避免无序探望造成收养关系的失衡，维护收养秩序的稳定。①

（五）引入监督机制

从世界范围来看，各国收养法正在逐渐摒弃将收养视为纯契约行为的当事人放任主义，而采强化收养的行政或司法程序的国家监督主义。② 结合我国收养立法和其他相关法律规定，公安机关也应有效监督收养关系是否存在违法犯罪行为，从而建立收养的事后监督机制。如果说试收养期的设立是对收养关系的事前监督，那么引入监督机制则是对收养关系的事后监督。监督机制的确立，应当关注以下环节：一是赋予送养人以探望权，即送养人通过探望被收养人以实现对收养关系的监督。为确保收养关系的稳定，探望不得影响收养人和被收养人的正常生活。当送养人不宜行使或不能探望时，应当由民政部门行使。③ 二是可将监督权赋予送养人，并由民政部门行使补充监督权。因为，送养人通

① 王歌雅：《关于我国收养立法的反思与重构》，载《北方论丛》2000 年第 6 期，第 58 页。
② 蒋新苗：《收养法比较研究》，北京大学出版社 2005 年版，第 69 页。
③ 王歌雅：《中国亲属立法的伦理意蕴与制度延展》，黑龙江大学出版社 2008 年版，第 328 页。

— 193 —

常与收养人或被收养人的联系比较密切，对被收养人的生活习惯比较了解，能够及时发现收养人或被收养人的异常行为，从而有效制止收养人虐待、遗弃被收养人的行为。当送养人不宜或不能行使监督权时，再由民政部门行使补充监督权。监督权人在探望被收养人时，不得滥用监督权而影响收养人和被收养人的正常生活。

优化收养制度，完善收养立法，既有利于规范收养行为，调整收养秩序，维护收养当事人的合法权益，也有利于建立收养关系，为弱势群体提供生活帮助，建设和谐社会。

第四章　《民法典·婚姻家庭编》理论探析

　　《民法典·婚姻家庭编》既包括人身关系与财产关系，也包括人身权与财产权。为充分保障民众的婚姻家庭权益，应当对《民法典·婚姻家庭编》的性别意识、关系基础、权益保障进行理论分析，以推进《民法典·婚姻家庭编》的实施进程。

第一节　婚姻家庭编：性别意识与规范表达

　　《民法典·婚姻家庭编》的制度设计与规范表达，是技术理性与价值理性的统一、形式正义与实质正义的交织、立法技术与立法理念的融合。只有将性别平等、男女平等的意识嵌入《民法典·婚姻家庭编》立法的全过程，并将性别平等、男女平等的理念植入婚姻家庭法律规范的设计、表达与凝练，才能使《民法典》呈现出性别意识与规范表达的融合，进而为实现性别平等、促进社会公正奠定规范基础与制度基础。

一、背景梳理

　　男女平等，是我国《宪法》的基本理念，也是我国的基本国策。早在1950《婚姻法》中，就有关于男女平等的基本规定，从而凝练了婚姻家庭关系中的男女平等原则；1985 年 10 月 1 日施行的《继承法》第 9 条规定：继承权男女平等，确立了继承关系中的男女平等原则；

1987 年 1 月 1 日施行的《民法通则》第 2 条明确规定：中华人民共和国民法调整平等主体的公民之间、法人之间、公民和法人之间的财产关系和人身关系，进一步揭示了民事法律关系中的平等原则，从而使民事主体体现出性别平等、男女平等的价值内涵。

及至 21 世纪，伴随着《民法典》的编纂，法学界、实务界掀起了民法典诸分编编纂的研讨热潮。在民法理论、制度设计、规范表达等热点、难点问题的研讨进程中，如何关注、体现、内置、嵌入性别平等意识或男女平等精神，已然成为《民法典》编纂中的又一理论问题或社会实践课题。因为，性别平等，是当代社会的核心要素之一，也是社会文明的基本体现，更是社会公众的普遍共识，即当社会变革逐步消除性别歧视，且反性别歧视逐步成为社会中人的文化自觉、价值判断、思维方式时，民众的民事权益才能得到切实平等的保障。

总则编作为《民法典》的重要组成部分，在凝聚法学界、立法界、司法界等法律职业共同体的立法智慧与学术思想的基础上，率先公布施行，不仅开创了依法立法、民主立法、科学立法、优质立法的《民法典》编纂先河，而且为性别平等、男女平等的理念传播、精神传承、原则贯彻奠定了基础。正如《民法典》第 4 条所规定："民事主体在民事活动中的法律地位一律平等。"而"民事主体的人身权利、财产权利以及其他合法权益受法律保护，任何组织或者个人不得侵犯。"① 上述规定，内蕴性别平等、男女平等的基本理念，既是我国《宪法》有关男女平等基本理念的贯彻落实，也是《民法通则》有关主体平等、性别平等基本原则的有效传承。

二、性别意识

《民法典·婚姻家庭编》应否体现性别平等抑或男女平等意识，既

---

① 《民法典》第 3 条。

是立法技术、立法理念问题，也是程序正义、实质正义问题。因为，民法典编纂中的性别意识、性别平等意识是一个历史的范畴，是特定时代、特定国度、特定立法的性别观念、性别定位、性别政策的体现。在由性别的形式平等迈向性别的实质平等的社会进步中，关注、分析、修正、消解民事立法、民事司法领域中既存的性别盲区、观念误区及误区表现，才能创建性别平等、男女平等的社会文化氛围，实现性别实质平等的民事立法与民事司法。

（一）观念误区

民法典中如何呈现性别意识，是一个既抽象又具象的立法问题。从抽象角度而言，《民法典》第4条已作出明确规定，即无论是何种性别，只要是民事主体且在民事活动中，其民事法律地位就一律平等，不受年龄、职位、学历、宗教信仰、财富多寡等因素的影响与制约。从具象角度而言，《民法典》第3条也已作出明确规定，即无论是何种性别，其人身权、财产权以及其他合法权益均平等地受法律保护，排除任何组织或个人的侵犯。从学界而言，既然《民法典》已对平等原则进行了中性立法，且其在《民法典》中具有提纲挈领的作用，那么，《民法典》诸分编实则不需再重申或明确规定性别平等。然而，中性的民事立法看似平等公允，但其存在忽视性别平等现实的弊端。倘性别中立的民事法律规范适用于性别不平等、欠平等的地区或群体时，将会招致性别歧视观念及其群体的抵制或误判，影响性别正义的实现。为此，在《民法典》诸分编中适时强化、宣示、规定性别平等、男女平等的理念与原则，将有助于消解性别观念误区，为制定性别平等、男女平等的《民法典》奠定观念基础、思想基础和文化基础。

（二）误区表现

男女平等作为我国的基本国策，虽已确立、贯彻、实施了良久且取得了显著成效，但在社会生活中，依然存在男尊女卑的观念、习俗、思维与模式，性别歧视依然充斥公共领域和私人领域，且女性遭遇侵权的比例相对较高。具体表现在两个方面：一是女性的人身权益遭到侵害。在人格权领域，侵权主要表现为性骚扰、姓名权、生育权等权益的侵害；在身份权领域，侵权主要表现为婚姻家庭权益的侵害。例如，子女监护、结婚、离婚救济、财产维护等权益的侵害。二是女性的财产权益遭到侵害。主要表现为土地承包经营权、宅基地使用权、居住权、继承权等权益的侵害。上述针对女性人身权益和财产权益的侵害，既暴露出我国相关民事法律规范的缺位，也显现出社会性别平等观念的欠缺，更显露出当下性别平等、男女平等尚未实现实质平等的遗憾。毋庸讳言，"社会性别的产生源于社会的建构，这是持社会性别分析方法的学者一致的观点"[①]。然而，"社会性别不平等首先表现为基于性别而实行的社会角色的不合理区分，也就是说在社会角色、社会地位方面存在的性别歧视"[②]。只有关注、分析、研究、解决基于性别歧视而引发的侵权纠纷，才能完善立法、科学立法，为维护民众的民事权益提供严谨、完备的民事法律规范，促进社会的公平正义，这既是社会的责任，也是《民法典》的责任。因为，责任意味着社会关系，具有实践性和历史性，内含某些价值。[③]

三、规范表达

《民法典·婚姻家庭编》欲体现性别意识，则需规范表达。规范表达，不仅指科学严谨地表达性别意识或性别平等意识，而且指婚姻家庭法律规范应内蕴性别平等观念、男女平等原则，并为实现社会性别平等

---

① 周安平：《性别与法律》，法律出版社 2007 年版，第 33 页。

② 陈明侠、黄列：《性别与法律研究概论》，中国社会科学出版社 2009 年版，第 151 页。

③ 彭定光：《论责任、道德责任与政府道德责任》，载《湖南师范大学社会科学学报》2016年第 6 期，第 57 - 58 页。

而设计、凝练、表达具体的婚姻家庭法律规范。因为，形式平等，是实质平等的基础和前提，也是实质平等的保障和落实。

（一）应对误区

在《民法典》编纂进程中，有观点认为，涉及性别意识的分编主要集中于婚姻家庭编、继承编和人格权编。只要将上述各编编纂得理想、科学、完满、具体，即可解决《民法典》的性别平等意识问题，至于其他分编则不涉及性别意识或性别平等问题。仔细推敲，则会发现上述观点存在性别盲区、观念误区。即总则、物权、合同、侵权责任诸分编依然牵涉性别意识、性别平等问题。只是因为性别中立的民事立法忽略、遮蔽了性别的实质平等，忽视了社会生活中存在的性别歧视的观念、习惯、思维、行为及模式。毫无疑问，"平等，当然首先是规范的平等，或权利的平等"。而"实现男女平等就包括规范与事实的双重任务，要交融地使用规范平等与事实上的女性'特权'手段，建构男女真正平等的社会结构"①。为此，解决民法典编纂中的性别意识或性别平等问题，则需从规范表达与司法实践双重环节切入，即《民法典》既要提供形式平等——性别平等、男女平等的法律规范，也要提供有助于实现实质平等——侧重维护、保障女性权益的法律规范，以实现形式平等与实质平等的统一。

（二）规范凝练

《民法典》诸分编欲体现性别意识，则需严谨、规范、科学的性别平等表达。而在《民法典》诸分编中，性别平等的表达方式与展现路径则有所不同，即在婚姻家庭编、继承编中，需要显性的性别平等表达，而在总则、人格权、物权、合同、侵权责任编中则需要隐性的性别

---

① 周安平：《性别与法律》，法律出版社 2007 年版，第 5 页。

平等表达。

　　1. 婚姻家庭编的性别平等表达

　　在《民法典》诸分编中，婚姻家庭编是最能体现性别意识的一编。因为，婚姻家庭关系以男女两性的生理差别等为自然属性，以法律、伦理道德等规范为社会属性。在中国法学会起草的《民法典·婚姻家庭编》专家建议稿中，其"通则"规定："实行婚姻自由、一夫一妻、男女平等的婚姻制度。保护妇女、未成年人和老人的合法权益。实行计划生育。"[①] 这一规定不仅传承了《婚姻法》第 2 条的基本表述，而且重申了《民法典·婚姻家庭编》应坚守的基本原则与精神意旨，即男女平等、保护妇女的合法权益，依然是新时代婚姻家庭立法、婚姻家庭司法必须坚守的原则与底线。只有在贯彻男女平等基本原则的同时，切实保障女性的合法权益，才能实现形式平等并最终实现实质平等。而《民法典·婚姻家庭编》则在一般规定中规定了男女平等、保护妇女合法权益的原则，并在其他各章贯彻体现了性别平等意识与男女平等精神。

　　第一，在结婚一章，为维护男女平等的结婚权益，明确规定："结婚应当男女双方完全自愿，禁止任何一方对另一方加以强迫，禁止任何组织或者个人加以干涉。"[②] "结婚年龄，男不得早于二十二周岁，女不得早于二十周岁。"[③] 禁止针对任何性别尤其是针对女性的包办买卖婚姻、其他干涉婚姻自由的行为以及借婚姻索取财物的行为，以维护、保障性别平等的结婚权益。

　　第二，在家庭关系一章，为彰显夫妻平等的人身权和财产权，夫妻关系一节明确规定："夫妻在婚姻家庭中地位平等。"[④] 在人身关系方

---

① 《民法典·婚姻家庭编》专家建议稿第 3 条。
② 《民法典》第 1046 条。
③ 《民法典》第 1047 条。
④ 《民法典》第 1055 条。

面，注重保护夫妻双方独立且平等的姓名权、人身自由权、父母对未成年子女抚养、教育和保护的权利义务、夫妻双方家事代理权及限制、遗产继承权等；在财产关系方面，通过法定财产制和约定财产制，切实保护夫妻的个人财产和共同财产，明确夫妻共同债务的认定与清偿规则，赋予夫妻双方平等的婚内分割夫妻共同财产请求权。

在父母子女关系和其他近亲属关系一节，为确保亲子之间的平等以及性别平等，明确规定父母均享有平等的抚养、教育未成年子女的权利和义务、亲子之间均具有平等的权利与义务关系。例如，"父母有教育、保护未成年子女的权利和义务。未成年子女造成他人损害的，父母应当依法承担民事责任"①。"成年子女不履行赡养义务的，缺乏劳动能力或者生活困难的父母，有要求成年子女给付赡养费的权利。"②"子女应当尊重父母的婚姻权利，不得干涉父母离婚、再婚以及婚后的生活。子女对父母的赡养义务，不因父母的婚姻关系变化而终止。"③ 上述规范表明，无论是父母的抚养、教育义务，还是子女的赡养义务等，均体现了性别平等、男女平等的精神。

第三，在离婚一章，为保障男女平等的离婚权益，明确规定了协议离婚与诉讼离婚的条件和程序，且对离婚的限制事由④及对女性离婚权益的特殊保护⑤予以规定。上述规定，既贯彻了性别平等理念，也特殊保护了女性的合法权益。此外，离婚救济领域的性别意识越发凸显，即在离婚的损害赔偿、经济帮助、家务贡献补偿、财产分割诸环节，均规定了性别平等的救济规范，为促进离婚的性别正义奠定了法律基础。

---

① 《民法典》第 1068 条。
② 《民法典》第 1067 条第 2 款。
③ 《民法典》第 1069 条。
④ 《民法典》第 1081 条规定："现役军人的配偶要求离婚，应当征得军人同意，但是军人一方有重大过错的除外。"
⑤ 《民法典》第 1082 条规定："女方在怀孕期间、分娩后一年内或者终止妊娠后六个月内，男方不得提出离婚；但是，女方提出离婚或者人民法院认为确有必要受理男方离婚请求的除外。"

第四，在"收养"一章，为维护收养当事人的合法权益，收养规范贯彻了收养原则与禁止性规定，即"收养应当遵循最有利于被收养人的原则，保障被收养人和收养人的合法权益。禁止借收养名义买卖未成年人"①。为体现男女平等原则，《民法典》第 1102 规定："无配偶者收养异性子女的，收养人与被收养人的年龄应当相差 40 周岁以上。"此外，在收养关系的成立、收养的效力、收养关系的解除各节，均贯彻了男女平等原则。

就上述规定而言，《民法典·婚姻家庭编》的规范设计与法律表达，均彰显了性别平等、男女平等的理念，有助于实现婚姻家庭关系的男女平等与性别正义。因为，性别正义，既是法律责任，也是道德选择，其关涉法律人格与道德人格的塑造。

2. 与婚姻家庭编有关分编的性别平等表达

与婚姻家庭编有关的《民法典》诸分编包括继承编、人格权编，其牵涉婚姻家庭主体的人身权和财产权的保障。分析继承编、人格权编的法律规范的性别平等表达，对于维护婚姻家庭成员的人身权益和财产权益具有意义。

（1）继承编的性别平等表达

在《民法典》诸分编中，继承编是较能体现性别意识的一编。因为，继承关系以婚姻家庭关系为基础，继承领域自古至今存在着性别歧视。而传承继承权男女平等的规范表达，荡涤继承领域的性别歧视，维护继承人的权益，依然是《民法典·继承编》编纂的历史使命与时代责任。

《民法典·继承编》为保障男女平等的遗产继承权，在一般规定、法定继承、遗嘱继承和遗赠、遗产的处理等环节，均贯彻了男女平等

---

① 《民法典》第 1044 条。

精神。

第一，在"法定继承"一章，围绕法定继承人的范围和顺序，采取了性别平等的规范表达。一是继承权男女平等，[①] 二是继承人的范围及继承限制男女平等，即"遗产按照下列顺序继承：（一）第一顺序：配偶、子女、父母；（二）第二顺序：兄弟姐妹、祖父母、外祖父母"[②]。尽管法定继承人的继承顺序不同，但在同一继承顺序中，配偶、子女、父母、兄弟姐妹、祖父母、外祖父母，不论性别，均依法享有平等的继承权。为确保继承权益的充分实现，《民法典·继承编》规定了代位继承权、丧偶的儿媳与女婿的继承权遗产分配规则等。为保障老年人的继承利益，确保其老有所养、老有所乐、老有所依，《民法典·继承编》规定了遗产酌分请求权。上述规定，同等地适用于男女两性，对保障继承领域的性别平等具有积极意义。

第二，在"遗嘱继承和遗赠"一章，基于性别中立的原则，规定了遗嘱的形式和要件，并在此基础上，为满足民众的遗嘱诉求，规定了遗嘱继承和遗赠的一般规定。

第三，在"遗产的处理"一章，规定了转继承、遗赠扶养协议以及再婚时对所继承遗产的处分等。上述规定，均以中性的立法模式，内置了性别平等精神。如《民法典》第 1157 条规定："夫妻一方死亡后另一方再婚的，有权处分所继承的财产，任何组织或者个人不得干涉。"

继承领域的性别平等，既需要性别平等的规范表达，也需要性别平等的司法实践。只有性别平等的规范表达与司法实践紧密融合，才能实现继承领域中的形式平等与实质平等，进而维护男女平等的继承权益，即"男女平等以及男女继承权平等，必须超越以性别身份为分析范畴

[①] 《民法典》第 1126 条。

[②] 《民法典》第 1127 条。

和立法基点的局限与障碍。只有将男女两性建构在人格平等的道德范畴和立法基点之上，才能使男女两性的继承权由形式平等达至实质平等"①。

（2）人格权编的性别平等表达

在《民法典》诸分编中，人格权编是内含性别平等意识的一编。因为，人格平等，即"民事主体的法律地位彼此平等"，其"必然推论就是民事主体之间相互独立"。"没有高低贵贱之分，彼此没有依附关系。"②

基于性别中立，《民法典·人格权编》在一般规定中宣示："民事主体的人格权受法律保护，任何组织或者个人不得侵害。"③ 在生命权、身体权和健康权一章中，明确规定禁止性骚扰，即"违背他人意愿，以言语、文字、图像、肢体行为等方式对他人实施性骚扰的，受害人有权依法请求行为人承担民事责任。机关、企业、学校等单位应当采取合理的预防、受理投诉、调查处置等措施，防止和制止利用职权、从属关系等实施性骚扰"④。性骚扰，是对人格尊严的侵害。"性骚扰作为性别歧视中的一种暴力手段，有其独特的人文背景与社会土壤。对性骚扰进行多角度、多层面的审视，有助于透视性骚扰的本质，为性骚扰的遏制提供观念依据。"⑤ 在"姓名权和名称权"一章，围绕子女姓名的决定、变更以及姓氏的选择，赋予了父母同等的权利，即"自然人应当随父姓或者母姓"⑥。具体而言，"子女姓名决定权的行使，体现出身份特色

---

① 王歌雅：《疏离与回归：女性继承权的制度建构》，载《政法论丛》2015 年第 2 期，第 75 页。

② 魏振瀛：《民法》，北京大学出版社、高等教育出版社 2021 年版，第 619 页。

③ 《民法典》第 991 条。

④ 《民法典》第 1010 条。

⑤ 王歌雅：《中国亲属立法的伦理意蕴与制度延展》，黑龙江大学出版社 2008 年版，第 210 页。

⑥ 《民法典》第 1015 条第 1 款。

与性别特征。在历时态下，其身份特色表现为：子女姓名决定权，是家长权、家父权和亲权的内涵"。"其性别特征表现为：子女姓氏的决定权，沿袭了父权、夫权、男权的遗风与遗迹；子女名字的决定权，体现出由父权、夫权、男权的单独行使逐步向父母平权、夫妻平权、男女平权的协商行使过渡，昭示着亲子之间、夫妻之间的人格平等与性别平等。"① 故自然人的姓氏原则上应当随父姓或母姓的规范表达，承载了性别平等、男女平等的价值内涵。此外，在肖像权、名誉权和荣誉权以及隐私权和个人信息等诸章，均通过性别中立的立法，维护民众的人格权益，捍卫民众的性别平等、男女平等的人格利益。

除上述诸编外，《民法典·物权编》也应在土地承包经营权、宅基地使用权、居住权等权益保障方面，切实体现性别平等原则，维护男女两性平等的土地财产权益，即将《农村土地承包法》中有关男女平等以及切实保障女性土地权益的法律规范②适度纳入《民法典·物权编》，在性别平等形式规范表达的基础上，加强侧重保障女性土地财产权益的实质平等的规范表达，为性别平等、男女平等提供法律保障。

第二节 婚姻关系：价值基础与制度建构

近年来，我国婚姻领域中的热点和难点问题，引起法学界、司法界和民众层的广泛关注。法学界关注的是，现行婚姻立法能否为民众的婚姻权益保障提供完备的制度设计与救济措施；司法界关注的是，司法解释能否切实有效地解决婚姻领域渐次出现的焦点和难点问题；民众层关

---

① 王歌雅：《子女姓名权：内涵检审与制度建构》，载《求是学刊》2016 年第 4 期，第 74 – 75 页。

② 《中华人民共和国农村土地承包法》（简称《农村土地承包法》）第 31 条规定："承包期内，妇女结婚，在新居住地未取得承包地的，发包方不得收回其原承包地；妇女离婚或者丧偶，仍在原居住地生活或者不在原居住地生活但在新居住地未取得承包地的，发包方不得收回其原承包地。"

注的是，婚姻家庭纠纷如何得以公平解决。不同领域关注的重点虽有不同，但都涉及一个共性问题，那就是婚姻的本质究竟是什么？为此，探讨婚姻关系的价值基础、制度建构与司法规制，有助于厘清对婚姻本质的价值认知和对婚姻权益的充分保障。

一、价值基础

婚姻的本质是什么？这是一个既古老而又常新的话题。因为，婚姻是历史范畴；婚姻是变动、发展的社会关系。婚姻关系无不打上特定社会、特定国度、特定时代的政治、经济、文化、宗教、习俗等烙印；婚姻关系无不凝集着社会性别的建构与制约，婚姻关系也无不呈现出人类社会对其价值基础的探寻、解读与阐释。故探寻婚姻的价值基础，成为我们解决婚姻领域焦点和难点问题的路径与策略。

（一）传统婚姻理论的内涵阐释

何谓婚姻的本质？一直为人类社会所探究。不同学科也都从自身的研究视域出发，对婚姻的本质进行阐释，并形成了相应的婚姻关系理论。在法学和哲学领域，婚姻关系理论主要有以下三种。

1. 婚姻契约说

婚姻契约说的代表人物康德认为，婚姻关系是"性的共同体"，是两个不同性别的人，为了终身互相占有对方的性官能而产生的结合体，是依据人性法则产生其必要性的一种契约。[①] 当代婚姻法学者进一步发展了"契约说"，将婚姻视为"一男一女为了共同的利益而自愿终身结合、互为伴侣、彼此提供性的满足和经济上的帮助以及生儿育女的契

---

① ［德］康德：《法的形而上学原理——权利的科学》，沈叔平译，商务印书馆1991年版，第95－96页。

约。因而，婚姻契约与其他民事契约不同，具有伦理性与制度性"①。即其他契约在当事人意思表示一致后即可变更甚至完全撤销；而婚姻契约则不同。婚姻关系一旦建立，法律即介入其内规定其权利和义务关系，当事人不得自行制定或修改该契约的内容，法律禁止夫妻彼此免除对方的义务，以保护被扶养人及其他第三人对婚姻主体的附随利益，保护国家和公民的根本利益。契约说在其发展进程中，经历了由学理阐释向立法延伸的过程。自《法国宪章》于 1791 年最早确认"法律视婚姻仅为民事契约"后，许多欧美国家便在其婚姻立法和婚姻司法中植入了婚姻契约理念。例如，《葡萄牙民法典》第 1577 条规定：婚姻是"男女双方，拟按照本法典所规定之完全共同生活方式建立家庭而订立之合同"②。婚姻契约说的产生与发展，虽具有倡导个体平等、人格独立、婚姻自由的反封建色彩，但其也具有婚姻的离心倾向，即每个婚姻个体均将依据利己原则设立婚姻契约；同时，婚姻契约也必将通过利益的博弈约束当事人的一己之私，以达成婚姻目的和婚姻利益的契合。故有专家认为："从历史上来看，婚姻契约说在西方国家的婚姻制度上的反封建斗争中，曾经起过重大的进步作用。在社会条件已经发生很大变化的今天，当代亲属法学不必仍然采此旧说。婚姻，不应当是双方的利益交换，这种结合，应当对本人、对方、家庭和社会负责。它应当是伦理化的，而不是商品化的。"③

2. 婚姻伦理说

婚姻伦理说的创始人黑格尔认为：婚姻是"精神的统一"，是"具有法的意义的伦理性的爱"，其"实质是伦理关系"。④ 至于结婚，则为两人之自由的同意，而且为欲合为一人之合意，于此扬弃两人之自然的

---

① 夏吟兰：《离婚自由与限制论》，中国政法大学出版社 2007 年版，第 87 页。
② 《葡萄牙民法典》，唐晓晴等译，北京大学出版社 2009 年版，第 274 页。
③ 杨大文：《亲属法》，法律出版社 1997 年版，第 68 页。
④ ［德］黑格尔：《法哲学原理》，范杨、张企泰译，商务印书馆 1979 年版，第 177 页。

及个别的人格，而融合于此统一之中，其统一虽为自然之限制，然彼等于此获得实体的自己的意识，婚姻正为两人之解放。① 婚姻伦理说虽强调了夫妻双方的互爱与精神的统一，言明了婚姻的道德性与理性，却忽视了婚姻的世俗性和物质性，也消解了婚姻当事人本应是人格独立与平等的特质，同当代人格独立的婚姻立法原则相背离。

3. 身份关系说

在我国婚姻法领域，婚姻被界定为"男女双方以永久共同生活为目的，以夫妻的权利和义务为内容的结合。婚姻法律关系在本质上是一种身份关系，婚姻双方在财产上的权利义务是附随于人身上的权利义务的。创设这种关系的婚姻行为，是一种身份法上的行为，行为人须有结婚的合意；但是，婚姻成立的条件和程序，婚姻的效力，婚姻解除的原因等，都是法定的，而不是当事人意定的。因此，婚姻自为婚姻；将婚姻行为视为契约关系是不相宜的"②。

（二）当代婚姻模式的观念变迁

伴随时代的发展，婚姻观念日益更新，婚姻关系理论也在发生相应的变化。在当代西方，从不同的视角、层次诠释婚姻的观点日益增多，体现出婚姻关系价值基础的变化。

1. 合伙契约模式

合伙契约模式，也称婚姻合伙理论，是"美国学者在离婚财产法领域提出的具体契约论，它通过将婚姻类比为商业合伙关系的方法来说明平等所有权、平等分配婚姻财产的合理性"③。该理论认为："配偶各方从整体上为了婚姻的幸福共同贡献了他们的劳动，付出了他们在金钱

---

① ［德］黑格尔：《法哲学原理》，范扬、张金泰译，商务印书馆 1979 年版，第 177 页。
② 杨大文：《亲属法》，法律出版社 1997 年版，第 68 页。
③ 夏吟兰：《离婚自由与限制论》，中国政法大学出版社 2007 年版，第 91 页。

上和非金钱上的资源。这种合作行为是离婚时平等分割婚姻财产的依据：婚姻利益是婚姻期间夫妻双方相互努力取得的，从理论上说也是共同取得的。婚姻合伙理论的基本理念是，承认参与婚姻共同生活的夫妻各方共同创造了婚姻的利益"。① 由于婚姻合伙理论融合了婚姻契约说和婚姻伦理说的优点，故美国的婚姻立法和婚姻司法对其作出了积极反应。1963 年，美国总统肯尼迪委员会在《妇女地位报告》中指出："婚姻是一种合伙，配偶各方为家庭都作出了不同但具有同样重要意义的贡献。"《美国统一结婚离婚法》也将婚姻界定为"男女双方之间的一种人身关系，这种关系是建立在双方意思表示一致的民事契约之基础上"②。婚姻合伙理论不仅深切地影响了美国的离婚改革运动，也深切地影响了美国民众的婚姻观念。日本学者也基于婚姻合伙理论，将婚姻界定为"夫妻平等运作之合伙（partnership），妻透过家事之照料、子女之养育而对共同事业（jointundertaking）之贡献，与夫之维持家计、扶养家族具有同等之价值"③。

2. 盟约婚姻模式

盟约婚姻模式，诞生于美国，最初源于缔结"盟约婚姻"的选择权。"盟约婚姻"的目的，在于应对离婚引发的社会问题，增强婚姻的凝聚力。盟约婚姻模式具有四个特点：一是强调婚姻的神圣性与社会公益性；二是强调婚姻的法定解除性，即除非出现通奸、遗弃等情形，否则，禁止离婚；三是强调婚姻的咨询性与等待性，即婚姻当事人必须参加结婚前和离婚前的咨询，且离婚的等待期延长到两年半；四是强调婚姻缔约的自主性，即缔约的范围与内容由婚姻当事人自主决定。④ 盟约

---

① 胡苷用：《婚姻合伙视野下的夫妻共同财产制度研究》，法律出版社 2010 年版，第 15 页。
② 胡苷用：《婚姻合伙视野下的夫妻共同财产制度研究》，法律出版社 2010 年版，第 12 - 13 页。
③ 林秀雄：《夫妻财产制之研究》，中国政法大学出版社 2001 年版，第 157 页。
④ 夏吟兰：《离婚自由与限制论》，中国政法大学出版社 2007 年版，第 92 - 93 页。

婚姻模式的优势，在于婚姻当事人的自我约束与意思自治，有助于增强婚姻的道义责任和社会义务。

无论是传统婚姻理论的内涵阐释，还是当代婚姻模式的观念变迁，均承载着人类社会对婚姻本质的探寻与追问。然而，婚姻的本质并非一种理论或一个模式所能描述或阐释的。因为，婚姻是社会的组成部分，是社会综合系统之一。婚姻作为一种法律制度，不仅具有身份性和伦理性，而且具有财产性和契约性。至于婚姻契约说的分层展开，则形成了婚姻合伙模式和盟约婚姻模式。这两种婚姻模式成为维护婚姻、救济离婚当事人、承担社会责任的有效路径。

二、制度建构

婚姻关系的价值基础，既制约着婚姻制度的建构，也制约着亲子制度的建构，且上述制度建构，均将在人身关系和财产关系的范畴展开。《民法典·婚姻家庭编》《民法典婚姻家庭编解释（一）》的施行，就是在遵循婚姻的身份性与伦理性、财产性与契约性的基础上，对我国婚姻领域中的热点和难点问题进行了规制。

（一）夫妻非常财产制之适用

非常财产制，是相对于普通财产制而言的财产制类型，指在法定特殊情形出现时，依据法律之规定或经夫妻一方（或夫妻之债权人）的申请由法院宣告，撤销原依法定或约定设立的共同财产制，改设为分别财产制。①

1. 适用非常财产制的意义

非常财产制依产生程序的不同，分为当然的非常财产制和宣告的非

---

① 王歌雅、贺轶文：《婚姻家庭法论》，黑龙江人民出版社 2004 年版，第 201 页。

常财产制。前者是指夫妻一方受破产宣告或已出现持具清偿不足证书的债权人时，其夫妻财产制依法当然变更为分别财产制。后者是指依法定事由，经夫妻一方或债权人申请，由法院裁决宣告撤销其原共同财产制，改为分别财产制。撤销夫妻共同财产制之诉的法定理由，各国立法例不尽相同，主要理由如下：夫妻一方丧失管理共同财产的能力或滥用管理权；夫妻别居达一定期限；夫妻一方不履行扶养义务；夫或妻的财产不足以清偿个人债务或夫妻共同财产不足以清偿婚姻债务；配偶一方拒绝基于夫妻共同财产的管理而应有的协作或拒绝他方实施夫妻财产处分行为；配偶一方受禁治产宣告等。[①] 适用非常法定财产制，其制度定义在于修正共同财产制的不足，使夫妻财产各自独立，自行管理、使用收益；其社会意义在于缓和夫妻财产冲突，确保夫妻个人财产能够顺畅发挥赡老抚幼、扶危济困的功能；其价值意义在于尊重婚姻的身份性与伦理性、财产性与契约性，而不消解夫妻双方的人格独立与财产独立。

2. 适用非常财产制的限制

我国 2001 年《婚姻法》修正案在对夫妻财产制进行修正时，增加了夫妻个人特有财产制，完善了夫妻约定财产制，体现出"丈夫和妻子在婚姻上都是平等的"理念。[②] 然而，婚姻立法似乎总是滞后于婚姻前行的脚步。在《婚姻法》修正案实施的十年间，婚姻财产纠纷时有发生。为确保婚姻领域中的夫妻个人财产不受侵犯及夫妻共同财产的平等处分，《最高人民法院关于适用〈中华人民共和国婚姻法〉若干问题的解释（三)》的第 4 条确立了如下司法原则：首先，"婚姻关系存续期间，夫妻一方请求分割共同财产的，人民法院不予支持"，以体现夫妻共有财产制的精神，保障夫妻共同财产的稳定性和一体性。其次，婚

---

① 陈苇：《婚姻家庭继承法学》，群众出版社 2005 年版，第 122 页。
② ［法］皮埃尔·勒鲁：《论平等》，王允道译、肖厚德校，商务印书馆 2009 年版，第 278 页。

姻关系存续期间，分割夫妻共同财产，须有下列重大理由且不损害债权人利益："（一）一方有隐藏、转移、变卖、毁损、挥霍夫妻共同财产或者伪造夫妻共同债务等严重损害夫妻共同财产利益行为的；（二）一方负有法定扶养义务的人患重大疾病需要医治，另一方不同意支付相关医疗费用的。"上述两项事由，既是撤销夫妻共同财产制之诉的司法理由，也是变夫妻共同财产制为夫妻分别财产制的诉讼理由。这一司法解释，既有助于夫妻财产纠纷的解决和夫妻个人财产权益的维护，也有助于实现夫妻双方在婚姻关系中的人格独立与人格自由。正所谓："平等是一切人类同胞所具有的权利，这些人同样具有知觉—感情—认识，他们被置于同等条件下：享受与他们存在的需要和官能相联系的同样的财富，并在任何情况下都不受支配，不受控制。平等被认为是一切人都可以享受的权利和正义。"[1] 上述司法解释，既弥补了婚姻立法的不足，又可为夫妻非常财产制的补充立法积累司法经验；既可通过司法判例改变民众的思维模式和行为模式，又可调整民众的婚姻价值取向。

《民法典·婚姻家庭编》吸纳了司法实践经验，并将上述司法解释上升为法律规范。《民法典》第1066条规定："婚姻关系存续期间，有下列情形之一的，夫妻一方可以向人民法院请求分割共同财产：（一）一方有隐藏、转移、变卖、毁损、挥霍夫妻共同财产或者伪造夫妻共同债务等严重损害夫妻共同财产利益的行为；（二）一方负有法定扶养义务的人患重大疾病需要医治，另一方不同意支付相关医疗费用。"《民法典婚姻家庭编解释（一）》第38条规定："婚姻关系存续期间，除民法典第1066条规定情形以外，夫妻一方请求分割共同财产的，人民法院不予支持。"

---

① ［法］皮埃尔·勒鲁：《论平等》，王允道译、肖厚德校，商务印书馆2009年版，第282－283页。

（二）亲子关系的确认和否认之适用

亲子关系是婚姻关系的衍生物，是家庭关系的重要组成部分。由于"父亲和母亲对于孩子的权利和义务是和社会对于这同一个孩子的权利和义务相结合的"①，故亲子关系的推定和否认，对父亲、母亲和子女都具有至关重要的意义。《民法典》第 1073 条规定："对亲子关系有异议且有正当理由的，父或者母可以向人民法院提起诉讼，请求确认或者否认亲子关系。对亲子关系有异议且有正当理由的，成年子女可以向人民法院提起诉讼，请求确认亲子关系。"

1. 亲子关系的确认

亲子关系的确认，是指对亲子权利义务关系的法律认定。设立亲子关系确认制度，既有利于保护子女的合法权益，也有利于保护善意当事人的合法权益，维护家庭的和睦与稳定。早在 1959 年，联合国《儿童权利宣言》就指出，为保护儿童的利益，法律的制定"应以儿童的最大利益为首要考虑"。1979 年联合国《消除对妇女一切形式的歧视公约》、1989 年联合国《儿童权利公约》等人权文献，也重申了"儿童最大利益"原则。目前，大陆法系和英美法系许多国家的亲子法均采纳了这一原则。② 我国《未成年人保护法》第 2 条也确立了特殊优先保护原则，即"未成年人享有生存权、发展权、受保护权、参与权等权利，国家根据未成年人身心发展特点给予特殊、优先保护，保护未成年人合法权益不受侵犯"。

《民法典婚姻家庭编解释（一）》第 39 条第 2 款规定：父或者母以及成年子女起诉请求确认亲子关系，并提供必要证据予以证明，另一方

---

① ［法］皮埃尔·勒鲁：《论平等》，王允道译、肖厚德校，商务印书馆 2009 年版，第 281 页。

② 王歌雅：《中国亲属立法的伦理意蕴与制度延展》，黑龙江大学出版社 2008 年版，第 34 页。

没有相反证据又拒绝作亲子鉴定的，人民法院可以认定确认亲子关系一方的主张成立。这一解释，实现了亲子利益的双向度保护，增强了立法的适用性，实现了对亲子纠纷的有效规制。

2. 亲子关系的否认

亲子关系的否认，是指对亲子关系推定的限制制度，即当事人享有否认亲子权利义务关系的诉讼请求权，简称否认权。亲子关系否认制度的确立，是"为保障当事人的合法权益及子女的利益，使应尽义务的人不致逃脱责任，实现法律的公正性，各国法在规定婚生子女推定制度的同时，也规定了对推定的否认"①。纵观当代亲子立法，亲子关系的否认，包括否认的原因、否认权人、否认之诉的时效及限制和否认之诉的效力。《民法典婚姻家庭编解释（一）》第 39 条 1 款规定："父或者母向人民法院起诉请求否认亲子关系，并已提供必要证据予以证明，另一方没有相反证据又拒绝做亲子鉴定的，人民法院可以认定否认亲子关系一方的主张成立。"亲子关系的否认，其目的在于确认亲子关系不存在，以确保亲子关系的真实与公正，弥补亲子立法的不足。

三、司法规制

伴随着我国社会主义初级阶段市场经济体制的确立，民众维护财产权益的意识日益深化。因为，"人的本质并不是单个人所固有的抽象物，在其现实性上，它是一切社会关系的总和"②。然而，无论民众怎样关注财产利益，民众总是被固化在社会关系中，被特定在婚姻关系中，且财产关系和人身关系密不可分。尽管"离婚是一种暂时的和例外的法则；离婚违背理想"③。但离婚也必须关注并保障当事人的人身

① 李志敏：《比较家庭法》，北京大学出版社 1988 年版，第 212 页。
② 《马克思恩格斯选集》第 1 卷，人民出版社 1972 年版，第 18 页。
③ ［法］皮埃尔·勒鲁：《论平等》，王允道译、肖厚德校，商务印书馆 2009 年版，第 279 页。

权益和财产权益，就犹如在婚姻关系中必须关注并保障当事人的人格独立与人格尊严一样。至于《民法典婚姻家庭编解释（一）》被广泛关注，也是社会现实和婚姻现实的反映，且评价者所秉持的婚姻观念、道德判断与价值取向不同，所得出的知觉——感情——认识也不同。

（一）婚姻中的人格尊严

《民法典婚姻家庭编解释（一）》共计91条，其中有29条涉及离婚问题。而这29条司法解释，回应和调整的恰恰是当下我国离婚领域的热点和难点问题。

1. 对弱势群体离婚权益的关注

在我国的婚姻领域，如何保障无民事行为能力人的生存与尊严，避免虐待与遗弃，一直为法学界与司法界所关注。《民法典婚姻家庭编解释（一）》第62条，从民事实体法与民事程序法有机统一的角度，从《民法典》总则编和婚姻家庭编有效衔接的层面，为保障无民事行为能力人的婚姻权益明确规定："无民事行为能力人的配偶有民法典第三十六条第一款规定行为，其他有监护资格的人可以要求撤销其监护资格，并依法指定新的监护人；变更后的监护人代理无民事行为能力一方提起离婚诉讼的，人民法院应予受理。"即无民事行为能力人遭到其配偶的虐待、遗弃时，其他有监护资格的人可以依照特别程序要求变更监护关系，以确保无民事行为能力人的人身安全和财产安全。而当婚姻关系已经不能为无民事行为能力人提供安全与尊严的生活环境和生存条件时，变更后的监护人有权代理无民事行为能力人提起离婚诉讼，保障其人身权益和财产权益不受侵犯。

2. 对女性群体生育权益的尊重

在我国封建的生育领域，基于男尊女卑的道德要求和女性对男性的人格依附，女性沦为生育的机器，承载着传宗接代的重任。"不孝有三,无后为大"的道德判断,成为女性尤其是妻子头上的利器,时刻约束着女性履行生育义务。因为,生育是婚姻的目的。否则,女性将被"七出"中的"无子"一则所休弃。然而,在男女两性人格独立与平等的今天,生育已不再是婚姻的唯一目的,女性也不再是生育的机器。女性享有与男性平等的生育权,且生育权是绝对权、支配权,任何人不得将自己的生育行为凌驾于他人的生育权益之上。对此,我国《妇女权益保障法》第47条第1款规定:"妇女有按照国家规定生育的自由,也有不生育的权利。"《民法典婚姻家庭编解释(一)》第23条审时度势,在性别平等的基点上,对女性的生育权益予以充分尊重,体现出男女两性人格独立与人格自由的法律定位,彰显出与时代发展步伐相吻合的价值取向:生存发展价值高于生育价值,人格价值高于婚姻价值,人格价值高于生育价值。毕竟生育已不再是当今社会女性维持生存的手段,生育也已不再是人类的唯一目的和至高无上的价值。因此,"夫以妻擅自终止妊娠侵犯其生育权为由请求损害赔偿的,人民法院不予支持;夫妻双方因是否生育发生纠纷,致使感情确已破裂,一方请求离婚的,人民法院经调解无效,应依照民法典第1079条第3款第5项的规定处理"。至于生育目的的实现,则必须由夫妻双方达成生育愿望的契合,即生育权应在男女平等、夫妻平等的基础上,遵循计划原则、协商原则、利益选择原则和性别关怀原则加以行使。①

(二) 离婚时的人格独立

离婚自由是婚姻自由的重要组成部分。要确保离婚自由,就必须公平处理离婚当事人的人身关系和财产关系。在我国社会主义初级阶段,当爱情还未成为婚姻的唯一基础,当财产的多寡还未淡出婚姻的权衡条件时,理性处理离婚时的财产关系,则是程序正义和实质正义的保障。

---

① 王歌雅:《生育权的理性探究》,载《求是学刊》2007年第4期,第116-117页。

1. 夫妻财产契约观念的植入

在离婚领域，如何认定和分割夫妻共同财产，一直是司法实践中的难点。《民法典婚姻家庭编解释（一）》第78条则对难点问题进行了解释。然而，这一解释，似乎与传统婚姻文化认知相去甚远。因为，在传统的婚姻观念中，"嫁汉嫁汉、穿衣吃饭"，已属天经地义；在我国计划经济体制下，男人置房，女人居住，也已成为思维定式。但在市场经济背景下，婚姻领域中的人格独立与契约自由的意识越发浓郁；夫妻个人财产的边界日益明晰；夫妻个人的维权意识日渐高涨……这似乎在体现"从契约到身份"的回归。"从契约到身份并不是对从身份到契约的否定，只是恢复由于社会经济地位不平等而产生的实质不公平的需要而已；易言之，从契约到身份的回归是形式正义到实质正义的进步需要。"[1] 为此，我们需要进行多层面、多角度的思考：首先，现代社会是人格独立的社会，确保每个公民的财产权益不受侵犯，是现代法律的原则。其次，现代社会是契约普遍存在的社会，婚姻当事人之间如何协调彼此之间的财产关系，可在自愿、诚信、公平的基础上自由磋商，法律确保公民的自由订约权。最后，现代社会是权利与义务一致的社会，婚姻关系也应在相互忠实、相互尊重、互爱互助的基础上建立和维系。因而，"夫妻一方婚前签订不动产买卖合同，以个人财产支付首付款并在银行贷款，婚后用夫妻共同财产还贷，不动产登记于首付款支付方名下的，离婚时该不动产由双方协议处理。依前款规定不能达成协议的，人民法院可以判决该不动产归登记一方，尚未归还的贷款为不动产登记一方的个人债务。双方婚后共同还贷支付的款项及其相对应财产增值部分，离婚时应根据民法典第1087条第1款规定的原则，由不动产登记一方对另一方进行补偿"[2]。这一解释，不仅遵循了夫妻之间的平等协

---

[1] 何勤华、魏琼：《西方民法史》，北京大学出版社2006年版，第434－435页。
[2] 《民法典婚姻家庭编解释（一）》第78条。

商程序，而且还植入了夫妻财产契约的观念。然而，在《民法典·物权编》公示原则得以遵守的同时，我们不得不思考：《民法典》第 1062 条关于婚姻关系存续期间所得的财产，为夫妻共同所有的法律规范的效力如何体现？由产权登记一方对另一方进行补偿所引发的债权，与分割夫妻共同财产所依据的共同共有的物权之间，哪一项权利更有助于保障夫妻一方的权益？怎么进行合理的补偿计算，才能更充分地维护帮助还贷的夫妻一方的财产权益？

2. 父母身份利益价值的主导

《民法典·物权编》的公示原则，在《民法典婚姻家庭编解释（一）》中得到淋漓尽致的体现。首先，身份利益制约财产利益。"婚姻关系存续期间，双方用夫妻共同财产出资购买以一方父母名义参加房改的房屋，登记在一方父母名下，离婚时另一方主张按照夫妻共同财产对该房屋进行分割的，人民法院不予支持。购买该房屋时的出资，可以作为债权处理。"[①] 即在婚姻关系存续期间，双方用夫妻共同财产出资购买以一方父母名义参加房改的房屋，其房屋的价值不仅包含了夫妻双方的共同出资，也包含了一方父母的身份利益，例如工龄、级别、荣誉、贡献等。夫妻双方的共同出资数额虽明确、具体，但父母一方的身份利益难以具体量化与计算。父母一方身份利益的无形性与主导性，成为夫妻购房的前提与基础。其次，物权优于债权。夫妻双方用共同财产出资购买以一方父母名义参加房改的房屋，产权登记在一方父母名下，依据《民法典》第 208 条规定："不动产物权的设立、变更、转让和消灭，应当依照法律规定登记。动产物权的设立和转让，应当依照法律规定交付。"父母一方的身份利益主导和物权法的公示原则效力，决定了夫妻离婚时另一方主张按照夫妻共同财产对该房屋进行分割的，人民法院不

---

① 《民法典婚姻家庭编解释（一）》第 79 条。

予支持。基于公平和诚信的原则，购买该房时的出资，可以作为债权处理。本条解释依然令人深思：倘若产权变更登记在夫妻一方名下，那么父母一方的身份利益价值如何保护？依据民法原理，有约定从约定，无约定从法定。倘若并非赠与，那么夫妻离婚时如何补偿父母一方的身份利益价值？

诚然，《民法典·婚姻家庭编》《民法典婚姻家庭编解释（一）》蕴涵着现代社会夫妻双方的人格独立、互利共赢的价值理念。这一价值理念冲击着我国传统的婚姻观念、婚姻习惯、婚姻思维与婚姻道德。我们不得不进行合理的期待：夫妻双方应具有平等的家庭地位和社会地位。夫妻双方只有具有经济、文化、劳动、社会保障等领域的实质平等，才能为婚姻自由提供切实的物质保障和社会保障，也才能使婚姻自由呈现出程序正义和实质正义。

第三节 子女姓名权：内涵检审与制度建构

子女姓名权属姓名权范畴，是以姓名权主体的亲子关系作为划分标准的基本分类之一。子女姓名权的享有与行使，就宏观而言，与社会进步、风俗变迁、立法改革相伴相生；就微观而言，与亲子关系的日益平等、社会性别观念的日渐融入相随相依。探讨子女姓名权的享有与行使，有助于实现姓名权的制度建构与立法完善；有助于回应社会生活及司法实践对子女姓名权规制完善的情感期许与价值表达，即在民事权利体系中，子女姓名权"不只描述一种感情，还描述一种自我理解的方式，这种方式成为主体身份的组成部分"①。

---

① ［美］迈克尔·桑德尔：《自由主义与正义的局限性》，万俊人等译，译林出版社2011年版，第171页。

一、思考基点

当下学界有关姓名权的研究成果日渐增多。[①] 相关成果在为姓名权研究奉献学术智慧的同时，也为完善民事立法、构建姓名权制度体系积淀了观念基础、思考模式、研究理路与制度雏形。然而，有关子女姓名权的研究结论则遮蔽于、散见于姓名权的宏观研究与基础研究中，无以强化有关子女姓名权研究结论的历时态推演与共时态跟进，易于升发出有关子女姓名权研究的多维连缀与规制构想。而关注子女姓名权的思考基点，进而关注子女姓名权的内涵与流变、行使与规制，将具有观念价值与现实意义。

（一）子女姓名权的逻辑基点

子女姓名权作为姓名权的组成部分，并非仅为"子女"与"姓名权"的连缀，而是子女的姓名权。子女姓名权的主体是子女吗？依据学者表述，至少在一定时段不是，即"从姓名的取得看，个人的名一般都是由他人给定，而姓则是从家族的姓氏。子女由对其享有亲权的人取名，婚生子女通常由其父母取名，非婚生子女则由其母亲取名"[②]。同时，"由于传统的原因，我国实际上给出生子女取名的有的是父母，有的是祖父母或者外祖父母。有的甚至是家族中的长辈或者具有较高名

① 相关研究成果可参见：袁雪石：《姓名权本质变革论》，载《法律科学》2005 年第 2 期；马桦、袁雪石：《"第三姓"的法律承认及规范》，载《法商研究》2007 年第 1 期；王歌雅：《姓名权的价值内蕴与法律规制》，载《法学杂志》2009 年第 1 期；李予霞、刘占斌：《我的名字谁做主——论姓名命名权的自由与限制》，载《法律适用》2009 年第 6 期；章志远：《姓名、公序良俗与政府规制——兼论行政法案例分析方法》，载《华东政法大学学报》2010 年第 5 期；刘文杰：《民法上的姓名权》，载《法学研究》2010 年第 6 期；刘远征：《论作为自己决定权的姓名权——以赵 C 姓名权案为切入点》，载《法学论坛》2011 年第 2 期；张建文、贾佳：《论我国姓名变更权的法律限制问题》，载《河北法学》2011 年第 3 期；李永军：《论姓名权的性质与法律保护》，载《比较法研究》2012 年第 1 期；张红：《姓名变更规范研究》，载《法学研究》2013 年第 3 期。
② 李永军：《论姓名权的性质与法律保护》，载《比较法研究》2012 年第 1 期，第 25 页。

望的人"①。如果"姓名权是自然人对自己姓名的专用权及设定或者变更的自由决定权"②,那么,不具完全民事行为能力的子女无法自主实现姓名的设定与变更。此外,子女姓名权的性质是人格权吗?依据学者表达,在特定历史时段及子女成长的一定时段似乎也是否定的,即"姓名权不仅具有人格权的特征,还具有身份权的特征。而且,它与其他的人格权具有不同的特点,是一种特殊的兼有人格权与身份权属性的权利"③。因为,"姓名权的发生多源于亲属关系,所以姓名权为亲属权的一部分"④。

(二)子女姓名权的伦理基点

在人类社会发展进程中,子女姓名权经历了由实然到应然的转变。该转变顺应于由家庭伦理向个体伦理的转换抑或由身份伦理向人格伦理的变革。以前者观之,古代社会中的"子女姓名权"应定位于家族权利本位。家族权利本位的理论基础在于血缘延续的至高无上。"子女姓名权"虽未被法律所界定,却是实然权利,即家长不仅有行使自己姓名的权利,而且有为家子命名的权利。家长为家子命名,不仅展现了命名者与被命名者之间尊卑长幼的宗法关系、亲缘关系和人身依附关系,而且表达了命名者对被命名者的期待意愿和社会心理,是命名者根据风俗习惯和伦理道德对被命名者所进行的身份定位和社会定位。以后者观之,近现代社会中的子女姓名权则是个人权利本位,"以个人主义的最终确立为依皈,个人主义衍生出人格的独立、平等与自由"⑤。个人主义之下的子女姓名权不再具有身份钳制的色彩,即不再以身份的高低、

---

① 李永军:《论姓名权的性质与法律保护》,载《比较法研究》2012年第1期,第25页。
② 李永军:《论姓名权的性质与法律保护》,载《比较法研究》2012年第1期,第25页。
③ 李永军:《论姓名权的性质与法律保护》,载《比较法研究》2012年第1期,第29页。
④ 李永军:《论姓名权的性质与法律保护》,载《比较法研究》2012年第1期,第28页。
⑤ 王歌雅:《姓名权的价值内蕴与法律规制》,载《法学杂志》2009年第1期,第31页。

性别的差异、辈分的尊卑等决定姓名的有无及行使，姓名权成为人人享有的一项基本人权——只要是自然人，就有姓名权。姓名权演化为一项人格权。① 故子女姓名权经历了"由最初的基于风俗习惯的调整到近现代的基于法律规范的调整，演绎着由身份到人格的转变过程，是身份权向人格权的衍生与蜕变"②。

（三）子女姓名权的规范基点

子女姓名权规范包括子女的姓氏规范与名字规范、子女姓名的民法规范与其他规范，上述规范构成子女姓名权规范体系。在大陆法系相关国家，有关子女姓名权规范不仅体现在民法典与亲属法典中，也体现在有关姓名的条例与规章中。如《日本民法典》在规范子女姓名权的同时，其《户籍法》也对姓名变更的条件与程序进行了规范。我国《民法通则》③《婚姻法》《收养法》及最高人民法院的司法解释等在对姓名权、子女姓氏权、父母离婚后未成年子女姓名变更问题予以规制的同时，《居民身份证法》《通用语言文字法》《户口登记条例》《公安部关于对中国公民姓名用字有关问题的答复》等也规范了姓名的登记、使用、变更等事项。此外，地方性法规也对姓名、子女姓名的变更等事项予以规范。上述规范虽为姓名权、子女姓名权的决定、行使、变更等提供了相应的解决方案与应对措施，但多头规制、多层渊源、相互牵制、彼此制约而产生的矛盾不易克服，甚至可能制约子女姓名权的行使，且与法治社会建设、法治文化传播相悖，而形成统一、完备、严谨、科学的子女姓名权的规制体系与制度架构自在情理之中。为此，我国民事立法亟待解决子女姓名权的立法模式选择与基本规范设计。

---

① 王歌雅：《姓名权的价值内蕴与法律规制》，载《法学杂志》2009 年第 1 期，第 31 页。
② 王歌雅：《姓名权的价值内蕴与法律规制》，载《法学杂志》2009 年第 1 期，第 32 页。
③ 《中华人民共和国民法通则》，简称《民法通则》。

（四）子女姓名权的现实基点

伴随社会价值观念日趋多元，司法实践领域有关子女姓名变更纠纷有所增加。具体纠纷包括两类：一是母亲在离婚后擅自更改子女姓氏；二是母亲在婚姻关系存续期间擅自将子女的姓氏变更为母姓。[①] 不同地区、不同级别的法院在审理上述案件时，由于所秉持的价值理念不同，其审理结果也略有不同。针对第一类纠纷，审理结果有三：一是法院支持原告——父亲的诉讼请求，判决未成年子女改回原姓氏；二是驳回原告——父亲的诉讼请求，维持未成年子女使用的现姓名；三是法院判决未成年子女应变更其使用的现姓名，且未成年子女的新姓名应由原被告双方再次协商、达成一致。上述纠纷类型与审理结果表明，现当代社会中的子女姓名权，已非传统社会仅由家长、父亲独擅行使的专权，母亲平等行使子女姓名权的社会需求与情感愿望日渐得到尊重与满足。而子女姓名权纠纷或子女姓名变更纠纷的合理解决与公平裁决，既关涉亲子关系、社会性别观念的平等，也关涉子女姓名权益维护与子女利益最佳化，更关涉姓名权及子女姓名权的制度建构与立法完善。因为，制度"是影响人们经济生活的权利和义务的集合"[②]，"是有组织的社会活动形式或者群体活动形式"[③]。

---

① 以法律案例数据库"北大法宝"与"北大法意"为检索文本，以 1991 年至 2014 年为检索期间，检索到有关姓名权的案卷共 427 份，而涉及子女姓名权尤其是子女姓名决定权的案卷共 9 份。9 份案卷所显现的纠纷有两类：一是母亲在离婚后擅自更改子女姓氏，该类纠纷共 7 件。其中，母亲将子女的姓氏更改为母姓的 1 件；母亲将子女的姓氏更改为继父姓氏或第三人姓氏的 6 件。二是母亲在婚姻关系存续期间，擅自将子女的姓氏变更为母姓，该类纠纷共 2 件。上述纠纷的被告均为身为母亲的女性。

② ［美］丹尼尔·W. 布罗姆利：《经济利益与经济制度——公共政策的理论基础》，陈郁、郭宇峰、汪春译，上海三联书店、上海人民出版社 1996 年版，第 50 页。

③ ［美］乔治·赫伯特·米德：《心灵、自我与社会》，霍桂恒译，华夏出版社 1999 年版，第 282 页。

二、内涵检审

基于学理关于姓名权阐释，子女姓名权内容包括子女的姓名决定权、姓名使用权和姓名变更权。① 而在社会生活与家庭生活中，子女的姓名决定权与姓名变更权的行使更易引发纠纷。因为，无论是子女姓名的决定，还是子女姓名的变更，均糅合了政治、经济、文化、宗教、习俗、观念等因素，并在特定历史时期以及子女成长的特定阶段与家长权、父权、亲权等相交织，从而使子女姓名权的享有与行使呈现出社会生活的多元诉求与价值理念。

（一）子女姓名权的初始享有

子女姓名权的初始享有是历史范畴。以近现代法律观念为基础，子女姓名权初始享有，于西方乃天赋人权，与生俱来；于我国乃法律赋予、人格尊严。在"姓名权本质是人格权已有定论"的思维背景下②，基于人格独立、人格平等、人格自由理念，的确可以得出子女或"一个人刚刚出生没有姓名而有姓名权"的结论③。然而，以古代自然法观念为基础，子女姓名权初始享有，于初民社会甚至于封建社会，则既非天赋，也非法定，而是身份、身份权的体现。即"一个具体的姓名就是一个具体的身份，一个具体的姓名就意味着身份关系上的具体权利义务。正是从这种意义上来讲，姓名权是一种身份权"④。亦即子女于出生后先有身份及身份权而后有姓名抑或姓名权。因为，氏族更替决定子女姓氏确定规则的更替。"在往古时代，世系一般均以女性为本位；凡

---

① 魏振瀛：《民法》，北京大学出版社、高等教育出版社 2017 年版，第 645 – 646 页。
② 袁雪石：《姓名权本质变革论》，载《法律科学（西北政法学院学报）》2005 年第 2 期，第 44 页。
③ 李永军：《论姓名权的性质与法律保护》，《比较法研究》2012 年第 1 期，第 29 页。
④ 袁雪石：《姓名权本质变革论》，载《法律科学（西北政法学院学报）》2005 年第 2 期，第 45 页。

是在这种地方，氏族是由一个假定的女性祖先和她的子女及其女性后代的子女组成的，一直由女系流传下去。当财产大量出现以后，世系就转变为以男性为本位；凡是在这种地方，氏族就由一个假定的男性祖先和他的子女及其男性后代的子女组成，一直由男系流传下去。现在我们各家的姓氏就是以男性为本位并由男系流传的氏族名称的遗存。近代的家族，由它的姓氏可以看出，是一个无组织的氏族；亲属的联系已经被打破，到处散布着它的成员，正如同到处遇见该姓氏一样。"① 同时，赋予一个子女以名字即肯认其氏族或家族的身份及权利。"一般习惯，每一个氏族都有一套个人名字，这是该氏族的特殊财产，因此，同一部落内的其他氏族不得使用这些名字。一个氏族成员的名字就赋予它本身以氏族成员的权利。这些名字或者在词义上表明它们属于某氏族，或者众所周知其为某氏族所使用者。"② 至于"在改换名字的问题上，个人是没有权力处理的。这是女性亲属和酋长们的特权；但一个成年男子如想改换名字，只要能促使一位酋长在会议上宣布此事，便能办到"③。"在使用各氏族所专有的人名方面采取这么慎重的态度，充分说明他们对名字的重视以及名字所赋予的氏族成员权利。"④ 希腊人的氏族、罗马人的氏族以及其他民族的氏族均具有此特征。尽管"古老的氏族姓氏很可能取自动物或无生物，当世系改由男性下传之后，就改用人名作为姓氏了"⑤。但"任何时候、任何个人都绝不可能丧失他的氏族姓氏；因

<hr>

① ［美］路易斯·亨利·摩尔根：《古代社会》（上册），杨东莼、马雍、马巨译，商务印书馆 1977 年版，第 62 - 63 页。

② ［美］路易斯·亨利·摩尔根：《古代社会》（上册），杨东莼、马雍、马巨译，商务印书馆 1977 年版，第 76 页。

③ ［美］路易斯·亨利·摩尔根：《古代社会》（上册），杨东莼、马雍、马巨译，商务印书馆 1977 年版，第 77 页。

④ ［美］路易斯·亨利·摩尔根：《古代社会》（上册），杨东莼、马雍、马巨译，商务印书馆 1977 年版，第 77 页。

⑤ ［美］路易斯·亨利·摩尔根：《古代社会》（下册），杨东莼、马雍、马巨译，商务印书馆 1977 年版，第 291 页。

此，享有氏族姓氏就是他同本氏族人出于同一古老源流的铁证"①。

子女姓名权初始享有，基于当代人格平等之立法理念，源于法律规定；基于社会文化之多元功能理解，则是人类社会识别需求、社会定位与社会交际的必然体现与应然抉择，并与子女作为氏族、宗族、家族、家庭成员的社会化以及社会成员之间的彼此区分与相互识别密切相关。子女的社会化，通过子女姓名权行使的社会定位功能来体现。即子女是社会中人。"当人被命名后，其姓名便通过户籍管理、身份证件、人事档案等进入社会管理体系，从而完成自然人的社会定位和社会化转型。即自然人通过姓名的使用，使姓名涵盖的民事权利能力和民事行为能力得以明确和定型。"② 至于子女之间、子女与其他社会成员之间的彼此区分与相互识别，则是子女姓名权行使的社会交际功能的体现。无论是古代社会，还是近现代社会；"不论是命名、用名抑或是更名，均是社会交际的需要。即通过命名、用名或更名，使人与人、人与社会、人与自然予以区分，并通过姓名间接地认知人、社会和自然，从而把握被认知对象的特征"③。

子女姓名权初始享有，包含姓的享有与名的享有。"姓是一定血缘遗传关系的记号，标志着个体公民从属于哪个家族血缘系统；名则是特定的公民区别于其他公民的称谓。"④ 子女姓的享有，决定于家族身份关系；子女名的享有，决定于亲子身份关系，即在父权制和父权制遗俗残存的社会，子女姓的享有与决定，以父系家族的身份关系为标准；子女名的享有与决定，则以亲权的享有与行使为皈依。故子女姓名权初始享有融合了人身关系特征，显现着亲子关系的内涵与变迁。尽管子女姓

---

① [美]路易斯·亨利·摩尔根：《古代社会》（下册），杨东莼、马雍、马巨译，商务印书馆1977年版，第291页。
② 王歌雅：《姓名权的价值内蕴与法律规制》，载《法学杂志》2009年第1期，第32页。
③ 王歌雅：《姓名权的价值内蕴与法律规制》，载《法学杂志》2009年第1期，第32页。
④ 孙建江：《自然人法律制度研究》，厦门大学出版社2006年版，第82页。

名权的客体由"姓"与"名"两部分组成,且其分别表征不同的内涵与价值,但有姓无名与有名无姓,均意味人身关系、亲子关系的不完满、不周全,并将给子女人格尊严的维护造成障碍。故《民法通则》第 99 条规定:"公民享有姓名权,有权决定、使用和依照规定改变自己的姓名,禁止他人干涉、盗用、假冒。"《民法典》第 1012 条规定:"自然人享有姓名权,有权依法决定、使用、变更或者许可他人使用自己的姓名,但是不得违背公序良俗。"

(二)子女姓名权的行使推演

子女姓名权行使,包括子女姓名的决定、使用和变更。自古至今,子女姓名权行使,均与家族观、性别观、风俗观、道德观、法律观等息息相关。子女姓名权行使历史,既是人类社会家族文化、亲子文化发展的历史,也是子女人格日趋独立直至完全独立的历史,更是社会性别平等观念日益渗透直至全面实践的历史。正所谓:"人们奋斗所争取的一切,都同他们的利益有关。"① 而"正确理解的个人利益,是整个道德的基础"②。

1. 子女姓名决定权的行使

子女姓名决定权,意指子女决定自己姓名的权利。社会形态不同以及子女民事行为能力的差异,导致子女姓名决定权主体也有所不同。其中,子女姓名决定的社会积习影响深远,即一切以往的道德论归根到底都是当时的社会经济状况的产物。

首先,家父权或家长权制约下的子女无姓名决定权,其姓名决定权作为家父权或家长权的组成部分,均由家父或家长行使。在罗马法中,"家长权有广义、狭义之分。广义的家长权是指家长对家属、奴隶、牲

---

① 《马克思恩格斯全集》第 1 卷,人民出版社 1956 年版,第 82 页。
② 《马克思恩格斯全集》第 2 卷,人民出版社 1956 年版,第 166 页。

畜和其他财产的支配权；狭义的则仅以家属为对象，也就是男性市民中的自权人对其家属所享有的支配权。家长是全家的无上主宰"①。家长权只及于私权而不及于公权，具有绝对性、排他性和终身性。"家长权的内容广泛，它表现在家属的人身、财产和行为等方面。"② 其中包含对家子或家属的姓名决定权。"无论有无夫权的婚姻，父亲对子女都有家长权，子女都是父亲的宗亲。"③ 故子女姓名决定权由父亲行使，以体现父权至尊无上。在中国古代法中，基于"父为子纲"原则，家父对家子享有人身和财产上的支配权。家父对家子的代表权，表现为："父为子纲，家无二尊，使男性尊长集夫权、父权、男权于一身。家长对外负责呈报户籍、交纳赋税，对内主宰一切。"④ 即"中国的家族是父系的，亲属关系只从父亲方面来计算，母亲方面的亲属是被忽略的，她的亲属我们称之为外亲，以别于本宗"⑤。由于子女无独立人格，子女姓名决定权自然由家父行使。只有在入赘婚姻关系中，由于入赘"既体现出女家传宗接代、养婿防老的伦理追求，又反映出社会中人对赘婿'夫从妇居、女娶男嫁'婚姻模式的舆论谴责和伦理否定"⑥，其子女姓名决定权由母亲的家父或家长行使，其姓氏延续母亲的姓氏。当然，入赘婚姻的法律效力"因朝代及朝代的婚姻政策不同而有所不同。如，有的赘婿改从妻姓，有的则不改姓；有的赘婿可单独继承妻家的财产，有的则与嗣子均分，有的则不享有继承权"⑦。无论赘婿的法律地位如何，其子女姓名决定权行使均体现出为女家或母家传宗接代的目

---

① 周枏：《罗马法原论》（上册），商务印书馆 1994 年版，第 136 页。
② 周枏：《罗马法原论》（上册），商务印书馆 1994 年版，第 137 页。
③ 周枏：《罗马法原论》（上册），商务印书馆 1994 年版，第 186 页。
④ 王歌雅：《中国婚姻伦理嬗变研究》，中国社会科学出版社 2008 年版，第 55 页。
⑤ 瞿同祖：《中国法律与中国社会》，中华书局 2003 年版，第 1 页。
⑥ 王歌雅：《中国婚姻伦理嬗变研究》，中国社会科学出版社 2008 年版，第 170 页。
⑦ 王歌雅：《中国亲属立法的伦理意蕴与制度延展》，黑龙江大学出版社 2008 年版，第 231 页。

的，是女家或母家的家父权或家长权的组成部分。

其次，亲权制约下的子女无姓名决定权，其姓名决定权作为亲权的组成部分，由亲权人行使。亲权是父母对未成年子女在人身和财产方面管教和保护的权利和义务。亲权制度虽渊源于罗马法的家父权和日耳曼法的保护权，但基于立法宗旨不同，"亲权制度从其产生之日起，便具有维护亲权人利益的特征"①。即融合了父母对未成年子女的关怀与照料、管教与约束，摒弃了家父权或保护权对子女利益的漠视，体现出亲子人格关系的日趋平等与独立追求。由于未成年子女须服从亲权，故亲权人对未成年子女享有姓名决定权。如《瑞士民法典》第301条第4款规定："子女的姓氏，由父母决定。"我国《澳门民法典》第1730条第2款规定："父母有权为未成年子女选择姓名。"尽管我国尚未建立完善、系统的亲权制度，但有关亲权规范散见于婚姻家庭法和相关法律之中，如《婚姻法》第22条规定："子女可以随父姓，可以随母姓。"《民法典》第1015条第1款规定："自然人应当随父姓或者母姓。"另依《民法典》第18条至第23条关于自然人民事行为能力的规定，子女姓名决定权行使表现在三方面：一是完全民事行为能力的子女具有姓名决定权，可以独立行使姓名决定权。但在现今社会生活中，依传统习俗与思维惯式，完全民事行为能力的子女大多不再行使姓名决定权，而是延续父母为其已经决定的姓名。只是基于某种考虑，成年子女有时会行使姓名变更权。二是限制民事行为能力的子女，其姓名决定权由其父母行使，也可在征得其法定代理人同意后自己行使。三是无民事行为能力的子女，其姓名决定权由其父母行使。如新生婴儿之姓名，应根据我国《户口登记条例》第7条规定②，在其出生后1个月之内，由户主、亲

---

① 张贤钰：《婚姻家庭继承法》，法律出版社2004年版，第158页。
② 《中华人民共和国户口登记条例》（简称《户口登记条例》）第7条规定："婴儿出生后一个月以内，由户主、亲属、抚养人或者邻居向婴儿常住地户口登记机关申报出生登记。弃婴，由收养人或者育婴机关向户口登记机关申报出生登记。"

属、抚养人或者邻居向婴儿常住地户口登记机关申报出生登记,并将其姓名登录于户籍登记簿,由此取得正式的姓名。

需要指出的是,亲权人在行使子女姓名决定权时,往往具有父母平权特色,即多数国家均规定父母双方享有子女姓名决定权,但也有"父主母补"立法例。如《埃塞俄比亚民法典》第 33 条规定了子女姓氏的确定:"(1)孩子跟随父亲的姓。(2)不知其父亲为何人,或者被认为是其父亲的人否认与其存在亲子关系时,孩子从其母姓。(3)第(2)款的规定只有在孩子的父亲的身份已经法院宣告后才可适用。"其第 34 条规定了子女名字的选择:"(1)孩子的名字由其父亲确定,如果父亲已故去,由父亲的家庭确定。(2)孩子额外的名字由其母亲确定,如果母亲已故去,由母亲的家庭确定。(3)如果不知孩子的父亲是谁,或孩子在父系方面没有亲属,孩子的母亲可以给其确定两个名字,如果母亲已故去,由其母亲的家庭来确定名字。"[1]

子女姓名决定权行使,体现出身份特色与性别特征。在历时态下,其身份特色表现为:子女姓名决定权,是家长权、家父权和亲权的内涵。正如学者所述:"姓名决定这一行为并不是姓名所有者自己作出的,而是由其父母在其出生后一定时间内作出的,本质上应该是亲权的内容之一。"[2] 这一结论,在现当代社会尤其是在亲权制度确立的社会中已得到充分体现。至于在家长权或家父权盛行时代,子女姓名决定权则是家长权或家父权的延伸。其性别特征表现为:子女姓氏决定权,沿袭了父权、夫权、男权的遗风与遗迹;子女名字决定权,体现出由父权、夫权、男权的单独行使逐步向父母平权、夫妻平权、男女平权的协商行使过渡,昭示着亲子间、夫妻间的人格平等与性别平等。

---

① 《埃塞俄比亚民法典》,薛军译,中国法制出版社 2002 年版,第 21 页。
② 孙建江:《自然人法律制度研究》,厦门大学出版社 2006 年版,第 111 页。

2. 子女姓名使用权的行使

子女姓名使用权，其本质是子女根据自己的意愿使用自己姓名的权利，也是社会分类和社会管理功能的体现。子女姓名使用权行使包括两方面。

首先，子女姓名使用权能否独立行使，是人格平等与否的标志。子女姓名使用权的基础是子女姓名的存在。在历时态下，子女有无姓名以及有着何种性质的姓名，彰显着子女乃至其父母身份的高低贵贱。如"罗马法明确规定，奴隶的身份，以他出生时生母的身份为标准，凡出生时生母为奴隶的，其子女就是奴隶"[①]。家主权支配下的"奴隶没有自己的人格。他们没有姓名，只称某某的奴隶或某某的奴隶某某，以示为某某所有"[②]。由于奴隶的子女无独立姓名，故奴隶的子女不享有姓名使用权。而恩主权下的解放自由人，他们从恩主的姓氏，即"解放自由人虽都享有自由身份，但由于其主人身份等的不同，他们的公私权利均要受到不同程度的限制，不能与生来自由人具有同样的地位"[③]。尽管如此，解放自由人的子女享有姓名决定权，也享有姓名使用权。而在人格平等的当代，完全民事行为能力的子女有权决定是否使用、如何使用自己的姓名。但其对自己姓名的使用，应当符合法律的规定。"法律规定必须使用正式姓名的（如办理身份证明、开设银行账户、起诉或者应诉等），不得使用其他姓名。姓名使用权包括使用姓名的权利，也包括不使用姓名的权利。"[④] "比如，是否在作品上签署自己的姓名；在作品上可以签署正式的姓名，也可以签署笔名。"[⑤] 非完全民事行为能力的子女只能在与自己的年龄、智力、意思能力相吻合的前提下，或

---

① 周枏：《罗马法原论》（上册），商务印书馆 1994 年版，第 214 页。
② 周枏：《罗马法原论》（上册），商务印书馆 1994 年版，第217页。
③ 周枏：《罗马法原论》（上册），商务印书馆 1994 年版，第 229 页。
④ 尹田：《民法典总则之理论与立法研究》，法律出版社 2010 年版，第 324 页。
⑤ 魏振瀛：《民法》，北京大学出版社、高等教育出版社 2017 年版，第 646 页。

在监护人的监护下行使姓名权。

其次，子女姓名使用权能否独立行使，是性别平等与否的标志。[①]子女姓名使用权，包括子的姓名使用权与女的姓名使用权。在人类社会发展进程中，存在子与女的姓名使用权差别对待时期。如在家父权、家长权支配下的社会形态中，只要是自由民、平民，家子享有姓名使用权；而家女往往不享有姓名使用权。即便享有姓名使用权，该权利行使也仅局限于私人领域。因为，古代法上的女性无公权，无独立人格，欠缺使用姓名的机会。如罗马法上的"男性自权人享有一切公权和私权，可拥有独立的财产，而女性自权人则不然"[②]。"直到优帝一世时，妇女仍然没有公权，在私法上也不能担任监护人、保佐人、证人等兼有公益性质的职务；在特殊条件下担任自己的子女等直系卑亲属的监护人或保佐人的，也必须宣誓以后不再嫁；她们即使收养子女，也不能对养子女享用家长权"[③]。故家女姓名使用权受限，即出嫁前受家父或家长权限制；出嫁后，受夫权限制。在我国古代，子女姓名使用权要受皇权、族权、家父权的支配，且子的姓名使用权优于女的姓名使用权。因为，在"古代男性中心的社会中，有一基本的支配一切男女关系的理论，那便是始终认为女卑于男的主观意识"[④]。女子"从出嫁时起，她便由父权之下移交夫权，夫代替了昔日的父亲。所以古人说夫为妻纲，与君臣、父子、夫妇并列"[⑤]。女性的从属地位，决定了女性没有独立姓名权，即"妇人无名，系男子之为姓；妇人无谥，用夫之爵以为谥"[⑥]。"女子未嫁之时即或有'名'，充其量只是家庭内部的个人标识，并不被社会

---

① 王歌雅：《子女姓名权：内涵检审与制度建构》，载《求是学刊》2016年第4期，第75页。

② 孙文恺：《法律的性别分析》，法律出版社2009年版，第52页。

③ 周枏：《罗马法原论》（上册），商务印书馆1994年版，第124页。

④ 瞿同祖：《中国法律与中国社会》，中华书局2003年版，第112页。

⑤ 瞿同祖：《中国法律与中国社会》，中华书局2003年版，第112页。

⑥ 《白虎通·嫁娶》。

所承认。古制，女子十五而笄，算是步入成年，开始有'字'。而这个字，也不过是排行的次序而已，如伯姬、叔姬、孟姜、叔姜之类。姬、姜是姓，伯、叔、孟等是字。"① 已婚妇女对外之称呼，有的以己之本姓系于夫之氏，有的以己之本姓系于夫之爵。故《礼记·丧服小记》关于女性死后书铭载："男子书名，妇人书姓与伯仲，如不知姓则书氏。"由此而知，家女在家父权下虽有姓名使用权，但仅以家庭内部为限；家女出嫁后在夫权之下的姓名使用权，则以姓氏使用权为限，而非姓名使用权。及至人格平等、性别平等的现当代，子女享有同等的姓名使用权，并非因性别不同而有所差异。

子女姓名使用权虽因社会形态、社会性别观念的不同而有所不同，但随着人类社会的进步，其权利行使正逐步由私权向公权的范畴延展，这与人类日趋扩展的社会活动空间和延伸的行为能力密不可分。如我国《个人存款账户实名制规定》的施行②，为子女姓名使用权行使设定了限制。而社会性别平等观念的建构，推进了子女姓名使用权的形式平等与实质平等。正所谓："平等是一种原则，一种信条。"③

3. 子女姓名变更权的行使

子女姓名变更权，指子女变更自己姓名的权利。社会形态不同，子女姓名变更权主体也不同。同时，子女姓名变更权的行使，又因子女民事行为能力的不同以及亲子身份、配偶身份的变更而不同。若从社会宏观的背景予以观察，子女姓名变更权的行使特点如下。

首先，子女姓名变更权主体因社会形态的不同而有所不同。在古代及近代的家父权或家长权制约下，子女姓名变更权主体是家父或家长，

---

① 陶毅、明欣：《中国婚姻家庭制度史》，东方出版社 1994 年版，第 148 页。

② 《个人存款账户实名制规定》，2000 年 3 月 20 日，中华人民共和国国务院令（第 285 号）公布，自 2000 年 4 月 1 日起施行。其第 5 条规定："本规定所称实名，是指符合法律、行政法规和国家有关规定的身份证件上使用的姓名。"

③ ［法］皮埃尔·勒鲁：《论平等》，王允道译、肖厚德校，商务印书馆 2009 年版，第 20 页。

子女姓名变更权依然是家父权或家长权的内涵。而在当代亲权或监护权范围内，基于性别平等原则，子女姓名变更权主体是父母，即子女姓名变更权是亲权或监护权的内涵；而亲权或监护权范围外的子女姓名变更权主体则是子女，即子女姓名变更权是子女姓名权内涵。如《法国民法典》第60条规定："凡证明有正当利益的人，可请求改名。改名，由当事人提出申请，或者当事人无行为能力时，由其法定代理人提出申请。改名申请向家事法官提出。名字的增加或取消，得同样决定之。儿童年满13岁的，改名应征得本人同意。"其第61-3条规定："年满13岁的儿童改姓，如不是因确立或变更亲子关系所引起，必须经其本人同意。但是，确立或变更亲子关系，只有在已成年的子女本人同意的情况下，才能改变他们的'姓氏'。"① 即子女对其姓名的变更，应履行法定程序。我国《户口登记条例》第18条规定："公民变更姓名，依照下列规定办理：1. 未满十八周岁的人需要变更姓名的时候，由本人或者父母、收养人向户口登记机关申请变更登记。2. 十八周岁以上的人需要变更姓名的时候，由本人向户口登记机关申请变更登记。"

其次，子女姓名变更权主体因亲子身份关系的成立与解除而有所不同。无论是古代法，还是近现代法，基于立嗣或收养引致亲子关系变更时，养子女和解除了收养关系的子女将引发姓名变更。至于子女姓名变更权主体，则因收养关系的成立与解除而有所不同。即立嗣或收养关系成立后，嗣子或养子女的姓名变更权由嗣父母或养父母行使；立嗣废止或收养关系解除时，如子女未成年且回归原有家庭，其姓名变更权由其生父母行使。若子女成年且未回归原有家庭，其姓名变更权通常由其本人行使。

在收养立法史上，"罗马法上的收养与现代的收养义不同。罗马法上的收养是指因收养他人为子女而取得家长权，因而是一种对他人取得

① 《法国民法典》，罗结珍译，北京大学出版社2010年版，第33页。

家长权的制度，它也不同于旧中国的立嗣，因为它不受同族关系和辈分的限制，收养者既可以收养子女，无子女的也可以收养孙子孙女"①。"这种收养按对象不同，分为对自权人的收养（adrogatio）和对他权人的收养（adoptio）两种。至于遗嘱收养（adoptio prr testamentum），则为补救自权人收养的缺陷而产生。对自权人的收养仅适用于贵族，目的在于延绵宗祀。"② 对他权人的收养，最初通行于平民。主要是缘于无子嗣的平民采用收养他权人的方法来立继承遗产的人。无论是自权人的收养，还是他权人的收养，均会产生身份效力。自权人的收养，"被收养人受人格小变更而成为他权人，脱离原来的宗亲，加入收养者的家族，成为他们的纯法定血亲，并从养父的姓氏和社会地位"③。"如被收养者已经结婚，并生有子女，则在夫权下的妻子和他们的子女也随同处于收养者的家长权下"④。此种情形下的养子女及其子女，均由家长行使子女姓名变更权。他权人的收养，在"优帝一世以前，他权人经收养后即脱离原家族关系而成为收养人的宗亲和拟制血亲，并从其姓氏。但此纯为法定联系，故养子女并非养父的血亲，且此项法定联系一旦断绝，例如以后他（她）被其收养人解放，则他（她）与养父家族间的宗亲关系和拟制血亲关系即行消灭。和自权人收养不同，处于有夫权婚姻中的家子被家长出养，按收养原则，仅其本人被收养，而不涉及有夫权的妻子及其子女（包括怀孕中的子女），后者仍处在原家长权的支配之下。收养后受胎出生的子女，才处于养父的家长权下。"⑤ 家长权主体变更，成为养子女及其子女姓名变更权行使的前提，即亲子关系变更后的家长权主体，是养子女姓名变更权主体。"由于家长对家属有留弃

---

① 周枏：《罗马法原论》（上册），商务印书馆 1994 年版，第 148 页。
② 周枏：《罗马法原论》（上册），商务印书馆 1994 年版，第 148 页。
③ 周枏：《罗马法原论》（上册），商务印书馆 1994 年版，第 152 页。
④ 周枏：《罗马法原论》（上册），商务印书馆 1994 年版，第 152 页。
⑤ 周枏：《罗马法原论》（上册），商务印书馆 1994 年版，第 155 页。

之权，所以一般由原家长和养父协商他们的隶属关系。"① 隶属关系不同，也成为子女在收养后或养子女在被弃养后姓名变更权的行使前提。在我国古代，立嗣与乞养或收养在目的、条件、效力等方面虽有不同，但在嗣子与养子女的姓名变更权行使上则有共同之处。由于"立嗣须从本宗昭穆相当者中选择，原则上不得立异姓为嗣"②。故嗣子在取得继承养家宗祧和继承养家财产权利后，并不发生姓氏变更，而是发生名字变更。该名字变更权由嗣父及嗣父家长行使。养子范畴较广，其中，义子虽与义父无血缘关系，但由于彼此有恩义关系进而结成养亲子关系。尽管义子不得继嗣，但与义父母产生名分上的亲子关系。义父母子女关系建立后，义子的姓或姓名在特定情形下会发生变更；义子姓名变更权基于父权而由义父行使。③ 螟蛉子虽是花钱买来或从小要来的，但其与义子的身份相同。故螟蛉子的姓名变更权主体是养父母。弃儿在被收养后，由养父母行使姓名变更权。④ 依《唐律·户婚》规定："遗弃小儿年三岁以下，虽异姓仍听收养，即从其姓。"⑤ 收养养女的目的有多种，如"有为补助家务劳动而养，有为将来招婿而养，有为配与自家男子为婚而养，也有为贪利养大之后卖与人为妾或艺女、娼妓而养。除配与自家男子为婚的称'媳妇仔'不从养家姓外，其他几种都改从养家姓氏"⑥。故养女姓名变更权由养父母行使。

在近现代收养立法中，完全收养情形下的养子女通常变姓更名。即养子女姓名变更权主体是作为亲权人或监护人的养父母。由于性别平等、亲子平等观念的植入及确保未成年子女利益最大化考虑，各国在收养法中作出相应抉择。如《法国民法典》第 357 条规定："完全收养，

----

① 周枏：《罗马法原论》（上册），商务印书馆 1994 年版，第 155 页。
② 史凤仪：《中国古代婚姻与家庭》，湖北人民出版社 1987 年版，第 182 页。
③ 史凤仪：《中国古代婚姻与家庭》，湖北人民出版社 1987 年版，第 183 页。
④ 史凤仪：《中国古代婚姻与家庭》，湖北人民出版社 1987 年版，第 184 页。
⑤ 史凤仪：《中国古代婚姻与家庭》，湖北人民出版社 1987 年版，第 184 页。
⑥ 史凤仪：《中国古代婚姻与家庭》，湖北人民出版社 1987 年版，第 184 页。

赋予子女以收养人姓氏，在由夫妻二人收养的情况下，赋予子女的姓氏按照第 311 – 21 条表述的规则确定。应收养人或两收养人的请求，法院可以变更子女的名字。"其第 363 条规定："简单收养赋予被收养人以收养人的姓氏并加在其本人的姓氏上。"① 《瑞士民法典》第 30 条第 1 款规定："有重大事由需更改姓名者，住所所在地的州政府，得准许之。"② 其第 267 条第 3 款规定："收养关系成立后，得为养子女取新名。"③《日本民法典》第 810 条规定："养子女称养父母的姓氏。但是，因婚姻改变姓氏的人，在应称婚姻当时确定的姓氏的期间，不在此限。"④ 其第 816 条第 1 款规定："养子女因收养关系的解除恢复收养前的姓氏。但是，在配偶双方共同收养的情形，仅与其中一方解除收养关系时，不在此限。"⑤《埃塞俄比亚民法典》第 41 条规定："（1）被收养的孩子的姓得随收养者的姓。（2）被收养者也可根据收养协议确定一个新的名字，并将收养者的通常名字作为其父名。"我国《民法典》第 1112 条规定："养子女可以随养父或者养母的姓氏，经当事人协商一致，也可以保留原姓氏。"基于其第 1117 条规定，"收养关系解除后，养子女与养父母以及其他近亲属间的权利义务关系即行消除，与生父母以及其他近亲属间的权利义务关系自行恢复。但是，成年养子女与生父母以及其他近亲属间的权利义务关系是否恢复，可以协商决定"。即未成年养子女与养父母解除收养关系后，可行使姓名变更权——恢复原姓名或变更姓名；成年养子女在收养关系解除后，是否行使姓名变更权由其本人决定或与其生父母协商确定，即子女姓名变更权主体是成年且解除了收养关系的子女。关于姓名变更，原公安部三局 1958 年《关于执

① 《法国民法典》，罗结珍译，北京大学出版社 2010 年版，第 108 – 109 页。
② 《瑞士民法典》，戴永盛译，中国政法大学出版社 2016 年版，第 15 页。
③ 《瑞士民法典》，戴永盛译，中国政法大学出版社 2016 年版，第 95 页。
④ 《日本民法典》，刘士国、牟宪魁、杨瑞贺译，中国法制出版社 2018 年版，第 196 页。
⑤ 《日本民法典》，刘士国、牟宪魁、杨瑞贺译，中国法制出版社 2018 年版，第 198 页。

行户口登记条例的初步意见》第 9 条第 2 款规定："年满 18 周岁的人，要变更现用姓名时，应适当加以控制，没有充分理由，不应轻易给予更改……18 周岁以下的人，申请由乳名改大名的，根据本人或者父母的申报即可给予变更。"① 的确，"姓兼具血缘性与人格性之双重特征。血缘性决定了姓氏选择范围的狭隘性，而人格性则决定了姓名权人对于自己姓氏从自身人格各个方面考虑是否合适的可能性"②。而名则"蕴涵了性别价值、情感旨趣、深远寓意、集体道德等追求。这些追求是蕴含于姓名中的人的价值追求和精神内核，构成人格尊严的组成部分和本质所在"③。"故改名一事，自应从姓名权人人格上之正当利益出发予以考虑，即只需不违背公序良俗并无害他人利益，其修改应求从宽，不应当过度限制个人变更名字的权利。"④

最后，子女姓名变更权主体因子女生父母配偶身份的变更而有所不同。该特征体现出亲子关系的依附性、依存性、交互性及制约性。在古代，基于父权、家长权制约，婚生子女的姓名变更权由生父或家长行使。即便父母婚姻关系解除，子女姓名变更权依然由生父或家长行使。如在罗马法中，"婚姻解除后，无论是'有夫权婚姻'还是'无夫权婚姻'，子女都处在丈夫或夫的家长的家长权之下，由男方抚养教育"⑤。而在罗马的姘合关系中，"母亲与因姘合所生的子女发生血亲关系。子女从母姓，对母亲负有尊敬与服从的义务，母亲子女间互有抚养义务"⑥。"父亲与因姘合所生的子女间虽然发生血亲关系，但这种关系仅产生婚姻障碍方面的效力，子女不在生父的家长权之下，不能继承父亲

---

① 张红：《姓名变更规范研究》，载《法学研究》2013 年第 3 期，第 81 页。
② 张红：《姓名变更规范研究》，载《法学研究》2013 年第 3 期，第 73 页。
③ 王歌雅：《姓名权的价值内蕴与法律规制》，载《法学杂志》2009 年第 1 期，第 33 页。
④ 张红：《姓名变更规范研究》，载《法学研究》2013 年第 3 期，第 80 – 81 页。
⑤ 周枬：《罗马法原论》（上册），商务印书馆 1994 年版，第 209 页。
⑥ 周枬：《罗马法原论》（上册），商务印书馆 1994 年版，第 211 页。

的身份和财产。"① 故姘合所生子女的姓名变更权由母亲或母亲的家长行使。在中国古代，父母离婚后，其子女姓名变更权依然由生父或其家长行使。基于"合奸"而生之奸生子，"因被礼制所摈弃，奸生子绝对没有宗祧继承权，而且对于父亲的遗产仅能按婚生子的份额分得一半"②。能够继承生父遗产的非婚生子女，其姓名变更权由父亲或其家长行使。不被生父承认的非婚生子女，其姓名变更权由母亲或母亲的家长行使。

伴随着人类社会发展，夫妻关系、亲子关系的伦理基础、价值观念发生变化，基于父母配偶身份变更而引发子女姓名变更权的行使情形开始出现，一些国家的亲属法或婚姻家庭法对此种情形予以规制：子女未成年时，由父母依法决定其姓名变更，但应以子女最佳利益为首要考虑。子女有识别能力或成年时，其姓名变更应征得其本人同意或由其本人依法作出。例如，《日本民法典》第 790 条规定："（一）婚生子女，称父母的姓氏。但是，子女出生前父母离婚时，称离婚时父母的姓氏。（二）非婚生子女，称母亲的姓氏。"其第 791 条规定："（一）在子女与父亲或者母亲的姓氏相异的情形，子女得到家庭法院许可后，可依《户籍法》的相关规定登记申请，称父亲或者母亲的姓氏。（二）因父亲或者母亲改变姓氏致使子女与父母的姓氏相异时，子女以父母在婚姻中为限，可以不经前款许可，直接依《户籍法》的相关规定登记申请，称父母的姓氏。（三）子女未满十五岁时，其法定代理人可以代为前两款的行为。（四）依前三款规定改变姓氏的未成年子女，自达到成年之时起一年以内，可以依《户籍法》的相关规定通过登记申请，恢复先前的姓氏"③。上述规定表明，在日本，"父母离婚对子女的姓氏不产生

---

① 周枬：《罗马法原论》（上册），商务印书馆 1994 年版，第 211 页。
② 史凤仪：《中国古代婚姻与家庭》，湖北人民出版社 1987 年版，第 181 页。
③ 《日本民法典》，刘士国、牟宪魁、杨瑞贺译，中国法制出版社 2018 年版，第 192 页。

影响。关于离婚当时的胎儿，如上文所提，其母是当然的亲权人，其姓氏即用父母离婚时的姓氏，但实际上大多用父亲的姓氏，而子女有权使用母或父因离婚而恢复的以前的姓氏"①。《法国民法典》第 311 - 23 条规定："如果在申报子女出生之日该子女仅对父母中一方确立亲子关系，使用该父母一方的姓氏。在对父母中另一方确立亲子关系时以及在子女未成年期间，父母双方得向户籍官员提出共同声明，为子女选择用后一个确立亲子关系的父母一方的家族姓氏替代原来的姓氏，或者按照父母双方选定的顺序结合使用两姓氏，但以选用每一方的一个姓氏为限。改姓应在出生证书上作出记载。"②《瑞士民法典》第 270 条规定："父母已结为夫妻，且其姓氏不同者，如父母在结婚时就其共同生育的子女采用父姓或母姓有约定者，从其约定。父母得在第一个孩子出生后一年内共同要求改变原来约定，而以父母中之另一方的姓氏，作为子女的姓氏。父母的姓氏相同者，子女取得该姓氏。"③ 其第 271 条规定："子女取得其所从姓氏的父母一方的州、镇公民权。子女在其未成年期间取得父母中他方之姓氏者，取得该他方所在州和乡镇的公民权。"④上述规定表明，基于父母离婚或父母是否取得婚姻身份，子女姓名变更权的行使有所不同。其中，基于父母离婚而引发的子女姓名变更，往往是指子女姓的变更，且以子女最佳利益为首要考虑。基于生父母是否取得配偶身份而引发的子女姓名变更，往往是指子女在与生父或继父确认亲子关系后，由母姓改为父姓或继父姓氏。至于子女名的变更，则并非常见。我国《民法典》对非婚生子女、继子女以及父母离婚后子女的姓名权如何行使未予明确规定，但最高人民法院针对亲权人一方擅自变更父母离婚后的子女姓氏与姓名的情形，作出恢复原姓氏、原姓名的司

---

① 王竹青、魏小丽：《亲属法比较研究》，中国人民公安大学出版社 2004 年版，第 219 页。
② 《法国民法典》，罗结珍译，北京大学出版社 2010 年版，第 95 页。
③ 《瑞士民法典》，戴永盛译，中国政法大学出版社 2016 年版，第 99 页。
④ 《瑞士民法典》，戴永盛译，中国政法大学出版社 2016 年版，第 100 页。

法解释，① 强调子女姓氏、姓名的变更应协商一致或由成年子女自行决定。《民法典婚姻家庭编解释（一）》第 59 条规定："父母不得因子女变更姓氏而拒付子女抚养费。父或者母擅自将子女姓氏改为继母或继父姓氏而引起纠纷的，应当责令恢复原姓氏。"

无论是子女姓名权初始享有，还是子女姓名权行使推演，其在历时态下，均体现了家长权、父权、夫权的男权特质。男权特质，与男权至上、男尊女卑的伦理、法律、习俗密不可分。尽管近现代以来，性别歧视的文化与制度受到检审与批判，但以父权、男权为优先考虑的价值取向、思维定式、逻辑推理与习俗认知尚未退出意识形态，其对立法与司法的制约与影响依然存在。为此，矫正基于性别歧视而形成的立法传统与法律规范，成为推进并实现社会性别主流化的观念基础与制度保障。

三、制度建构

子女姓名权制度建构，是民事立法应有之义。子女姓名权制度完善，将丰富姓名权的理论体系与法律规范，进而为司法实践提供法律指引与价值昭示。为实现子女姓名权制度建构，亟须在社会性别平等基点上，切实保护子女最佳利益，兼顾血缘联系与亲情凝结，科学、严谨地进行立法选择与司法应对，即"制度理性受沟通伦理指引"，"法律规范只有在论证话语中得到相关者的合作与赞同才能获得有效性"②。

---

① 1951 年 2 月 28 日，《中央人民政府最高人民法院关于子女姓氏问题的批复》指出：我们认为父母离婚，除因协议变更子女姓氏或子女已长成得以自己意志决定其从父姓或从母姓外，并无使其子女改变原用姓氏的必要。1981 年 8 月 14 日，《最高人民法院关于变更子女姓氏问题的复函》精神是：夫妻双方离婚后，未征得另一方同意，单方面决定将子女姓名予以变更，这种做法是不当的，对于单方面决定变更子女姓名的当事人，人民法院应当说服其恢复其子女原来的姓名，认为子女只能随父姓，不能随母姓的思想是不对的，因此而拒付子女抚养费是违反婚姻法的。1993 年 11 月 3 日，《最高人民法院关于人民法院审理离婚案件处理子女抚养问题的若干具体意见》第 13 条指出：父母不得因子女变更姓氏而拒付子女抚育费。父或母一方擅自将子女姓氏改为继母或继父姓氏而引起纠纷的，应责令恢复原姓氏。

② 章国锋：《关于一个公正世界的"乌托邦"构想——解读哈贝马斯〈交往行为理论〉》，山东人民出版社 2001 年版，第 160 页。

（一）子女姓名权的立法分析

关于子女姓名权尤其是子女姓氏的决定，"几乎所有的国家都在家庭法部分的亲子关系的效力中确定子女随父姓或随母姓的原则"①。如《瑞士民法典》第 270 条、《日本民法典》第 790 条、《阿尔及利亚民法典》第 28 条第 1 款的相关规定。上述规定缘于"子女的姓氏并不是后天创设的，而是在父姓和母姓之间选择产生的"②。但关于子女名的决定与变更，各国立法规制则略有不同。"但大多数国家也都明文规定父母双方享有决定子女姓名的权利，如《魁北克民法典》第 51 条明确指出：'子女的姓和名是经由其母亲或父亲选择的。'第 52 条又规定：'在双方未就子女姓的选择达成一致时，由民事登记官享有最终决定权。'"③ 而基于社会性别差异及性别习俗影响，一些国家将子女姓名决定权首先交由父亲行使，只有在子女为非婚生子女且未发生认领、准正和推定时，才由母亲行使子女姓名决定权，体现出"父主母补"立法特征。如《埃塞俄比亚民法典》第 33 条、第 34 条、《瑞士民法典》第 270 条。综合法典制国家相关立法，子女姓名权规制模式主要有以下四种。

1. 集中立法

集中立法，即将子女姓名权统一规定在民法典人编中的婚姻部分或民法典亲属编。如《菲律宾民法典》第十三题姓的使用中，集中规定了子女姓氏的使用及名的变更。其第 364—369 条规定："正统的和经准正的子女，原则上应使用父亲的姓。被收养的子女应冠以收养人的姓。由父母双方认领的私生子女，原则上使用父亲的姓。仅由父母一方认领

---

① 孙建江：《自然人法律制度研究》，厦门大学出版社 2006 年版，第 101 页。
② 孙建江：《自然人法律制度研究》，厦门大学出版社 2006 年版，第 101 页。
③ 孙建江：《自然人法律制度研究》，厦门大学出版社 2006 年版，第 101 - 102 页。

的，私生子女应采用作出认领的父亲或母亲的姓。法律拟制的私生子女，原则上使用父亲的姓。第 287 条提到的非正统子女，应冠以母亲的姓。在裁判宣告可撤销的婚姻无效之前受孕的子女，原则上应使用父亲的姓。"①上述规定，既明确了不同类型子女的姓氏确定规则，也表现了在通常情形下子女随父姓的选择习惯，具有父权制遗风。其第 375 条规定："如果在尊亲属与卑亲属之间名和姓相同，'小'一字，仅能由儿子使用。孙子和其他直系男性卑亲属，应：1. 加上中名或母亲的姓，或者 2. 加上罗马数字Ⅱ、Ⅲ等。"② 其第 376 条规定："未经法院授权，任何人不能改变其名或姓。"③《韩国民法典》亲属编第二章"户主与家属"则对子女的姓氏选择及入籍、入宗分别予以规制。其第 781 条规定："1. 子女从父的姓与宗。但父母于结婚申报时协议随母亲的姓和宗时，随母亲的姓和宗。2. 父亲为外国人时，子女可随母亲的姓与宗。3. 父亲不明的子女，随母亲的姓与宗。4. 父母不明的子女，可经法院的许可创设姓与宗，并创立一家。但于创设姓与宗后，父或母确定的，可随父或母的姓与宗。5. 认领婚姻外子女的，子女可依父母协议继续使用原有的姓和宗。但父母无法协议或不能达成协议的，可经法院许可继续使用原有姓和宗。6. 为子女的福利有必要变更姓和宗的，父亲或母亲可经法院的许可予以变更。但子女为未成年人，且法定代理人不能请求时，可由第 777 条所定亲属或检察官来请求。"④ 这一规定，既体现了选择子女姓氏时应遵循法定与约定相结合原则，也体现了对子女福祉的关注及对家族传统的尊重与沿袭。

2. 分别立法

分别立法，即将子女姓名权分别规定在民法典总则和独立的、单行

---

① 《菲律宾民法典》，蒋军洲译，厦门大学出版社 2011 年版，第 54 页。

② 《菲律宾民法典》，蒋军洲译，厦门大学出版社 2011 年版，第 55 页。

③ 《菲律宾民法典》，蒋军洲译，厦门大学出版社 2011 年版，第 55 页。

④ 《韩国民法典 朝鲜民法典》，金玉珍译，北京大学出版社 2009 年版，第 121 页。

的婚姻家庭法典中。如《越南民法典》在第一编一般规定的第三章"个人"中的第二节"人身权"，规定了姓名权和姓名变更权，以此作为姓名权行使一般规范。其中，对子女姓氏及姓名变更的情形予以规定。如其第27条第1款第（2）至（6）项规定："（2）养父母要求变更养子女的姓名；或在解除收养关系时，养子女或生父母要求恢复原来的姓名；（3）为子女确定父母以后，父母或子女要求变更姓名；（4）变更子女的姓氏由随父姓为随母姓，或相反；（5）幼年失散，后来找到自己的亲缘血统的人变更姓名；（6）重新确定性别的人变更姓名。"① 其第27条2、3款规定："为年满9岁以上的人变更姓名时，应当得到本人同意。"当然，"姓名的变更不改变或终止按原姓名设立的民事权利和义务。"② 同时，《越南婚姻家庭法》第75条第1款对养子女变更姓名予以规定："依养父母的要求，有权国家机关决定变更养子女的姓名，确定养子女的民族。变更年满9岁以上养子女的姓名时，必须得到养子女本人同意。养子女姓名的变更依照户籍法律的规定办理。"③ 分别立法表现为民事普通法对子女的姓氏或姓名作基本规定，而民事单行法则对子女的姓或姓名的取得或变更作具体规定。如《埃及民法典》第38条规定："每个人都应有一个名字和一个姓氏，父亲的姓氏将赋予其子女。"其第39条规定："姓氏的取得和更改的方式适用特别法。"④ 分别立法模式对姓名权以及子女姓名权的规制，体现出一般规范与特别规范或具体规范相结合的特点。

3. 分散立法

分散立法，即将子女姓名权分散规定在民法典总则编（卷）和亲属法编（卷）中。总则编有关姓名权规范乃基本规范，亲属法编则对

---

① 《越南社会主义共和国民法典》，吴远富译，厦门大学出版社2007年版，第6-7页。
② 《越南社会主义共和国民法典》，吴远富译，厦门大学出版社2007年版，第7页。
③ 《越南社会主义共和国民法典》，吴远富译，厦门大学出版社2007年版，第214页。
④ 《埃及民法典》，黄文煌译，蒋军洲校，厦门大学出版社2008年版，第6页。

子女姓名权予以类型化规范。如《葡萄牙民法典》在总则卷第 72 条中规定了姓名权行使规则："一、任何人均有权使用姓名之全名或简称，并有权反对他人不法使用其姓名，以认别该人本身身份或作其他用途。二、然而，姓名权利人尤其在从事职业活动时，不得使用其姓名以损害与其姓名全部或部分相同之人之利益；如有此情况，法院须按衡平原则，下令采取措施，妥善调解利益衡突。"① 同时，在亲属法卷亲子关系之效力中对"子女之姓名""冠以母亲丈夫或父亲妻子之姓氏"予以分别规定。其第 1875 条规定："一、子女须使用父母双方或仅其中一方之姓氏。二、父母有权为未成年子女选择姓名；父母双方未就子女之姓名达成协议时，法官须作出符合子女利益之裁判。三、如母亲身份或父亲身份在出生登记后方确立，则子女之姓氏得按照以上两款之规定作出更改。"其第 1876 条规定："一、父亲身份尚未确立时，如母亲及其丈夫在负责民事登记之公务员面前声明其欲对未成年子女冠以母亲丈夫之姓氏，则可冠以该姓氏。二、子女在成年或亲权解除后 2 年内，得申请剔出其姓名中之母亲丈夫之姓氏。"此外，在收养编中，针对完全收养与不完全收养，分别规定了养子女在收养关系建立或解除时其姓与名的变更要件。如在完全收养中，"一、被收养人丧失其原来之姓氏，其新姓名须按照经作出必要配合之第 1875 条之规定而确定。二、如更改被收养人之名字会保障其利益，尤其保障个人身份权及有利于融入新家庭，则法院应收养人之请求，得例外地更改被收养人之名字"②。在不完全收养中，"应收养人之申请，法官得将其姓氏赋予被收养人，与原亲属之姓氏组成新的名字"③。《巴西新民法典》也采此立法例。即民法

① 《葡萄牙民法典》，唐晓晴等译，北京大学出版社 2009 年版，第 18 页。
② 《葡萄牙民法典》第 1988 条。《葡萄牙民法典》，唐晓晴等译，北京大学出版社 2009 年版，第 360 - 361 页。
③ 《葡萄牙民法典》第 1995 条。《葡萄牙民法典》，唐晓晴等译，北京大学出版社 2009 年版，第 362 页。

典总则人编的自然人部分专章规定人格权，其中对姓名、假名的合法使用进行了基本规范，即"所有的人都享有姓名权，包括名字权和姓氏权"①。同时，在其家庭权编人身权部分专章规定收养，其第1627条对养子女姓氏作出规定：如被收养人是未成年人，基于他或收养人的请求作出的将后者的姓氏授予前者的判决可改变前者的姓氏。由于"未成年子女处于亲权下"②，且"在婚姻和持久结合存续期间，亲权属于父母；在父母一方阙如或遭遇障碍时，完全由他方行使亲权"③。故未成年子女姓名权由父母行使。倘父母就未成年子女姓名权的行使发生争议，可求助法官解决争执。

4. 单行立法

单行立法，即将子女姓名权集中规定在婚姻家庭法典或亲属法中，其民法典对此不作规定。如《朝鲜亲属法》在第三章"家庭"中对子女姓氏选择作出规定，即"子女随父亲的姓。无法随父亲姓时，随母亲的姓。父母不明的子女的姓，由居民行政机关决定"④。

上述规制模式表明，子女姓名权立法内容主要有四项：一是仅对子女姓氏权进行规制，无涉子女名字权。二是对子女的姓氏权、姓名权均进行规制，并对不同类型亲子关系中子女的姓氏权、姓名权进行分别规制。三是针对子女姓氏权、姓名权纠纷规制了救济程序与审理依据。救济程序包括行政程序或诉讼程序；审理依据包括子女利益最大化、亲子关系稳定、家庭关系和谐等。四是针对子女姓氏选择，既有父母平权的

---

① 《巴西新民法典》第16条。《巴西新民法典》，齐云译，徐国栋审校，中国法制出版社2009年版，第6页。
② 《巴西新民法典》第1630条。《巴西新民法典》，齐云译，徐国栋审校，中国法制出版社2009年版，第255页。
③ 《巴西新民法典》第1631条。《巴西新民法典》，齐云译，徐国栋审校，中国法制出版社2009年版，第255页。
④ 《朝鲜亲属法》第26条。转自《韩国民法典 朝鲜民法典》，金玉珍译，北京大学出版社2009年版，第361页。

规制，也有父权优于母权的规制，但以子女姓氏随父居多，未认领、未追认的子女其姓氏随母。

我国民事立法目前关于子女姓名权的规制，在《民法典》颁行前应属分别立法。《民法通则》第99条规定了姓名权基本内容，明晰了姓名权行使的一般规则。同时，《婚姻法》第22条、《收养法》第24条分别规定："子女可以随父姓，可以随母姓。""养子女可以随养父或者养母的姓，经当事人协商一致，也可以保留原姓。"但《婚姻法》和《收养法》未对子女名字的选择、变更与行使作出规定。为正确适用法律规范，解决子女姓氏选择及姓名纠纷，全国人大常委会形成关于《民法通则》第99条第1款、《婚姻法》第22条的立法解释："公民依法享有姓名权。公民行使姓名权，还应当尊重社会公德，不得损害社会公共利益。公民原则上应当随父姓或者随母姓。有下列情形之一的，可以在父姓和母姓之外选取姓氏：（一）选取其他直系长辈血亲的姓氏；（二）因由法定扶养人以外的人扶养而选取扶养人姓氏；（三）有不违反公序良俗的其他正当理由。少数民族公民的姓氏可以从本民族的文化传统和风俗习惯。"① 上述解释虽明确并扩大了子女姓氏选择范围，有助于子女姓氏变更选择与纠纷解决，但却依然无法解决当下司法实践中有关子女姓名的决定、变更及行使纠纷，以及基于父母婚姻关系变化和亲子关系变化所引起的子女姓名变更纠纷。由于法律制度安排"在于'规范体系'的设计，即为社会公共权利的运作设定合理的法律程序"②，故完善民事立法，构建严谨、科学、系统、完备的子女姓名权制度体系，成为救济子女姓名权益、解决姓名权纠纷的首要选择。

---

① 《全国人大常委会关于〈中华人民共和国民法通则〉第九十九条第一款、〈中华人民共和国婚姻法〉第二十二条的解释》，载《人民日报》，2014年11月2日。

② 张卫明：《程序正义与制度公正——论罗尔斯"原初状态"的方法论意义》，载《华中科技大学学报》2010年第6期，第3页。

（二）子女姓名权的立法选择

与其他法典制国家相比，我国民事立法关于子女姓名权规制过于笼统，尚未形成有关子女姓名权的制度架构与规制体系。为解决纠纷、维护权益，我国民事立法亟须建构子女姓名权制度体系，以应对社会需要与司法需要。鉴于我国现行民事立法关于姓名权、子女姓氏权的分别规制特点，有关子女姓名权的制度建构与立法完善应关注以下两方面。

1. 规制模式选择

在全面推进依法治国进程中，完善立法体制，深入推进科学立法、民主立法，加强重点领域立法，编纂民法典，保障公民的人身权、财产权①，是我国法治进程中的总体目标。而"法治理想的张扬是一个社会进步的标志"②。以编纂民法典为契机，有关子女姓名权的制度架构与立法完善可通过观点磋商、论证研讨加以解决。从现有关于子女姓名权的立法积淀而言，我国《民法典》围绕子女姓名权的制度建构采取了分散立法模式，即在《民法典·总则编》在"民事权利"一章明确规定了自然人享有姓名权，为姓名权制度建构奠定了基本原则。③ 同时，在《民法典·人格权编》中系统规定了子女姓氏的选取原则，即"自然人应当随父姓或者母姓，但是有下列情形之一的，可以在父姓和母姓之外选取姓氏：（一）选取其他直系长辈血亲的姓氏；（二）因由法定扶养人以外的人扶养而选取扶养人姓氏；（三）有不违背公序良俗的其他正当理由。少数民族自然人的姓氏可以遵从本民族的文化传统和风俗

---

① 习近平：《关于〈中共中央关于全面推进依法治国若干重大问题的决定〉的说明》，载《检察日报》，2014 年 10 月 29 日。

② 张卫明：《程序正义与制度公正——论罗尔斯"原初状态"的方法论意义》，载《华中科技大学学报》2010 年第 6 期，第 3 页。

③ 《民法典》第 110 条。

习惯"①。其为子女姓氏的选择提供了选择路径与纠纷解决机制,实现了子女姓名权制度建构的科学化与系统化。《民法典·婚姻家庭编》则规定了养子女姓氏的选择原则。即"养子女可以随养父或者养母的姓氏,经当事人协商一致,也可以保留原姓氏"②。毕竟子女姓名权制度是"一定历史条件下形成的正式规范体系及与之相适应的通过某种权威机构来维系的社会活动模式"③。

2. 立法内容界定

子女姓名权立法内容,包括子女姓名的决定、变更与行使。针对不同类型亲子关系中的子女,其姓名权行使既要遵循姓名权的一般规范,又要兼顾其特点遵循姓名权的具体规范。

一般规范包括:第一,子女可使用父姓或母姓,也可使用具有法定抚养教育义务关系的直系尊亲属的姓氏。如祖母或外祖母的姓氏及继父或继母的姓氏。变更子女姓氏,应由父母双方达成协议。不能达成协议时,人民法院可依子女最佳利益原则及有利于亲子关系稳定、亲情延续、家庭和谐等因素予以裁决。第二,未成年子女的姓名由父母决定。子女成年后,由其本人行使姓名的决定权、变更权。父母为未成年子女变更姓名时,应征得8周岁以上未成年子女的同意。第三,子女名字的决定与变更,应遵循法律规范与公序良俗,且应符合命名的基本文字规范与伦理道德要求。

具体规范包括:第一,养父母可变更养子女的姓名。养子女姓名的变更适用子女姓名权的一般规范。解除了收养关系的未成年养子女,可恢复原姓名或由其父母决定其姓名。但成年养子女在解除收养关系后,由其本人行使姓名决定权、姓名变更权。第二,非婚生子女享有与婚生

---

① 《民法典》第 1015 条。
② 《民法典》第 1112 条。
③ 张卫明:《程序正义与制度公正——论罗尔斯"原初状态"的方法论意义》,载《华中科技大学学报》2010 年第 6 期,第 2 页。

子女同等的姓名权。其姓名的决定或变更适用子女姓名权的一般规范。经认领或推定确认了亲子关系的非婚生子女,可随父姓或随母姓;未经认领或推定的非婚生子女,可随母姓或随具有法定抚养义务关系的直系尊亲属的姓氏。第三,与继父或继母形成了法定抚养教育关系的继子女,可随继父或继母的姓。基于子女最佳利益考虑,继父母可为形成了法定抚养教育关系的继子女变更姓名,但应征得8周岁以上未成年继子女的同意。与继父母解除法定抚养教育关系的继子女,可恢复原姓氏或原姓名。

子女姓名权"制度是人的本质的观念化和物化,是人的社会需要的产物,是个体需要蕴藏的共同性和普遍性的社会化形态"[①]。子女姓名权制度建构具有深刻的历史渊源与社会渊源。其中,血缘延续、亲情关照、伦理传承、性别排挤、平等追求、制度正义,成为子女姓名权制度建构中的核心要素,并伴随社会形态更替、价值观念转换而发挥着不同的制约功能。自近现代以来,子女姓名权的制度建构日益体现出性别平等、亲子平等的价值理念,且逐步实践着社会性别主流化。为此,我国民事立法关于子女姓名权的制度建构,应以平等追求与制度正义的有机统一为宗旨,以子女利益最佳考虑与亲子关系和谐稳定为目的,以姓名权与子女姓名权的立法完善与纠纷解决为目标。毕竟"一切正义都是具体、历史的"[②]。

[①] 张卫明:《程序正义与制度公正——论罗尔斯"原初状态"的方法论意义》,载《华中科技大学学报》2010年第6期,第5页。

[②] 高兆明:《支付能力的正义向度——对经济危机的道德哲学分析》,载《吉首大学学报》2011年第1期,第4页。

参 考 文 献

一、主要参考著作

[1] 孔汉思，库舍尔. 全球伦理 [M]. 何光沪，译. 成都：四川人民出版社，1997.

[2] 费希特. 伦理学体系 [M]. 梁志学，李理，译. 北京：中国社会科学出版社，1995.

[3] 西蒙娜·德·波伏娃. 第二性：第 1 卷 [M]. 陶铁柱，译. 北京：中国书籍出版社，1998.

[4] 皮埃尔. 勒鲁. 论平等 [M]. 王允道，译. 肖厚德，校. 北京：商务印书馆，2009.

[5] 卢梭. 社会契约论 [M]. 何兆武，译. 北京：商务印书馆，1963.

[6] 梅因. 古代法 [M]. 沈景，译. 北京：商务印书馆，1959.

[7] 查尔斯·坎默尔. 基督教伦理学 [M]. 王苏平，译. 北京：中国社会科学出版社，1994.

[8] 约翰·罗尔斯. 万民法公共理性观念新论 [M]. 张晓辉，等译. 长春：吉林人民出版社，2001.

[9] 约翰·罗尔斯. 正义论 [M]. 何怀宏，等译. 北京：中国社会科学出版社，1988.

[10] 丹尼尔·W. 布罗姆利. 经济利益与经济制度——公共政策

的理论基础［M］. 陈郁，郭宇峰，汪春，译. 上海：上海三联书店、上海人民出版社，1996.

［11］戴维·波普诺. 社会学［M］. 李强，等译. 沈阳：辽宁人民出版社，1987.

［12］阿马蒂亚·森. 以自由看待发展［M］. 任赜，于真，译. 北京：中国人民大学出版社，2002.

［13］谷口知平. 美国婚姻法有关夫妻间权利和义务的规定［M］//中国政法大学民法教研室. 外国婚姻家庭法资料选编（下）. 北京：中国政法大学民法教研室，1984.

［14］孙晓. 中国婚姻小史［M］. 北京：光明日报出版社，1988.

［15］周安平. 性别与法律［M］. 北京：法律出版社，2007.

［16］陶毅，明欣. 中国婚姻家庭制度史［M］. 北京：东方出版社，1994.

［17］张锡勤. 中国传统道德举要［M］. 哈尔滨：黑龙江教育出版社，1996.

［18］张树栋，李秀领. 中国婚姻家庭的嬗变［M］. 杭州：浙江人民出版社，1990.

［19］陈顾远. 中国婚姻史［M］. 上海：上海文艺出版社，1987.

［20］史凤仪. 中国古代婚姻与家庭［M］. 武汉：湖北人民出版社，1987.

［21］乔伟. 唐律研究［M］. 济南：山东人民出版社，1985.

［22］倪正茂. 隋律研究［M］. 北京：法律出版社，1987.

［23］王跃生. 十八世纪中国婚姻家庭研究［M］. 北京：法律出版社，2000.

［24］罗尔纲. 太平天国史：第二册［M］. 北京：中华书局，1991.

［25］呤唎. 太平天国革命亲历记：上册［M］. 北京：中华书

局，1961.

[26] 简又文. 太平天国典制通考：中册 ［M］. 香港：简氏猛进书屋，1958.

[27] 王歌雅. 中国现代婚姻家庭立法研究 ［M］. 哈尔滨：黑龙江人民出版社，2004.

[28] 王歌雅. 中国婚姻伦理嬗变研究 ［M］. 北京：中国社会科学出版社，2008.

[29] 王歌雅. 中国亲属立法的伦理意蕴与制度延展 ［M］. 哈尔滨：黑龙江大学出版社，2008.

[30] 王歌雅. 中国近代的婚姻立法与婚俗改革 ［M］. 北京：法律出版社，2011.

[31] 王歌雅. 社会排挤与女性婚姻家庭权益的法律保障 ［M］. 哈尔滨：黑龙江人民出版社，2018.

[32] 徐静莉. 民初女性权利变化研究——以大理院婚姻·继承司法判解为中心 ［M］. 北京：法律出版社，2010.

[33] 张晋藩. 清代民法综论 ［M］. 北京：中国政法大学出版社，1998.

[34] 许莉.《中华民国民法·亲属》研究 ［M］. 北京：法律出版社，2009.

[35] 国家统计局人口和社会科技统计司. 中国社会中的女人和男人——事实和数据（2004）［M］. 北京：中国统计出版社，2004.

[36] 谢振民. 中华民国立法史 ［M］. 北京：中国政法大学出版社，2000.

[37] 张生. 中国近代民法法典化研究 ［M］. 北京：中国政法大学出版社，2004.

[38] 瞿同祖. 中国法律与中国社会 ［M］. 北京：中华书局，2010.

[39] 石彤. 中国社会转型时期的社会排挤——以国企下岗失业女工为视角 [M]. 北京：北京大学出版社，2004.

[40] 史尚宽. 债法总论 [M]. 台北：荣泰印书馆股份有限公司，1978.

[41] 史尚宽. 亲属法论 [M]. 台北：荣泰印书馆股份有限公司，1980.

[42] 杨大文. 亲属法 [M]. 北京：法律出版社，2004.

[43] 夏吟兰. 离婚自由与限制论 [M]. 北京：中国政法大学出版社，2007.

[44] 何勤华，魏琼. 西方民法史 [M]. 北京：北京大学出版社，2006.

[45] 杨方. 第四条思路 [M]. 长沙：湖南大学出版社，2003.

[46] 张千帆. 西方宪政体系 [M]. 北京：中国政法大学出版社，2000.

[47] Harry krause. Family Law [M]. 北京：法律出版社，1999.

[48] 廖雅慈. 人工生育及其法律问题研究 [M]. 北京：中国法制出版社，1995.

[49] 王歌雅，贺轶文. 婚姻家庭法学 [M]. 哈尔滨：黑龙江人民出版社，2004.

[50] 胡苷用. 婚姻合伙视野下的夫妻共同财产制度研究 [M]. 北京：法律出版社，2010.

[51] 梁凤荣. 中国传统民法理念与规范 [M]. 郑州：郑州大学出版社，2003.

[52] 张岂之，陈国庆. 近代伦理思想的变迁 [M]. 北京：中华书局，2000.

[53] 郭卫. 最高法院解释例全文 [M]. 上海：上海法学编译社，1946.

［54］张玉敏. 中国继承法立法建议稿及立法理由［M］. 北京：人民出版社，2006.

［55］沈奕斐. 被建构的女性：当代社会性别理论［M］. 上海：上海人民出版社，2005.

［56］裴桦. 夫妻共同财产制研究［M］. 北京：法律出版社，2009.

［57］高兆明. 制度公正论［M］. 上海：上海文艺出版社，2001.

［58］马克思，恩格斯. 马克思恩格斯全集：第21卷［M］. 北京：人民出版社，1956.

［59］马克思，恩格斯. 马克思恩格斯选集：第4卷［M］. 北京：人民出版社，1995.

［60］马克思，恩格斯. 马克思恩格斯选集：第1卷［M］. 北京：人民出版社，1995.

［61］列宁. 资本主义和妇女劳动［M］//列宁. 列宁全集：第36卷. 北京：人民出版社，1959.

［62］黄春晓. 城市女性社会空间研究［M］. 南京：东南大学出版社，2008.

［63］李银河. 女性权利的崛起［M］. 北京：文化艺术出版社，2003.

［64］林秀雄. 夫妻财产制之研究［M］. 北京：中国政法大学出版社，2001.

［65］李俊. 离婚救济制度研究［M］. 北京：法律出版社，2008.

［66］陈独秀. 独秀文存［M］. 合肥：安徽人民出版社，1987.

［67］慈继伟. 正义的两面［M］. 上海：三联书店，2001.

［68］戴剑波. 权利正义论［M］. 北京：法律出版社，2007.

［69］林端. 儒家伦理与法律文化［M］. 北京：中国政法大学出版社，2002.

［70］刘达临，等. 中国婚姻家庭变迁［M］. 北京：中国社会出版社，1993.

［71］梁景和. 近代中国陋俗文化嬗变研究［M］. 北京：首都师范大学出版社，1998.

［72］丁文. 家庭学［M］. 济南：山东人民出版社，2003.

［73］丁开杰. 社会排斥与体面劳动问题研究［M］. 北京：中国社会出版社，2012.

［74］邱仁宗. 女性主义哲学与公共政策［M］. 北京：中国社会科学出版社，2004.

［75］吴国平. 家事法疑难问题研究［M］. 长春：吉林大学出版社，2020.

［76］李洪祥. 夫妻共同债务制度［M］. 北京：社会科学文献出版社，2021.

［77］李志敏. 比较家庭法［M］. 北京：北京大学出版社，1988.

［78］杨大文. 婚姻法学［M］. 2版. 北京：北京大学出版，1991.

［79］张贤钰. 婚姻家庭继承法［M］. 北京：法律出版社，1998.

［80］张贤钰. 婚姻家庭继承法［M］. 2版. 北京：法律出版社，2004.

［81］巫昌祯. 婚姻法执行状况调查［M］. 北京：中央文献出版社，2004.

［82］朱勇. 中国民法近代化研究［M］. 北京：中国政法大学出版社，2006.

［83］魏振瀛. 民法［M］. 8版. 北京：北京大学出版、高等教育出版社，2021.

［84］冯林. 中国人权读本［M］. 北京：经济日报出版社，1998.

［85］陈苇. 家事法研究（2005年卷）［M］. 北京：群众出版

社，2006.

[86] 夏吟兰，龙翼飞. 和谐社会中婚姻家庭关系的法律重构 [M]. 北京：中国人民大学出版社，2007.

[87] 夏吟兰. 家事法专论 [M]. 北京：中国政法大学出版社，2020.

[88] 荣维毅，宋美娅. 反对针对妇女的家庭暴力 [M]. 北京：中国社会科学出版社，2002.

[89] 陈明侠，黄列. 性别与法律研究概论 [M]. 北京：中国社会科学出版社，2009.

[90] 黄列. 性别平等与法律改革——性别平等与法律改革国际研讨会论文集 [C]. 北京：中国社会科学出版社，2009.

[91] 叶孝信. 中国法制史 [M]. 北京：北京大学出版社，1989.

[92] 刘素萍. 婚姻法学参考资料 [M]. 北京：中国人民大学出版社，1989.

[93] 王歌雅. 婚姻家庭继承法学 [M]. 2 版. 北京：中国人民大学出版社，2013.

[94] 谭兢常，信春鹰. 英汉妇女与法律词汇释义 [M]. 北京：中国对外翻译出版公司，1995.

[95] 杨震. 民法学 [M]. 北京：中国人民大学出版社，2009.

[96] 王歌雅，刘滨. 婚姻法学 [M]. 哈尔滨：黑龙江人民出版社，1994.

[97] 李薇薇，Lisastearns. 禁止就业歧视：国际标准和国内实践 [M]. 北京：法律出版社，2006.

[98] 中国法学会婚姻法学研究会. 外国婚姻家庭法汇编 [M]. 北京：群众出版社，2000.

[99] 英国婚姻家庭制定法选集 [M]. 蒋月，等译. 北京：法律出版社，2008.

二、主要参考论文

[1] 赵德仁. 妇女结婚后的姓氏问题 [J]. 法律评论，1929 (30)：14 - 19.

[2] 郁嶷. 女子继承权问题 [J]. 法律评论，1929 (27)：9 - 12.

[3] 王歌雅. 中国婚姻家庭立法 70 年：制度创新与价值遵循 [J]. 东方法学，2023 (2)：195 - 208.

[4] 彭年鹤. 离婚制度之比较研究 [J]. 中外法学杂志，1935，6 (4 - 5)：13 - 39.

[5] 何山. 婚姻法问题解答 [J]. 群众，1981 (2)：45 - 46.

[6] 蔡凌虹. 从妇女守节看贞节观在中国的发展 [J]. 史学月刊，1992 (9)：43 - 50.

[7] 曾毅，王德明. 上海、陕西、河北三省市女性再婚研究 [J]. 中国人口科学，1995 (5)：1 - 10.

[8] 陈先达. 中国传统文化的当代价值 [J]. 中国社会科学，1997 (2)：30 - 40.

[9] 马忆南，杨朝. 日常家事代理权研究 [J]. 法学家，2000 (4)：38 - 34.

[10] 李明建. 论夫妻日常家事代理权范围之界定 [J]. 长沙大学学报，2007 (1)：57 - 58.

[11] 陈群峰. 论夫妻日常家事代理权的立法构思 [J]. 云南大学学报，2007 (1)：22 - 25.

[12] 王歌雅. 中国古代的离婚模式与离婚道德考略 [J]. 黑龙江社会科学，2004 (3)：84 - 88.

[13] 王歌雅. 家事代理权的属性与规制 [J]. 学术交流，2009 (9)：49 - 52.

[14] 王歌雅. 论继承法的修正 [J]. 中国法学，2013 (6)：91 -

102.

　　［15］杨立新，杨震. 《中华人民共和国继承法》修正草案建议稿［J］. 河南财经政法大学学报，2012（5）：14－26.

　　［16］廖申白. 德性伦理学：内在的观点与外在的观点——一份临时提纲［J］. 道德与文明，2010（6）：12－16.

　　［17］高兆明. 分配正义的两个考察维度［J］. 南京师大学报（社会科学版），2010（1）：5－15.

　　［18］王志刚，贾中海. 公平的正义理论及其权利依据［J］. 辽宁大学学报，2005（2）：15－18.

　　［19］沈晓阳. 责任的伦理学分析［J］. 伦理学，2005（3）：56－59.

　　［20］罗蔚. 当代伦理学的新发展：女性主义伦理学评介［J］. 伦理学，2005（3）：58－61.

　　［21］许建良. 老子道家"慈"论［J］. 伦理学，2011（1）：42－49.

　　［22］杨伟涛. 道德的价值本性和应然表征［J］. 学术论坛，2008（8）：51－55.

　　［23］沃格尔. 马克思主义和社会主义女权理论［J］. 现代外国哲学社会科学文摘，1987（5）：64－64.

　　［24］孙琼如. 非公有制企业女职工劳动保护现状调查——以福建省为例［J］. 中华女子学院学报，2005（5）：60－64.

　　［25］许桃芳. 仅仅是男女退休年龄的差异吗？［J］. 学习月刊，2005（12）：41－43.

　　［26］邓宏碧. 完善我国婚姻家庭制度的法律思考（下）［J］. 现代法学，1997（2）：77－84.

　　［27］李洪祥. 离婚妇女婚姻家庭权益司法保障实证研究——以吉林省中等发达地区某基层法院 2010—2012 年抽样调查的离婚案件为对

象［J］. 当代法学，2014（5）：79－88.

［28］李洪祥. 我国离婚率上升的特点及其法律对策［J］. 社会科学战线，2015（6）：211－219.

［29］王歌雅. 生育权的理性探究［J］. 求是学刊，2007（6）：113－117.

［30］王歌雅. 夫妻忠诚协议：价值认知与效力规范［J］. 政法论丛，2009（5）：37－44.

［31］王歌雅. 性别排挤与农村女性土地承包权益的救济［J］. 求是学刊，2010（3）：62－68.

［32］王歌雅. 经济帮助制度的社会性别分析［J］. 法学杂志，2010（7）：69－73.

［33］王歌雅. 社会排挤与女性劳动权益的法律救济［J］. 学术交流，2010（7）：67－72.

［34］王歌雅. 家务贡献补偿：适用冲突与制度反思［J］. 求是学刊，2011（5）：80－86.

［35］王歌雅. 离婚救济制度：实践与反思［J］. 法学论坛，2011（2）：31－32.

［36］王歌雅. 排挤与救济：女性的离婚权益［J］. 学术交流，2011（9）：75－78.

［37］王歌雅，郝峰. 价值基础与制度建构——兼评《中华人民共和国婚姻法》司法解释（三）［J］. 法学杂志，2011（12）：66－70.

［38］王歌雅. 性别排挤与平等追求的博弈——以女性劳动权益保障与男性家庭责任意识为视角［J］. 北方法学，2011（6）：62－72.

［39］王歌雅. 离婚财产清算的制度选择与价值追求［J］. 法学论坛，2014（4）：24－33.

［40］王歌雅. 离婚救济的实践隐忧与功能建构［J］. 法学杂志，2014（10）：73－83.

［41］王歌雅. 疏离与回归：女性继承权的制度建构［J］. 政法论丛，2015（2）：67 – 76.

［42］王歌雅. 抗日边区婚姻立法的自由意志与道德责任［J］. 中华女子学院学报，2015（2）：77 – 87.

［43］王歌雅. 时代迫切呼唤反家庭暴力立法［N］. 中国社会科学报，2015 – 01 – 21.

［44］王歌雅. 子女姓名权：内涵检审与制度建构［J］. 求是学刊，2016（4）：72 – 82 + 173.

［45］王歌雅. 变异与矫正：离婚制度的公正抉择［J］. 中华女子学院学报，2017（5）：10 – 18.

［46］王歌雅. 博弈与和解：夫妻共同债务的法律应对［J］. 判解研究，2018（4）：35 – 37.

［47］王歌雅. 民法典编纂：性别意识与规范表达［J］. 中华女子学院学报，2019（2）：10 – 15.

［48］王歌雅. 《民法典·婚姻家庭编》的编纂策略与制度走向［J］. 法律科学，2019（6）：83 – 96.

［49］王歌雅. 民法典婚姻家庭编的价值阐释与制度修为［J］. 东方法学，2020（4）：170 – 183.